조선의 문학비평

교감 국역 청창연담(晴窓軟談)

옮긴이 강민구

성균관대학교 한문교육과를 졸업하고 동 대학원 한문학과에서 문학박사학위를 취득하였으며 연청 오대영 선생에게 사사하였다.

파리13대학 초빙교수를 지냈으며 현재 경북대학교 인문대학 한문학과 교수로 재직 중이다.

저서와 역서로 『조선후기 문학 비평의 이론』과 『교감 국역 송남잡지』 등 다수가 있다.

조선의 문학비평
교감 국역 청창연담

찍은 날 2021년 2월 22일 | **펴낸 날** 2021년 2월 28일
지은이 신흠 | **옮긴이** 강민구 | **펴낸이** 홍원화 | **펴낸 곳** 경북대학교출판부
출판등록 1973년 10월 10일 ㉭97호 | **주소** 대구광역시 북구 대학로 80
전화 053-950-3830 | **팩스** 053-953-4692
이메일 press@knu.ac.kr | **홈페이지** http://knupress.com
ISBN 978-89-7180-555-8 93810

정가는 뒤표지에 있습니다. 파본은 바꾸어 드립니다.

조선의 문학비평

교감 국역 청창연담 (晴窓軟談)

신흠 지음 · **강민구** 옮김

경북대학교출판부

서문

신흠은 조선 중기 한문학 사대가의 일원으로 지칭되는 인물이다. 신흠의 작품 세계는 당대 문학의 전형성을 갖는다는 점에서 한국 중세문학 상의 위상이 대단히 크다. 게다가 그의 『청창연담』은 본격적인 시문학비평서라는 점에서 주목되어 왔다. 그래서 『청창연담』을 읽는 목적을 조선 중기 문학비평의 탐색과 이해에 두게 마련이다.

'비평'이라 하면 긍정적 측면보다는 부정적 측면이 더욱 강하게 떠오른다. 문학가들의 상대 경시[文人相輕] 본능이 비평이라는 장르를 통해 문자화되며, 독자는 비평가의 신랄한 비평을 읽으면서 공격성이 활성화되고 일종의 희열도 느끼게 된다. 그러나 추醜와 악惡에 대해 자세히 알려 준다고 해서 미美와 선善을 저절로 깨닫게 되는 것은 아니다. 『청창연담』은 문학의 아름다움에 대해 말한 책이다. 『청창연담』을 읽다 보면 신흠이 가려 뽑은 시의 아름다움에 취해 자신도 모르게 일창삼탄一唱三歎하게 된다. 신흠이 "시를 짓기보다 시를 가려 뽑는 일이 더 힘들다."라고 토로하였듯이 『청창연담』을 읽어 보면, 그가 아름다운 시를 정선하기 위하여 얼마나 심혈을 기울였는지 알 수 있다. 그는 독자들에게 아름다운 시를 골라내는 안목과 감상법을 전해 주고 싶었던 것이다. 쾌청하게 맑은 날 창가에서 신흠이 정성 들여 고르고 설명해 준 시를 감상하다 보면 어느덧 한시의 아름다움을 느끼게 될 것이다.

『청창연담』은 이전 시기부터 축적된 문학비평의 경험으로부터 나온 책으로서 충분한 가치를 갖는다. 하지만 '연담軟談'이라고 표명하였듯이, 현재의 시각으로 볼 때 진선진미하다고 할 수는 없다. 시를 가려 뽑는 과정에서 오류가 발생하였고 시를 분류하고 배열하는 과정에서 소정의 질서와 어긋나기도 하였다. 따라서 이 책에서는 그것의 오류를 바로잡기 위하여 노력하였고, 그 결과를 교감기로 드러냈지만, 적지 않은 주석에 교감기까지 더해져 번쇄煩瑣할 뿐 아니라 불두착분佛頭著糞이 되지 않을까 우려된다. 그러나 당대 출판 과정에서 충분히 이루어지지 못하였던 교감을 지금이라도 하여 완성도 높은 책을 만드는 것이 연구자의 책무라는 말로 궁색하나마 면피해 보고자 한다.

오류를 바로잡겠다고 표방한 책에 오류가 더해지는 것이 몹시 걱정스러웠다. 김선화 선생과 장준이 선생이 이런 걱정으로부터 홀가분하게 만들어 주고 망신을 줄여 주었다. 어수선한 원고가 세상에서 빛을 볼 수 있도록 격려해 주신 경북대학교출판부 김용훈 실장님께도 감사드린다.

2021년 2월

강민구 씀

목 차

서문 • 005

해제: 『청창연담』의 구성과 특징 • 009

교감 국역 『청창연담 상』 • 057

교감 국역 『청창연담 중』 • 101

교감 국역 『청창연담 하』 • 153

색인 • 227

원문 영인

일러두기

1. 저본(底本)

   이 책은 한국고전번역원에서 영인한 『象村稿』 권50~53의 『晴窓軟談』을 저본으로 삼고 동서문화원(1989)에서 영인한 『韓國詩話叢編』 권2의 『晴窓軟談』과 성균관대학교 소장본 『晴窓軟談』을 참고하여 역주하였다.

2. 역문(譯文)

   역문은 쉬운 우리말로 옮기는 것을 원칙으로 하였다.
   운문(韻文)은 역문을 왼쪽에 두고 원문을 오른쪽에 배치하였으며 전체 원문은 하단에 배치하였다.

3. 교감(校勘)

   이 책의 저본인 『晴窓軟談』에 산재(散在)하는 오자(誤字)·탈자(脫字)·연자(衍字)의 교감기(校勘記)를 해당 자구에 각주 형식으로 부기하여 바로잡았고 역문에도 반영하였다. 의미상 명백한 오자만 원문 수정에 반영하였다.

4. 주석(註釋)

   각주는 해당 항목을 제시하고 주석하였으며, 긴 항목은 앞뒤의 어구만 제시하고 중간에 말줄임표를 넣어 중략 표시하였다.

5. 맞춤법

   맞춤법과 띄어쓰기는 문학적 표현 등 부득이한 경우를 제외하고는 한글 맞춤법과 표준어 규정을 따랐다.

6. 부호

   이 책에 사용한 부호는 다음과 같다.
   ( ) : 번역문과 음이 같은 한자를 묶는다.
   [ ] : 번역문과 뜻은 같으나 음이 다른 한자, 간지에 해당하는 서기년을 묶는다.
   " " : 대화 등의 인용문을 묶는다.
   ' ' : " " 안의 재인용 또는 강조 부분을 묶는다.
   「 」: 제목을 묶는다.
   〈 〉: 상위 편명을 묶는다.
   『 』: 책명을 묶는다.

해제

『청창연담』의 구성과 특징*

* 『漢文古典硏究』 第40輯(2020)에 게재된 논문을 개고한 것이다.

Ⅰ. 서론

『청창연담』은 신흠[申欽, 1566~1628]의 문학을 연구하는 데 필수적인 자료일 뿐만 아니라 한문학비평론에서도 중요한 위치를 점하기 때문에 연구자들에게 주목되어 왔고 다수의 성과물이 제출되었다.[1] 그러나 신흠이 굴지의 한문학 작가이자 비평가이며, 『청창연담』이 외적으로 정제된 형태를 띠고 있다는 이유로 주로 『청창연담』의 가치에 논의가 집중되었다. 따라서 『청창연담』의 본질적 속성에 대한 연구는 소홀할 수밖에 없었다. 이에 본고는 『청창연담』의 정제된 형식에 가려진 내적 속성과 특징을 규명해 보았다.

『청청연담』은 상·중·하 3권으로 이루어져 있는데, 주된 내용상 특징으로 구분해 본다면 '상'은 주로 당시唐詩에 대한 비평서이고, '중'은 남북조 시대부터 명나라까지의 시에 대한 비평서이며, '하'는 우리나라의 시화 및 시 비평서이다. 당연히 신흠은 『청창연담』 상·중·하 간에 모종의 연속성을 유지하도록 기도企圖하였을 뿐만 아니라 각 권을 구성하는 각 칙則들 간에도 질서를 부여하였다. 『청창연담』의 가치를 규명하기 위해서는 신흠의 집필 의식과 방법 등에 대해서 세심히 살펴보아야 한다. 그와 같은 연구 과정 속에서 문제점이 추출되는 것은 당연한 귀추이다. 『청창연담』의 가치를 규명하는 것만으로도 충분하건만 문제점까지 들추어내는 것은 어떤 의미가 있는지 반문할 수도 있다. 그와 같은 질문에

1 『청창연담』에 대한 본격적 논의는 박수천(2005)의 「청창연담의 비평양상」(『한국한시연구』 13호, 한국한시학회)에서 시도된 바 있다. 신흠 및 『청창연담』 관련 연구사 정리는 박해남(2012)의 『상촌 신흠의 문학의 궤적과 의미』(보고사)와 부유섭(2014)의 「신흠과 명대 문학: 명대 복고시학과 저술을 중심으로」(『민족문화연구』 65호, 고려대학교 민족문화연구원)를 참고할 만하다.

대해서 "이제 한문학 연구자들은 텍스트를 합리적으로 이해하고 재구성하는 단계로 진입해야 한다."라고 대답하고 싶다. 여러 가지 여건상 충분한 교감 과정을 거치고 못하고 출판된 텍스트가 갖는 문제를 파악하고 그것을 합리적으로 수정한 선본·정본화 작업이 활성화되어야 한다. 따라서 본고는 저간의 연구자들에게 완성도 높은 텍스트로 간주되어 온 『청창연담』의 찬술撰述 과정과 내적 속성을 분석·규명하여 조선 중기 한문학 비평의 환경을 파악하는 한편 완성도 높은 텍스트를 재구성할 수 있는 가능성을 탐색하고자 한다.

Ⅱ. 『청창연담 상』의 구성과 특징

『청창연담』은 '상'이 40칙, '중'이 42칙, '하'가 70칙으로 총 152칙이다.[2] 신흠은 중국의 한시와 조선의 한시 간에 연속성을 유지하게 하되 그것들을 각각 선별하고 비평하려는 의식을 가지고 있었다. 그리고 중국의 한시는 당시를 별도로 다루어야 한다고 생각하였다. 다만, 신흠은 중국의 한시와 우리나라의 한시를 엄격하게 분리해서 다루어야 한다고 생각하지는 않았기에 다소의 착종 현상이 있다. 이는 중국과 우리나라의 한시 작품을 '한시'라는 큰 범주 속에서 다루어야 한다는 의식이 기저에 자리하기 때문이다. 다만 중국의 한시와 조선의 한시를 구분하지 않고 무작위로 뒤섞어 놓은 비평서도 적지 않다는 점을 감안한다면, 양자를 각 권

2 기왕의 연구에서 『청창연담』의 칙(則)의 총수에 대한 계산이 모두 상이하다. 이는 『청창연담』의 칙(則) 분류가 갖는 본원적 문제에서 기인한 현상이므로 크게 따질 일은 없겠다. 본고의 연구 저본은 한국고전번역원에서 영인한 『象村稿』 권50~53의 『晴窓軟談』과 동서문화원(1989)에서 영인한 『韓國詩話叢編』 권2의 『晴窓軟談』, 성균관대학교 소장본 『晴窓軟談』이다.

으로 구분하려고 한 의식에 대해서는 그 가치를 인정하여야 한다.

『청창연담 상』을 구성하는 40칙은 시론·텍스트론·작품론·작가론·풍격론을 망라하고 있다. 각 칙의 비평 대상 혹은 주제 및 소재, 비평 내용, 신흠이 직접 명시하지는 않았지만 실제로 인용한 문헌을 정리해 보면 다음과 같다.

칙	비평의 대상	작품명[3]	비평의 내용 / 비평의 범주	실제 인용 문헌
1	시론(詩論)		•문장은 소기(小技)이지만 관도지기(貫道之器)이다. •시(詩)는 문장을 수단으로 삼아 구(句)로 만들어질 따름이다. •시는 형이상인 것, 문장은 형이하인 것. •시는 사(詞)를 위주로 하고 문장은 이(理)를 위주로 하는데, 사와 이가 모두 적절하게 돼야 한다. •당시(唐詩)나 송시(宋詩)만을 편벽되게 좋아하는 것은 바람직하지 않다.	
			시론	
2	당시 선집(唐詩選集)의 종류		당시 선집(唐詩選集)으로 『당시품휘(唐詩品彙)』·『당음(唐音)』·『전당시선(全唐詩選)』·『만수당인절구(萬首唐人絕句)』·『당백가시(唐百家詩)』가 있는데 그중 『당시품휘』와 『당음』이 가장 정밀하다.	
			텍스트론	
3	당시(唐詩)와 송시(宋詩)의 차이		당시는 남종(南宗)의 한번 돈오(頓悟)하면 바로 본래면목(本來面目)이 드러나는 것과 같고, 송시는 북종(北宗)의 점수(漸修)를 통해 나아가 성문(聲聞)이나 벽지불(辟支佛)이 되기를 지향하는 것과 같다.	
			시론	
4	두보(杜甫) 이백(李白)		"두보가 사령운(謝靈運)에서 나오고 이백이 포조(鮑照)에게서 나왔다."라고 하는데, 두보는 형체에 기대 선 것이 있지만, 이백은 그의 자질이 우연히도 포조와 비슷할 따름이다.	
			작가론	

3 【 】는 『청창연담』에 명기된 제목의 표시, 「 」는 『청창연담』에 명기되지 않은 원제(原題)의 표시이다.

<table>
<tr><th rowspan="2">칙</th><th rowspan="2">비평의 대상</th><th rowspan="2">작품명</th><th>비평의 내용</th><th rowspan="2">실제 인용 문헌</th></tr>
<tr><th>비평의 범주</th></tr>
<tr><td rowspan="2">5</td><td rowspan="2">두보(杜甫)</td><td rowspan="2"></td><td>두보가 이옹(李邕)에게 화답한 시는 이옹의 것과 매우 유사하다.</td><td rowspan="2"></td></tr>
<tr><td>작품론</td></tr>
<tr><td rowspan="2">6</td><td rowspan="2">이옹(李邕)</td><td rowspan="2"></td><td>이옹의 웅건함은 두보를 능가한다.</td><td rowspan="2"></td></tr>
<tr><td>풍격론</td></tr>
<tr><td rowspan="2">7</td><td rowspan="2">장열(張說)
소정(蘇頲)</td><td rowspan="2"></td><td>질(質)을 거쳐 문(文)에 도달하였기에 때로 질박한 면이 있어서, 얼핏 보면 당나라의 어투가 아닌 듯하니, 만당 이후로는 점차 정음(正音)에서 멀어졌음을 알겠다.</td><td rowspan="2"></td></tr>
<tr><td>작가론, 작품론</td></tr>
<tr><td rowspan="2">8</td><td rowspan="2">위징(魏徵)</td><td rowspan="2">【述懷】</td><td>천하를 도모하겠다는 뜻이 드러나 있다.</td><td rowspan="6">『唐詩品彙』, 〈五言古詩, 正始〉</td></tr>
<tr><td>작품론, 작가론</td></tr>
<tr><td rowspan="2">9</td><td rowspan="2">우세남(虞世南)</td><td rowspan="2">【從軍行】</td><td>수많은 「종군행(從軍行)」 중에 그의 작품이 가장 뛰어나다.</td></tr>
<tr><td>작품론</td></tr>
<tr><td rowspan="13">10</td><td rowspan="3">왕발(王勃)</td><td rowspan="2">【山亭夜宴】</td><td>세상에 없던 말이다.</td></tr>
<tr><td>작품론</td></tr>
<tr><td>「遊梵宇三覺寺」
「麻平晩行」</td><td rowspan="11">모두 〈정시(正始)〉의 음이다.</td><td rowspan="11">『唐詩品彙』, 〈五言律詩, 正始〉</td></tr>
<tr><td>우세남(虞世南)</td><td>「侍宴賦韻得前字應制」
「侍宴歸雁堂」</td></tr>
<tr><td>양사도(楊師道)</td><td>「初秋夜坐應詔」</td></tr>
<tr><td>양형(楊炯)</td><td>「劉生」
「送豐城王少府」</td></tr>
<tr><td>노조린(盧照隣)</td><td>「春晩山莊率題」
「文翁講堂」</td></tr>
<tr><td>낙빈왕(駱賓王)</td><td>「秋雁」
「玄上人林泉 二首」</td></tr>
<tr><td>소미도(蘇味道)</td><td>「正月十五夜」</td></tr>
<tr><td>진자앙(陳子昻)</td><td>「暉上人獨坐亭」
「送東萊王學士 無競」</td></tr>
<tr><td>두심언(杜審言)</td><td>「秋夜宴臨津鄭明府宅」
「和晉陵陸丞早春遊望」</td></tr>
<tr><td>심전기(沈佺期)</td><td>「巫山高」
「遊少林寺」</td></tr>
<tr><td>송지문(宋之問)</td><td>「春日芙蓉園侍宴應制」
「扈從登封途中作」
「登禪定寺閣」</td></tr>
</table>

<table>
<tr><th rowspan="2">칙</th><th rowspan="2">비평의 대상</th><th rowspan="2">작품명</th><th>비평의 내용</th><th rowspan="2">실제 인용 문헌</th></tr>
<tr><th>비평의 범주</th></tr>
<tr><td rowspan="9"></td><td>이교(李嶠)</td><td>「奉和七夕兩儀殿會宴應制」
「詠城」</td><td rowspan="8"></td><td rowspan="9"></td></tr>
<tr><td>소정(蘇頲)</td><td>「奉和登驪山高頂應制」
「扈從溫泉奉和姚令公喜雪」</td></tr>
<tr><td>장열(張說)</td><td>「奉和過寧王宅應制」
「岳川燕別潭州王熊」
「鳳樓尋勝地」</td></tr>
<tr><td>장구령(張九齡)</td><td>「奉和聖製途次陝州作」
「奉和聖製初出洛城」
「初秋憶金均兩弟」</td></tr>
<tr><td>최식(崔湜)</td><td>「江樓夕望」</td></tr>
<tr><td>왕한(王翰)</td><td>「子夜春歌」</td></tr>
<tr><td>하지장(賀知章)</td><td>「送人之軍中」</td></tr>
<tr><td>손적(孫逖)</td><td>「宿雲門寺閣」</td></tr>
<tr><td></td><td></td><td>풍격론</td></tr>
<tr><td rowspan="2">11</td><td rowspan="2">심전기(沈佺期)</td><td rowspan="2">【古意】</td><td>〈정시(正始)〉의 음 중에서 최고다.</td><td rowspan="2">『唐詩品彙』, 〈七言律詩, 正始〉</td></tr>
<tr><td>풍격론</td></tr>
<tr><td rowspan="2">12</td><td rowspan="2">이백(李白)</td><td rowspan="2">【清平調】·【行樂詞】·【黃鶴樓】
* 제목만 소개
「塞下曲 六首」</td><td>모두 세간에 있지 않던 말이다.
사람으로 하여금 초탈케 하여 크게 고양시킨다.</td><td rowspan="2">『唐詩品彙』, 〈五言律詩, 正宗〉</td></tr>
<tr><td>풍격론</td></tr>
<tr><td rowspan="2">13</td><td rowspan="2">두보(杜甫)</td><td rowspan="2">早朝詩</td><td>조조시(早朝詩)들 중에서 가장 뛰어나다.</td><td rowspan="2"></td></tr>
<tr><td>작품론</td></tr>
<tr><td rowspan="4">14</td><td rowspan="4">위응물(韋應物)</td><td rowspan="2">【相逢行】
【雜體】
원제는 「雜體 五首」
【寄元校書】
원제는 「初發楊子寄元大校書」
【逢楊開府】</td><td>『당시품휘(唐詩品彙)』의 〈정종(正宗)〉 뒤에 놓인 작품 중에서 가장 사랑한다.</td><td rowspan="2">『唐詩品彙』, 〈五言古詩, 名家〉</td></tr>
<tr><td>작품론</td></tr>
<tr><td rowspan="2">【擬古 10수】
* 제목만 소개</td><td>한 편 한 편이 모두 산호 가지와 같아 온 방안을 환하게 만드는 빛을 느끼게 한다.</td><td rowspan="2"></td></tr>
<tr><td>작품론</td></tr>
<tr><td rowspan="4">15</td><td>왕발(王勃)</td><td>【秋夜長】·【臨高臺】
* 제목만 소개</td><td rowspan="3">이백과 두보가 말하지 못한 것이다. 이백은 지을 수 있겠지만, 두보는 한 수 뒤질 듯하다. 제량조(齊梁調)이다.</td><td rowspan="4"></td></tr>
<tr><td>노조린(盧照隣)</td><td>【長安古意】
* 제목만 소개</td></tr>
<tr><td>낙빈왕(駱賓王)</td><td>【帝京篇】
* 제목만 소개</td></tr>
<tr><td></td><td></td><td>작품론</td></tr>
</table>

칙	비평의 대상	작품명	비평의 내용 / 비평의 범주	실제 인용 문헌
			비평의 내용	
			비평의 범주	
16	이하(李賀)	【浩歌】	답답한 마음을 후련하게 만들기에 충분하다.	『唐詩品彙』, 〈七言古詩, 正變〉
			풍격론	
17	온정균(溫庭筠)	【渭上】 원제는 「渭上題 三首」	이치가 있으며 뜻도 절로 고상하다.	
			작품론	
18	당언겸(唐彦謙)	【題仲山】 원제는 「仲山」	절창이다.	『唐詩品彙』, 〈七言絕句, 餘響〉
			작품론	
19	왕건(王建)	【過揚州市】 원제는 「十五夜望月寄杜郎中時會琴客」	신흠의 자작시 소개	『唐詩品彙』, 〈七言絕句, 接武〉
			작품론	
20	무원형(武元衡)	【荊帥】 원제는 「酬嚴司空荊南見寄」	호방하여 읊을 만하다.	
			풍격론	
21	이덕유(李德裕)	「離平泉馬上作」	시어의 정취가 탁월해 알지 못하는 사이에 사람을 감동시킨다.	
			작품론	
22	원진(元稹) 백거이(白居易)		정(鄭)·위(衛)의 음이다.	
			작품론	
23	두목(杜牧)	변음(變音)이다. 재능이 종횡무진 걸출하여 당해 낼 수 없으니, 사람은 반드시 그 시와 비슷한가 보다.		
		長篇【杜秋娘詩】·【張好好詩】·【郡齋獨酌】 * 제목만 소개	시어는 그대로 새로운 노래, 별곡(別曲)이다.	
			작품론	
24	이상은(李商隱)		극도로 섬세하고 고우며 꾸미고 아름답지만, 천부적 재능은 번천에게 못 미친다.	
			작품론, 작가론	
25	장호(張祜)	【揚州詩】 원제는 「縱遊淮南」	읊으면, 그 때문에 한번 웃게 된다.	
			작품론	
26	두보(杜甫)	「曲江 二首」	이 말을 들어 어리석은 자들을 경계시키지 못해 애석하다.	『唐詩品彙』, 〈七言律詩, 大家〉
	황정견(黃庭堅)	「四休居士詩」		
			작품론	
27	이백(李白)	【憶秦娥】·【菩薩蠻】 * 제목만 소개	후세에 악부(樂府)를 지은 자들이 많으나, 그의 수준에 모두 미치지 못한다.	
			작품론	
28	시론(詩論)		• 율시(律詩)도 이미 늘어놓는 문제점이 있건만, 또 그것을 늘려 배율(排律)로 만들었다. • 두보는 심지어 100운(韻)의 시를 지었으니, 시의 문제점이다.	
			시론	

칙	비평의 대상	작품명	비평의 내용 / 비평의 범주	실제 인용 문헌
29	시론(詩論)		시는 말은 다하면서도 뜻은 다하지 않는 것을 귀하게 여기는데, 배율(排律)을 짓는 자들은 뜻이 이미 다하였는데도 말이 오히려 많고, 심한 경우에는 바깥의 물색(物色)을 끌어내서 이어 붙이니, 의미가 없다.	
			시론	
30	백거이(白居易) * 곽생(郭生)이 백거이의 「한식(寒食)」을 개작한 작품이므로 작가는 백거이가 아님	【寒食】 원제는 「寒食野望吟」	이 시를 읽으면 저절로 눈물이 난다.	『唐詩品彙』, 〈七言律詩, 餘響〉
			작품론	
31	왕건(王建)	【春詞】	그대로 하나의 음향이다.	『唐詩品彙』, 〈七言古詩, 正變〉
	장적(張籍)	【寄遠曲】		
			풍격론	
32	두보(杜甫)	「奉和嚴國公軍城早秋」	두보의 화답시보다 엄무(嚴武)의 시가 더 좋다.	『唐詩品彙』, 〈七言絕句, 羽翼〉
	엄무(嚴武)	【軍城早秋】		
			작품론	
33	유종원(柳宗元)	【南磵】 원제는 「南澗中題」 * 제목만 소개	비범하여 도의 경지에 들어간 말 같다.	
			작품론	
34	허혼(許渾) 유창(劉滄)	회고(懷古) 주제의 작품	한 시대의 가작(佳作)으로, 모방해서 미칠 수 있는 것이 아니다.	
			작품론	
	한악(韓偓)	【避地】 원제는 「避地寒食」 【春盡】	고단한 여로의 정상(情狀)이 언외(言外)에 나타나니 난세의 사대부의 자취가 슬퍼할 만하다.	『唐詩品彙』, 〈七言律詩, 餘響〉
			작품론, 작가론	
35	최로(崔魯)	【岳陽言懷】 원제는 「春晚岳陽言懷 二首」	〈여향(餘響)〉 중에서도 정밀하고 적실한 작품이다.	
			풍격론	
36	유우석(劉禹錫) 이섭(李涉)	【竹枝歌】	대대로 작자가 있지만 두 사람의 작품이 가장 아름답다.	『唐詩拾遺』
			작품론	
37	유우석(劉禹錫)		• 시재(詩才)가 당대에 으뜸이다. • 재주에 누가 된 시가 많다. • 소식(蘇軾)이 젊을 때 유우석의 시를 공부했다고 한다.	
			작가론, 작품론	
38	조하(趙嘏)	【倚樓】 * 제목만 제시 「宿楚國寺有懷」	그 자체로 아름답다.	『唐詩拾遺』
			작품론	

칙	비평의 대상	작품명	비평의 내용 비평의 범주	실제 인용 문헌
39	시론(詩論)		• 청(淸)은 시의 본색이기에, 기(奇)·건(健)은 그다음이고, 험벽(險僻)·괴이(怪異)·침착(沈着)·질실(質實)은 시도(詩道)와 거리가 멀다. • 시는 소리 없는 소리와 색 없는 색을 얻어, 맑고 밝고 담박하고 투명하여 외경이 정신과 만나고 정신이 붓에 호응하여 표현한 뒤에 이단 외도(異端外道)가 되지 않는다. 시론	
40	시론(詩論)		선인(仙人)에게는 평범한 사람의 기질이 없고, 아음(雅音)에는 평범한 곡조가 없다. 시론	

위에서 정리한 내용에서 보듯이 신흠은 『청창연담』의 처음과 끝에 시론詩論을 배치함으로써 자신의 시에 대한 관점과 의식을 제시하였다. 제1칙과 제3칙에서는 이학적理學的·불교적 논리와 개념을 활용하여, 당시와 송시의 특징을 각각 설명하면서 조선 시단詩壇의 편향성을 비판하였다. 그리고 제28칙과 제29칙에 율시 시체를 비판하는 견해를 배치하고 있는데 이는 내용상 하나로 통합하여도 무방해 보인다. 이처럼 『청창연담 상』은 신흠의 무게 있고 치우침 없는 시론이 들어 있지만, 그것은 신흠이 편찬한 하나의 당시 선집唐詩選集이라고 하여도 무방할 정도로 전체가 당시唐詩로 채워져 있다.

『청창연담 상』에서 언급된 당나라의 시인은 낙빈왕駱賓王·노조린盧照隣·당언겸唐彦謙·두목杜牧·두보杜甫·두심언杜審言·무원형武元衡·백거이白居易·소미도蘇味道·소정蘇頲·손적孫逖·송지문宋之問·심전기沈佺期·양사도楊師道·양형楊炯·엄무嚴武·온정균溫庭筠·왕건王建·왕발王勃·왕한王翰·우세남虞世南·원진元稹·위응물韋應物·위징魏徵·유우석劉禹錫·유종원柳宗元·유창劉滄·이교李嶠·이덕유李德裕·이백李白·이상은李商隱·이섭李涉·이옹李邕·이하李賀·장구령

張九齡·장열張說·장적張籍·장호張祜·조하趙嘏·진자앙陳子昂·최로崔魯·최식崔湜·하지장賀知章·한악韓偓·허혼許渾으로 모두 45인이다.(가나다순)

제26칙에 송나라의 황정견黃庭堅과 그의 시가 언급되고 있지만, 이는 두보의 「곡강曲江」과 같은 주제를 가진 시의 예로 더해진 것이기에 제외하더라도 무방하겠다.

가장 많이 언급된 시인은 단연 두보로, 총 5회 칙의 소재가 되었다. 그다음은 3회 칙의 소재가 된 이백이다. 2회 칙의 소재가 된 시인은 낙빈왕·노조린·유우석·백거이·소정·왕건·왕발·우세남·장열·심전기 등 총10인이다. 이로 본다면 신흠이 당나라 시인 중에서 가장 주목한 사람은 두보와 이백이다. 그런데 신흠은 두보의 가치를 인정하면서도, 맹목적 추존은 배격하였다. 그는 두보를 이백의 아래에 두었으니, 제4칙에서 두보를 이백과 비교하면서 "두보 시의 원류가 사령운謝靈運이고 이백李白 시의 원류가 포조鮑照."라는 주장에 대해, 두보는 그럴 수 있다고 인정하였지만, 이백은 자질이 우연히도 포조와 비슷해서 시도 비슷해 보일 수밖에 없다고 반박하였다. 이는 두보보다 이백을 더 우수하게 평가하는 인식이 작용한 것이다. 뿐만 아니라 제6칙에서는 이옹李邕의 웅건함이 두보를 능가한다고 주장하였다. 또 두보와 화답한 시인의 작품이 그보다 더 우수하다는 견해도 표명하였으니, 제32칙에서 두보의 화답시보다 엄무嚴武의 시가 더 좋다고 주장한 것이 그 예이다.

신흠이 『청창연담 상』을 편찬하면서 참고한 주요 문헌은 『당시품휘唐詩品彙』이다. 다만 그것의 인용 사실은 밝히지 않고 있다. 그는 제2칙에서 당시선의 종류에 대하여 서술하여 "당시唐詩를 선집選集한 것으로는 『당시품휘唐詩品彙』·『당음唐音』·『전당시선全唐詩選』·『만수당인절구萬首唐人絶句』·

『당백가시唐百家詩』 등이 있는데, 그중에서 『당시품휘』와 『당음』이 가장 정밀하다."[4]라고 하면서 『당시품휘』와 『당음』이 당시 선집으로서 가장 좋다고 평가하였다. 내용으로 볼 때, 당시 선집에 대한 논평인 제2칙은 시론에 해당하는 제3칙 뒤에 놓이는 것이 자연스럽다. 그런데 이것을 두 번째 위치에 놓은 것은 신흠의 의식에서 『당시품휘』의 비중이 매우 높았다는 것을 의미한다. 왜냐하면 위의 표에서 제시한 '실제 인용 문헌'에서 밝힌 바와 같이 『청창연담 상』에서 거론한 작품의 거개가 『당시품휘』에서 인용되었기 때문이다.

『당시품휘唐詩品彙』는 명대의 고병高棅이 편집한 당대唐代의 시가 선집詩歌選集으로, 『당시품휘唐詩品彙』 90권과 『당시습유唐詩拾遺』 10권으로 구성되어 있다. 『당시품휘』는 홍무洪武 17년[1384]에 편찬을 시작하여 홍무 26년[1393]에 완성되었고 보유편인 『당시습유』는 홍무 31년[1398]에 완성되었는데, 여기에는 시인 681명의 시 작품 6,723수가 수록되어 있다. 이 책은 당시를 초初·성盛·중中·만晩의 4기로 나누고 그중 성당盛唐을 가장 중시하였다. 그리고 각각의 시체詩體를 구분하고 그 안에서 다시 9가지 풍격으로 작품을 구분하였으니, 초당初唐은 정시正始, 성당盛唐은 정종正宗·대가大家·명가名家·우익羽翼, 중당中唐은 접무接武, 만당晩唐은 정변正變·여향餘響으로 나누었다. 그리고 끝으로 방외이인方外異人은 방류旁流로 구분하였다.[5] 성당盛唐을 높이고 변류變流를 구분한 『당시품휘』의 견해는 후대에 당시 학습의 방향을 제시하고 시를 선별하고 비평하는 방법에도 큰 영향을 주었다.

---

4 選唐詩者, 有品彙, 有唐音, 有全唐詩選, 有萬首選, 有百家詩, 而品彙唐音最精.
5 『四庫全書總目』, 〈集部 四十二, 總集類 四〉.

박지원의 「양반전兩班傳」에서 양반은 "『고문진보古文眞寶』, 『당시품휘唐詩品彙』를 깨알같이 베껴 쓰되 한 줄에 백 글자씩 써야 한다."[6]라고 말한 바와 같이 조선의 사대부에게 『당시품휘』는 필독서로 간주되었다. 그러나 『당시품휘』가 조선 중기에 얼마나, 어떠한 형태로 보급되었는지는 좀 더 정밀히 살펴보아야 할 문제이다.

신흠은 『당시품휘』를 주요 자료로 활용하면서도 그것을 출전으로 밝힌 적이 한 번도 없다. 다만 『당시품휘』의 편명인 '정시正始'·'정종正宗'·'여향餘響'이라는 말을 쓰고 있지만, 그것들은 마치 풍격風格 개념과 같은 느낌을 주기에, 『당시품휘』에 대하여 모르는 독자라면 그것이 편명인지 알 수 없다.

『청창연담 상』에서는 『당시품휘』의 9격格 가운데, 〈정시正始〉·〈명가名家〉·〈정변正變〉·〈여향餘響〉·〈접무接武〉·〈대가大家〉·〈우익羽翼〉에서 작품을 인용하였는데, 그중 〈정시正始〉에서 인용한 것이 압도적으로 많을 뿐만 아니라, '정시'에 해당하는 작품들이라고 명기하고 있다. 그리고 후반부의 제36칙과 제38칙은 『당시습유唐詩拾遺』에서 작품을 인용하고 있다. 이로 볼 때 신흠은 『당시품휘』의 처음부터 끝까지 고루 인용에 활용하였다고 하겠다.

신흠은 『당시품휘』를 단순히 작품을 가려 뽑는 자료로 활용하였을 뿐만 아니라 논평의 착상 근거로도 활용하였다. 예를 들면 제11칙에서 "칠언율시 가운데 '정시正始'의 음으로는 의당 심전기沈佺期의 「고의古意」를 제일로 쳐야 한다."라고 하면서 「고의」 전체를 제시하고 있다. 그런데

6 古文眞寶·唐詩品彙, 鈔寫如荏, 一行百字.(『燕巖集』, 「兩班傳」, 朴趾源)

『당시품휘』, 〈칠언율시, 정시〉의 첫머리에 놓인 작품은 두심언杜審言의 「대포大酺」·「수세시연응제守歲侍燕應制」·「춘일경중유회春日京中有懷」이고 심전기의 「고의」는 그 뒤에 놓여 있다. 이로 본다면 신흠은 『당시품휘』를 주 자료로 활용하였지만, 자신의 선시 기준을 적용시켰음을 알 수 있다.

또 「고의」를 인용한 뒤에 "이야말로 악부樂府의 독불견체獨不見體[7]이다." 라며 자신의 견해로 끝을 맺었다. 그러나 이것은 『당시품휘』의 「고의」라는 제목 밑에 "『악부樂府』에는 제목이 「독불견獨不見」으로 되어 있다."[8]라고 부기되어 있는 말이다. 따라서 신흠이 『당시품휘』의 말을 자신의 견해처럼 쓴 일례라고 하겠다.

한편 제26칙에서는 두보의 「곡강曲江」과 황정견의 「사휴거사시四休居士詩」를 소개하고 말미에 "이 말을 들어 어리석은 자들을 경계시키지 못해서 애석하다."[9]라는 평으로 끝맺음하고 있다. 그런데 『당시품휘』, 〈칠언율시, 대가〉편의 「곡강曲江」 시 "江上小堂巢翡翠, 苑邊高塚卧麒麟."의 아래에 "警策之至, 可以動."이라는 평어가 부기되어 있다. 따라서 신흠의 평론은 이것에서 착상하였다고 하겠다.

신흠은 호한한 당시唐詩의 선별 기준과 배열의 방법에 대한 고민의 답을 『당시품휘』에서 찾았다. 그래서 대다수의 작품을 『당시품휘』에서 뽑고 그 배열도 9격格의 순서를 따랐다. 그러나 서두와 중간, 그리고 말미에 무게 있는 자신만의 시론을 배치하는 한편 가급적 작품마다 자신의 평가를 붙이기 위해 노력하였다.

---

7 독불견체(獨不見體): 독불견(獨不見)은 악부 잡곡 가사의 이름이다.

8 樂府作獨不見.

9 恨不揭此語以警顚冥也.

비록 선시選詩의 자료로 『당시품휘』를 적극 활용하였으나, 평론은 한두개를 제외하고 모두 자신의 견해라는 점은 특기할 만하다. 이러한 경험으로 “참으로 시 짓기가 어려운 것이 아니라 시를 선별하기가 어렵다.”[10] 라는 말을 하게 되었다.

『청창연담 상』의 문제점은 ‘중’에 비해 많지 않은 편이다. 그러나 오류가 산견되며, 칙의 구성도 조정할 필요가 있다.

오류의 예를 몇 가지 들어 보면 다음과 같다.

제14칙 위응물韋應物의 「의고擬古 10수」는 『위소주집韋蘇州集』, 〈잡의雜擬〉에 「의고시擬古詩 12수」로 되어 있으니, 오기로 판단된다.

제16칙의 ‘身血未凝身問誰.’는 이 시를 인용한 『당시품휘』, 〈칠언고시 12, 정변 하〉에 ‘神血未凝身問誰.’로 되어 있으니, 오기로 판단된다.

제25칙의 ‘張祐’는 ‘張祜’의 오기이다.

제36칙의 ‘日落西陵望不還.’은 이 시를 인용한 『당시습유』, 「죽지가竹枝歌 3수」에 ‘月落西陵望不還.’으로 되어 있으니, 오기로 판단된다.

이와 같은 명백한 오류 외에도 자구의 출입도 산재한다.

칙의 재구성은, 예를 들면, 제10칙과 제11칙의 심전기 관련 내용은 하나로 통합해야 한다. 반대로 제34칙 허혼許渾·유창劉滄과 한악韓偓은 분리해야 한다.

10 『청창연담 하』 제5칙.

Ⅲ. 『청창연담 중』의 구성과 특징

『청창연담 중』은 모두 42칙으로 구성되어 있는데, 중국의 한시를 비평 대상으로 한다는 점에서는 『청창연담 상』과 연속성을 지니며, 당나라 이외의 한시를 비평 대상으로 삼으려 의도했다는 점에서는 차별성을 갖는다. 비평의 범주는 시론·작품론·작가론·풍격론을 망라하고 있다. 그것의 비평 대상·비평 내용·표명 인용 문헌과 실제 인용 문헌을 정리하면 다음과 같다.[11]

<table>
<tr><th rowspan="2">칙</th><th rowspan="2">비평의 대상</th><th rowspan="2">작품명[11]</th><th>비평의 내용</th><th rowspan="2">표명
인용 문헌</th><th rowspan="2">실제 인용 문헌</th></tr>
<tr><th>비평의 범주</th></tr>
<tr><td rowspan="2">1</td><td rowspan="2">이백[李白, 당]
장적[張籍, 당]
두목[杜牧, 당]
두보[杜甫, 당]
백거이[白居易, 당]
이하[李賀, 당]</td><td rowspan="2">실재 작품이 아닌 소설 속의 작품</td><td>시구의 말이 모두 놀랍다.</td><td></td><td rowspan="2">『容齋隨筆』, 「續樹萱錄」, 宋 洪邁 撰</td></tr>
<tr><td>작품론</td><td>『樹萱錄』</td></tr>
<tr><td rowspan="3">2</td><td>사령운[謝靈運, 남조 송]</td><td>「遊赤石進帆海」
「石壁精舍還湖中作」</td><td rowspan="2">•작위가 없는 천연의 작품
•다른 사람들이 말하지 못한 것</td><td rowspan="3">『唐子西文錄』</td><td rowspan="3">『詩人玉屑』, 〈兩漢〉, 「三謝」, 宋 魏慶之 撰</td></tr>
<tr><td>사조[謝朓, 남제]</td><td>「酬王晉安」
「暫使下都, 夜發新林, 至京邑, 贈西府同僚」</td></tr>
<tr><td></td><td></td><td>작품론</td></tr>
<tr><td rowspan="2">3</td><td rowspan="2">이함용
[李咸用, 당]</td><td rowspan="2">「秋日訪同人」
「春日」
「贈來進士鵬」
「冬夕喜友生至」
「紅薇」
「題陳將軍別墅」
「緋桃花」</td><td>그의 시는 매우 놀라워서 다른 사람들이 미칠 수 없다.</td><td rowspan="2"></td><td rowspan="2">『詩人玉屑』, 〈晩唐〉, 「誠齋論晩唐詩」</td></tr>
<tr><td>작품론</td></tr>
</table>

11 【 】는 『청창연담』에 명기된 제목의 표시, 「 」는 『청창연담』에 명기되지 않은 원제(原題)의 표시이다.

칙	비평의 대상	작품명	비평의 내용 / 비평의 범주	표명 인용 문헌	실제 인용 문헌
4	황도[黃滔, 당]	【聞雁】 원제는 「河南府試秋夕聞新雁」 【旅泊】-「河南府試秋夕聞新雁」의 오류 【遊東林寺】 【退居】	한악(韓偓)이나 오융(吳融)의 유로 세상에서 많이 볼 수 없기에 기록한다.		『文獻通考』, 〈經籍考, 集, 詩集〉, 「黃御史集」
			작가론		
5	사일[謝逸, 송]		황정견(黃庭堅)은 조보지(晁補之)나 장뢰(張耒)의 유라고 칭찬하였다.	黃庭堅	『文獻通考』, 〈經籍考, 集, 詩集〉, 「溪堂集」
			작가론		
6	여희철 [呂希哲, 송]	居符離有詩	여씨의 집안은 대대로 본래 선학(禪學)을 좋아했기 때문에 그것이 시어에 드러난다.		『文獻通考』, 〈經籍考, 集, 詩集〉, 「靑溪集 一卷」
			작가론		
7	육유[陸游, 송]	「明日復理夢中意作」 「朝飢示子聿」	유극장(劉克莊)이 "가죽과 털이 모두 벗겨졌다."라고 칭하였다.	劉克莊	『文獻通考』, 〈經籍考, 集, 詩集〉, 「劍南詩藁」
			작품론		
8	유응시 [劉應時, 송]	「早行」	왕안석(王安石)의 반열에 있는 듯하다.		『文獻通考』, 〈經籍考, 集, 詩集〉, 「頤庵詩藁」
			작가론		
9	구양부 [歐陽鈇, 송]	「禾山秋興」 【絕句 四首】	• 놀라운 표현. • 양만리(楊萬里)가 "새 울고 꽃 떨어질 제 흔연히 마음 맞는 곳에서 큰 잔에 술 따라 구양부의 시를 읊으며 바람 타고 운기(雲氣)를 타고 싶다."라고 하였다.	楊萬里	『文獻通考』, 〈經籍考, 集, 詩集〉, 「歐陽伯威詩」
			작품론		
10	문동[文同, 송]	【秦王卷衣】	• 세상에 아는 이 드물기에 그 사람의 생애도 함께 기록한다. • 소식(蘇軾)이 "문동은 초사(楚辭)·초서(草書)·시(詩)·화(畫)의 4절(絕)이다."라고 하였고, 사마광(司馬光)도 "그의 시는 소쇄(瀟灑)하다."라고 했다.	蘇軾 司馬光	『文獻通考』, 〈經籍考, 集, 別集〉, 「文與可丹淵集 四十卷」
			작가론		
11	왕종[王從, 송]		• 만당의 시에 못지않다. • 강서시사(江西詩社) 가운데 두어도 분별할 수 없다.		『文獻通考』, 〈經籍考, 集, 別集〉, 「三近齋餘錄」
			작품론		

칙	비평의 대상	작품명	비평의 내용 비평의 범주	표명 인용 문헌	실제 인용 문헌
12	왕적[王績, 당]	「野望」 【獨坐】	•당 초기 시인 중에서 최고인데, 그의 시는 선집(選集)에 몇 수만 실려 있다. •복덕(福德)과 지혜를 둘 다 소유한 사람이다. 작가론		『文獻通考』,〈經籍考, 集, 別集〉, 「東皐子 五卷」
13	왕유[王維, 당]	【與裴迪書】 원제는 「山中與裴秀才廸書」	이 글을 읽고 우수에 잠기지 않은 적이 없다. 작품론		『文獻通考』,〈經籍考, 集, 別集〉, 「王右丞集 十卷」
14	이고[李翶, 당]		이고(李翶)의 문집에는 없는 시이므로 기록한다. 작품론		『文獻通考』,〈經籍考, 集, 別集〉, 「李文公集 十八卷」
15	사공도[司空圖, 당]		만당의 유향(遺響)을 볼 수 있다. 작품론		『文獻通考』,〈經籍考, 集, 別集〉, 「司空圖一鳴集 三十卷」
16	소순흠[蘇舜欽, 송]	「夏意」 「淮中晩泊犢頭」	•송나라 시인 중 으뜸이다. •뛰어난 재주를 지니고도 무고를 당해 폐출되니, 애석하다. 작가론		『文獻通考』,〈經籍考, 集, 別集〉, 「滄浪集 十五卷」
17	이백[李白, 당]	【上雲樂】 【菩薩蠻】 【獨漉篇】 【天姥吟】 원제는 「夢遊天姥吟留別」 * 제목만 제시	•선인(仙人)으로, 그의 시집에 실린 작품은 하나도 흠잡을 만한 것이 없다. •상제의 음악을 연주하는 듯하다. 작품론		
18	구우[瞿佑, 명]	「淸明」	그의 시는 너무 보드랍지만 또 그 자체로 아름다워 사랑할 만하다. 작품론		『西湖遊覽志』, 「才情雅致」, 明 田汝成 撰
19	소식[蘇軾, 송]	【四時詞】 * 제목만 제시 「東欄梨花」 【過巫山用杜子美韻】 원제는 「戱題巫山縣用杜子美韻」	소식의 시와 문장은 모두 신의 경지인데, 당나라의 시문을 배우는 자들은 항상 그를 헐뜯지만, 아름다운 작품을 뽑아 몇 권으로 간행한다면 당나라의 아름다운 작품들보다 못하지 않으리라. 단지 그의 풍격이 매우 대단하기에 좁은 소견으로 알지 못할 따름이다. 작품론		
20	소식[蘇軾, 송]	「秋晩客興」 「寒食夜」 「上元侍飮樓上, 三首呈同列」 「僕年三十九, 在潤州道上, 過除夜, 作此詩, 又二十年, 在惠州, 錄之以付過」 「夢中絕句」 「春夜」 「同景文詠蓮塘」	소식이 고사를 너무 많이 썼다고 비판하지만, 이는 그의 재주가 너무 많아 내놓은 말이 저절로 이루어져 스스로 깨달을 수 없었던 것뿐이다. 작품론		

칙	비평의 대상	작품명	비평의 내용 / 비평의 범주	표명 인용 문헌	실제 인용 문헌
21	소식		고려와 조선에서 모두 소식을 숭상하였으나, 근래는 당시를 추중하여 그렇지 못하니, 이는 어설픈 모방과 유행에 불과하다.		
			시론		
22	두보[杜甫, 당] 한유[韓愈, 당]		두보의 시를 주공이 예악 등의 제도를 만든 것에 비유하니, 적실하다. 두보를 잘못 배우면 속되거나 졸렬해지고, 심하면 억세서 읽을 수 없게 된다. 한유의 문장도 마찬가지이다.		
			시론		
23	주희[朱熹, 송]		주자의 시는 간혹 『문선』 시의 경지에 근접하여 여운이 있으니, 『시경』의 정음(正音)에서 터득한 것이 있다. 왕세정이 주희를 조롱하고 책망한 것은 잘못이다.		
			작가론		
24	왕세정 [王世貞, 명]		일세의 출중한 사람으로 일컬어졌고, 스스로도 양웅·사마천·반고에 비견하였는데 노년에 소식의 시를 위주로 하면서 때로 아주 비슷한 것을 만들었다.		
			작가론		
25	이반룡 [李攀龍, 명]	「送郭子坤下第還濟南」	잡스럽지 않다		
	하경명 [何景明, 명]	「華容弔楚宮」	당시와 형식이 비슷하다.		
		당나라 사람들이라도 미칠 수 없다.			
			작품론		
26	이몽양 [李夢陽, 명]	「限韻贈黃子」	격앙되고 돈좌해 눈물이 흐르지만, 두보만 못하다.		
			풍격론		
27	안수[晏殊, 송]	「無題」	•가사(歌詞)를 잘 짓는데, 시도 아름답다. •이상은(李商隱)이 송나라에 다시 출현한 듯하다.		
			작가론		
28	왕세정 [王世貞, 명]	「莫愁樂」 「西興詞」 「橫江詞 四首 其一」 「橫江詞 四首 其二」 「吳中迎春曲 八首」 「燕京四時樂 四首 其四」	시가 매우 대단하여 읊을 만한 것을 다 기록할 수 없다.		『弇州四部稿』〈詩部〉, 明 王世貞 撰
			작품론		

칙	비평의 대상	작품명	비평의 내용 / 비평의 범주	표명 인용 문헌	실제 인용 문헌
29	이몽양 [李夢陽, 명]	「夏口夜泊別友人」 「送王呈貢赴縣」	이백과 두보의 작품에 비해 손색이 없다.		
			작품론		
30	유장경 [劉長卿, 당]	「長沙過賈誼宅」	신의(新意)라고 할 만하다.		
			작품론		
31	왕안석 [王安石, 송]	【夜直】	•송나라의 절구 중 최고다. •정밀하고 뛰어나 비할 것이 없다.		
			작품론		
32	조맹부 [趙孟頫, 송]	「絕句」	왕안석의 「야직(夜直)」과 쌍벽을 이룰 만하다.		
			작품론		
33	구양수 [歐陽修, 송]	「浪淘沙 五」	•통달한 유학자로 알 뿐 그의 호기(豪氣)는 알지 못한다. •그의 가사(歌詞)를 보니 구름 위를 솟구칠 만하다. •『화간집(花間集)』 속의 시인들도 그의 수준에 이르지는 못하리라.		
			작가론, 작품론		
34	황정견 [黃庭堅, 송] 진여의 [陳與義, 송]		가사(歌詞)도 좋고 문장의 격운(格韻)도 넉넉하기에 이들을 추존해 짓는다면 모두 아름답게 되리라.		
			작가론		
35	유둔[劉遁, 송]		시의 예언		『山堂肆考』, 「作詩贈丁謂」, 明 彭大翼 撰
			시화		
36	왕세정 [王世貞, 명]	「夜度娘」 「楊白花」 「小垂手」 「大垂手」	진(陳)나라와 수나라 시기 사이의 음률이다.		『弇州四部稿』〈詩部〉, 明 王世貞 撰
			작품론		
37	양유정 [楊維禎, 원]	【西湖竹枝詞】 * 제목만 제시	「서호죽지사(西湖竹枝詞)」는 격조가 연약한듯하면서도 맑고 예뻐 사랑할 만하나, 쇠망한 세상의 음률이니, 원나라가 망하려는 조짐이다.		
			작품론		
38	살천석 [薩天錫, 원]	【西湖絕句】 원제는 「西湖絕句 六首」	「서호절구(西湖絕句)」는 매우 화려해, 염체(奩體)로 『문선』에 들어갈 만하다.		『西湖遊覽志餘』, 〈才情雅致〉, 明 田汝成 撰
			작품론		
39	구우[瞿佑, 명]	【淸明】 원제는 「淸明卽事」	참으로 문학적 재능이 있는 사람의 작품이다.		
			작가론		

<table>
<tr><th rowspan="2">칙</th><th rowspan="2">비평의 대상</th><th rowspan="2">작품명</th><th>비평의 내용</th><th rowspan="2">표명 인용 문헌</th><th rowspan="2">실제 인용 문헌</th></tr>
<tr><th>비평의 범주</th></tr>
<tr><td rowspan="2">40</td><td rowspan="2">유태[劉泰, 명]</td><td rowspan="2">【漫興】
원제는 「晩春漫興」</td><td>구우(瞿佑)의 유파</td><td rowspan="2"></td><td rowspan="2"></td></tr>
<tr><td>작가론</td></tr>
<tr><td rowspan="2">41</td><td rowspan="2">이진[李進, 명]</td><td rowspan="2">【看梅】
원제는 「西湖夜宿」</td><td>아름답고 세련되어 사랑할 만하나 수식한 기운이 너무 많아 아쉽다.</td><td rowspan="2"></td><td rowspan="4">『西湖遊覽志餘』,
〈才情雅致〉</td></tr>
<tr><td>작품론</td></tr>
<tr><td rowspan="2">42</td><td rowspan="2">장녕[張寧, 명]</td><td rowspan="2"></td><td>당나라 시에 매우 근접하였다.</td><td rowspan="2"></td></tr>
<tr><td>작품론</td></tr>
</table>

위의 표에서 보듯이 『청창연담 중』은 남북조 시대부터 명나라까지의 중국 시인들과 작품을 소개·비평하기 위한 목적으로 편찬되었다. 따라서 신흠은 가급적 다양한 시인들을 소개하기 위해 노력하였다.

『청창연담 중』에서 칙의 소재가 된 인물과 시대는 다음과 같다.(가나다순)

- 남북조 2인: 사령운[謝靈運, 남조 송]·사조[謝朓, 남제]
- 당나라 14인: 두목杜牧·두보杜甫·백거이白居易·사공도司空圖·왕유王維·왕적王績·유장경劉長卿·이고李翶·이백李白·이하李賀·이함용李咸用·장적張籍·한유韓愈·황도黃滔
- 송나라 17인: 구양부歐陽鈇·구양수歐陽修·문동文同·사일謝逸·소순흠蘇舜欽·소식蘇軾·안수晏殊·여희철呂希哲·왕안석王安石·왕종王從·유둔劉遁·유응시劉應時·육유陸游·조맹부趙孟頫·주희朱熹·진여의陳與義·황정견黃庭堅
- 원나라 2인: 살천석薩天錫·양유정楊維禎
- 명나라 8인: 구우瞿佑·왕세정王世貞·유태劉泰·이몽양李夢陽·이반룡李攀龍·이진李進·장녕張寧·하경명何景明

이상의 시인 43인 가운데 소식·왕세정이 3차례, 두보·이백·구우·이몽양이 각각 2차례 칙의 비평 대상으로 언급되었다. 그러나 두보와 이백은 단순 언급의 차원에 머물기에 비중이 없으니, 『청창연담 중』이 대체로 당나라 이후 시의 비평을 목표로 하기 때문이다.[12] 따라서 송나라 시인으로는 소식의 시가 단연 많이 소개되었고, 명나라 시인으로는 왕세정의 시가 압도적으로 많이 소개되었다. 소식의 경우는 제19칙에 2편의 작품 전문이, 제20칙에 7편의 작품 전문이 실려 있다. 왕세정의 경우는 제24칙에 작가론 차원에서 논평이 이루어져 있고, 제28칙에 6편의 작품 전문이, 제36칙에 3편의 작품이 절취 없이 실렸다. 이몽양은 제29칙에 2편의 작품 전문이 실려 있다. 구우는 제18칙에 작품론 차원에서 논평이 이루어져 있고, 제39칙에 1편의 작품 전문이 실려 있다.

또 『청창연담 중』의 편찬 목적 중 하나는 비교적 유명하지 않은 시인들이나 작품을 소개하는 것이다. 예를 들면, 제4칙에서 당의 황도黃滔는 "세상에서 많이 볼 수 없기에 기록한다."라고 하였고, 제10칙에서 송의 문동文同은 "세상에 아는 이 드물기에 그 사람의 생애도 함께 기록한다."라고 하였으며, 제12칙에서 당나라 왕적王績의 시는 "당 초기 시인 중에서 최고인데, 그의 시는 선집選集에 몇 수만 실려 있다."라고 하였고, 제14칙에서 당 이고李翺의 시는 "그의 문집에는 없는 시이므로 기록한다."라고 하였으니, 잘 알려지지 않은 시인에 대해서는 인적 정보를 제공하고, 흔히 볼 수 없는 시는 작품을 제공한다고 하면서 전문을 실었다.

『청창연담 중』은 '상', '하'에 비해 체계가 산만하고 오류가 많은 등 편

12 당나라 시인 중 유장경·이함용·사공도·왕유·왕적·이고·한유·황도는 『청창연담 상』에서 언급되지 않은 인물들이다.

찬 과정에서 검토와 교정이 충분히 이루어지지 않은 것으로 보인다.

신흠은 기본적으로 남북조·당·송·원·명의 시대 순서대로 작가를 배열하려는 의도가 있었던 것 같다. 그렇다면 남조 송의 사령운과 남제의 사조가 제1칙에 놓여야 마땅한데 제2칙에 놓여 있다. 제3·4칙에 당나라, 제5~11칙에 송나라로 순서가 제대로 배열되다가, 제12~15칙에 다시 당나라, 제16칙에 송, 제17칙에 당, 제18칙에 명, 제19~21칙에 송, 제22칙에 당, 제23칙에 송, 제24칙~26칙에 명, 제27칙에 송의 순서로 무질서하게 시대가 배열되었는데, 이와 같은 현상은 마지막 제42칙까지 나타난다. 이는 작가의 시대보다는 참고 문헌의 활용 양태와 관계가 있다. 『시인옥설詩人玉屑』에서 제2·3칙의 내용을 인용하고, 『문헌통고文獻通考』에서 제4칙부터 제16칙까지 인용하고, 『서호유람지여西湖遊覽志餘』에서 제39·41·42칙을 인용하였으니, 하나의 문헌에서 인용을 끝낸 뒤에 다른 문헌을 이용하였다는 것을 알 수 있다. 비록 여러 문헌을 인용하였더라도 그것들을 다시 일정한 규칙에 따라 재배열하고 질서를 부여하는 과정을 거쳐야 하는데, 『청창연담』은 그것이 이루어지기 전에 출간되었다고 하겠다.

비평 대상의 배열도 산만함을 면치 못하고 있다. 예를 든다면, 제18칙과 제39칙으로 분산되어 있는 구우에 관련된 비평은 하나로 통합하거나 나란히 배열하는 것이 좋다. 왕세정 관련 비평도 제24·28·36칙으로 분산되어 있는데, 이것들을 하나로 모아서 배열하는 것이 바람직하다. 그리고 제31칙은 왕안석의 「야직夜直」에 대한 비평이고, 제32칙은 조맹부의 「절구絶句」가 왕안석의 「야직」과 쌍벽을 이룰 만하다는 비평이다. 따라서 이 둘을 하나로 통합하는 것이 더 좋다.

이 외에도 『청창연담 중』은 '상', '하'에 비해 오류가 많은 편이다.

첫 번째로 말할 수 있는 것은 위작僞作을 검증 없이 소개한 오류이다. 제1칙에 소개된 이백·장적·두목·두보·백거이·이하의 시는 『수훤록樹萱錄』이라는 문헌에서 인용했다고 밝히고 있으나, 실은 송나라 홍매洪邁가 편찬한 『용재수필容齋隨筆』에서 재인용한 것이다. 『수훤록』은 작자 미상의 신화지괴소설집으로, 제1칙에 소개된 시 모두가 이백·두보 등 저명 시인들의 작품을 빙자한 위작들이다. 그런데 그것의 진위 여부를 따져 보지 않은 결과, 위작들이 책의 첫머리를 차지하고 말았다.

두 번째는 작가 표기의 오류이다. 예를 들면, 제9칙의 '구백위歐伯威'는 '구양백위歐陽伯威'의 오기이다. 또 제30칙의 "詠漢陵曰, 一種毁原秋草裏, 路人猶拜漢文陵."을 유장경劉長卿의 작품으로 소개하였는데, 이는 허혼許渾의 「경진황묘經秦皇墓」라는 작품이다. 그리고 제36칙의 "吳中女兒白紵衣, 日暮橫塘蕩槳歸. 荷花港裏無人見, 驚起鸕鷀隊隊飛."를 왕세정의 작품으로 소개하고 있지만, 이것은 이몽양李夢陽의 「백저곡白紵曲」이라는 작품이다. 또한 제41칙의 요윤언姚允言은 이진李進의 오기로, 『서호유람지西湖遊覽志』의 앞부분에 놓여 있는 요윤언의 시로 착각한 것으로 보인다.

세 번째는 제목 표기의 오류이다. 예를 들면, 제4칙의 「여박旅泊」은 「하남부시추석문신안河南府試秋夕聞新雁」의 오류이다. 또 제41칙의 「간매看梅」는 「서호야숙西湖夜宿」의 오기이다.

이 밖에도 자구의 오류가 상당수 산재한다.

신흠은 『청창연담 중』을 편찬하면서 『용재수필容齋隨筆』·『시인옥설詩人玉屑』·『문헌통고文獻通考』·『산당사고山堂肆考』·『서호유람지西湖遊覽志』를 적극 활용하였지만, 그것들을 출전으로 밝히지 않았다.

제1칙의 인용문헌인 『용재수필容齋隨筆』은 송나라 홍매洪邁가 편찬한 필기서로 모두 오필五筆, 74권, 1,220칙으로 구성되어 있다. 『용재수필容齋隨筆』이 16권, 329칙, 『용재속필容齋續筆』이 16권, 249칙, 『용재삼필容齋三筆』이 16권, 248칙, 『용재사필容齋四筆』이 16권, 259칙, 『용재오필容齋五筆』이 10권, 135칙으로 이루어진 방대한 책이다.

제2·3칙의 인용문헌인 『시인옥설詩人玉屑』은 송의 위경지魏慶之가 편찬한 시화서로 총 20권이다. 1권에서 11권까지는 시변詩辨·시법詩法·시체詩體 등의 문으로 나뉘어 있고, 12권 이하는 역대 시인의 작품을 품평한 것이다. 제2칙에서 '당자서문록唐子西文錄'을 '당자서어록唐子西語錄'이라 하였으니, 이는 『시인옥설』의 기록을 습용한 것이다. 제3칙에서 『시인옥설』의 기록을 습용하여 "燭殘偏有焰"을 "煙殘偏有焰"으로 오기하였다. 이로 본다면 비록 『시인옥설』을 인용한 사실을 밝히지는 않았지만, 『시인옥설』이 출전임이 분명하다.

이 외에도 위의 표에서 밝힌 바와 같이 명나라 전여성田汝成이 편찬한 『서호유람지西湖遊覽志』[13]와 명나라 팽대익彭大翼이 편찬한 『산당사고山堂肆考』도 출전으로 활용되었다.

가장 비중 높은 참고 문헌인 『문헌통고文獻通考』는 송원 시대의 마단림馬端臨이 편찬한 전장제도典章制度 서적으로, 전부고田賦考·전폐고錢幣考·호구고戶口考·직역고職役考·정각고征榷考·시적고市糴考·토공고土貢考·국용고國

13 「藍田遺璧跋」에 의하면, 신흠이 북경에 사신을 갔을 때 田汝成[1503~1557]의 『西湖遊覽志』 小本을 구해 왔는데, 그것을 보물로 여기며 책상 위에는 그것 외에 다른 책을 두지 않을 정도로 탐독했다고 한다.(余昔奉使赴燕, 得田禾叔西湖志, 愛其事蹟備具, 山川臨觀之美, 游戲詠歌之什, 皆摭拾無一遺者, 竣事東還, 遂購小本, 爲橐裏寶裝, 暨歸値官閑身暇, 心未嘗不於志亹亹, 而幾乎丌案無他書矣. 『象村稿』.)

用考·선거고選擧考·학교고學校考·직관고職官考·교사고郊社考·종묘고宗廟考·왕례고王禮考·악고樂考·병고兵考·형고刑考·경적고經籍考·제사고帝系考·봉건고封建考·상위고象緯考·물이고物異考·여지고輿地考·사예고四裔考의 24문門으로 분류되어 있으며, 총 348권의 방대한 전적이다.[14] 『청창연담 중』은 제3칙부터 제16칙까지를 모두 『문헌통고』에서 인용하였다. 그런데 다른 문헌의 인용과 달리 『문헌통고』의 인용 양태에 대해서는 좀 더 주의를 기울여야 한다. 왜냐하면 여타 문헌에서는 대체로 작품만을 인용한 반면, 『문헌통고』에서는 비평서에서 가장 중요한 요소인 비평까지도 그대로 인용하였기 때문이다. 예를 들면, 제5칙의 사일謝逸에 대한 비평은 『시인옥설』에서 인용한 『냉재야화冷齋夜話』의 비평을 『문헌통고』에서 재인용한 것을 신흠이 다시 인용하였다. 이와 같이 제13칙을 제외한 제6칙부터 제15칙까지의 비평은 모두 『문헌통고』에서 그대로 인용한 것이다. 물론 그중에는 신흠이 가공을 가한 것도 있지만, 전재轉載의 혐의를 피하기 힘든 문제가 있다.

14 『四庫全書總目』, 〈史部〉, 「政書類」.
『文獻通考』가 우리나라에 유입된 시기에 대한 연구로는 김소희(2009)의 「『문헌통고』 경적고의 서지학적 가치에 관한 재고: 경부 인용문헌 분석을 통해」(『서지학보』 33호, 한국서지학회)가 참고할 만하다.

Ⅳ. 『청창연담 하』의 구성과 특징

『청창연담 하』는 조선의 시에 대한 비평을 목적으로 편찬된 것으로서 모두 70칙으로 이루어져 있다. 독자의 용처用處와 시각에 따라 평가가 달라질 수 있겠으나, 한국학의 관점에서 본다면, 중국의 시를 대상으로 편찬된 『청창연담』 '상'과 '중'에 비해 '하'는 매우 가치가 있다고 평가할 수 있다. 『청창연담 하』가 작품론·작가론·풍격론을 망라하고 있다는 점은 『청창연담』 '상', '중'과 동일하다. 그러나 『청창연담』 '상', '중'이 집필 과정에서 활용한 문헌 자료에 견인된 결과, 편찬자의 견해와 비평 의식이 크게 반영되지 않아 신흠의 비평 의식을 분석하기 힘들지만, 『청창연담 하』는 그러한 현상이 없기에 신흠의 독자적 비평관을 본격적으로 규명해 볼 수 있다. 또 작가와 창작 환경에 대한 견문이 풍부한 결과 시화적 요소가 강하다는 점도 『청창연담』 '상', '중'과의 확연한 차이점으로 거론할 수 있다.

『청창연담 하』의 비평 대상·비평 작품·비평의 내용을 정리하면 다음과 같다.[15]

칙	비평의 대상	작품명[15]	비평의 내용
1	이항복[李恒福, 1556~1618]	「銀臺, 示朴內翰子龍」(『白沙集』) 신흠이 받은 작품	기상이 매우 좋다.
2	이항복	「呈告乞解, 申敬叔貽書, 起之書示」(『白沙集』)	이항복이 병으로 정승의 지위를 사직하기에, 신흠이 출사(出仕)를 권면하자, 시로 당시의 형세를 어떻게 할 수 없다는 생각을 드러냈다.
3	고종후[高從厚, 1554~1593]	馬上檄文	말의 의미가 몹시 놀랍고 절묘하며 대우가 저절로 이루어졌기에 일시에 전해지며 암송되었다. 뛰어난 인재가 불우하게 생을 마쳐서 애석하다.
	송상현[宋象賢, 1551~1592]	임진왜란 때 성을 지키다 죽으면서 가친(家親)에게 남긴 글	말이 늠연(凜然)해, 옛날의 열장부(烈丈夫)라도 이보다 더할 수 없다.

15 【 】는 『청창연담』에 명기된 제목의 표시, 「 」는 『청창연담』에 명기되지 않은 원제(原題)의 표시이다.

칙	비평의 대상	작품명	비평의 내용
4	정지상(鄭知常)	「送人」	온 세상에서 다투어 전하였고 지금까지도 절창으로 받들고 있다.
	최경창[崔慶昌, 1539~1583]	「浿江樓舡題詠」(『孤竹遺稿』)	정지상의 시에 차운한 「채련곡(採蓮曲)」이다.
	서익[徐益, 1542~1587]	「採蓮曲. 次大同江樓船韻」(『萬竹軒集』)	모두 정지상의 시에 차운한 일대의 가작들인데, 이달(李達)의 시를 가장 우수하다고 평가한다.
	고경명[高敬命, 1533~1592]	「浿江樓舡題詠」(『孤竹遺稿』)	
	이달[李達, 1539~1612]	「采蓮曲. 次大同樓船韻」(『蓀谷詩集』)	
5	신흠[申欽, 1566~1628]	선조의 명에 의한 시 선집 편찬 경위	시 짓기가 어려운 것이 아니라 시 선별이 어렵다.
6	신흠	부제학으로서 선조의 명으로 『주역고경(周易古經)』을 교열하고, 『사전춘추(四傳春秋)』의 예를 본받아 『춘추』 좌씨(左氏)·정씨(程氏)·호씨(胡氏)의 전(傳)을 모아 편집한 경위	
		자신의 오언절구	한 시대를 가볍게 본 것이 아니라 가슴 속에 품은 생각을 적은 것이다.
7	정철[鄭澈, 1536~1593]	「統軍亭」(『松江集』)	•의주(義州) 통군정(統軍亭) 장관(壯觀)의 제영(題詠)으로 가장 뛰어나다. •비록 대작(大作)은 아니지만 그런대로 기발하여 전할 만하다.
8	정철	「金沙寺」(『松江集』)	청완(淸惋)하며 격앙(激昻)케 한다.
9	일가를 만들려고만 힘쓰고 당나라에서 법을 취한 데까지 이른 자는 매우 적다.		
	김정[金淨, 1486~1521]	「江南」(『沖庵集』) 「錦江樓」(『沖庵集』)	회자되는 것으로, 당나라 사람들의 시집 속에 두어도 분간하기 어렵다.
	이주[李冑, 1468~1504]	「通州」(『忘軒遺稿』)	김정(金淨)에 버금간다고 할 만하다.
	최경창(崔慶昌)	「贈性眞上人」(『孤竹遺稿』)	부분만으로 그 맛을 알 수 있다.
	백광훈[白光勳, 1537~1582]	「奉恩寺蓮亭, 次李校理伯生見示之作」(『玉峯集』)	
	이달(李達)	「題衍上人軸」(『蓀谷詩集』)	
10	신종호[申從濩, 1456~1497]	기생 상림춘(上林春)을 사랑하여, 그의 집을 찾아가 지은 시	당대에 전송되었고 이로 말미암아 상림춘의 이름 값이 배로 올라갔다.
	김안국[金安國, 1478~1543]	「聽老妓上林春彈琴, 有感, 次前韻」(『慕齋集』)	슬픔과 원망이 격렬하고 간절하니, 기탁한 바를 볼 수 있다.
11	작자 미상	春夢亂於秦二世, 羈愁强似魯三家.	•말의 뜻이 모두 새롭고 구절도 굳세니, 심상한 시인의 작품이 아니다. •박란(朴蘭)의 시라고도 한다.
12	원천석[元天錫, 1330~?]	【伏聞主上殿下遷于江華, 元子卽位, 有感. 二首.】(『耘谷行錄』)	시어가 질박하여 완성도가 떨어지는 부분이 많지만 일을 직접적으로 기록하여 숨김이 없으니, 정인지(鄭麟趾)의 『고려사』와 비교해 보면 해·별과 무지개가 서로 차이 나는 것 이상이어서 읽노라면 눈물이 흐른다.
		【都統使崔瑩被刑】 「聞都統使崔公被刑, 寓歎. 三首.」(『耘谷行錄』)	

칙	비평의 대상	작품명	비평의 내용
		【聞今月十五日, 國家以定昌君立王位, 前王父子, 以爲辛旽子孫, 廢爲庶人.】(『耘谷行錄』)	
		【國有令, 以前王父子賜死.】(『耘谷行錄』)	
		【韓山君被讒謫長湍】「記夢」(『耘谷行錄』)	
13	백광홍[白光弘, 1522~1556]	【關西曲】 * 제목만 소개	세상에 유행한다.
	최경창(崔慶昌)	「箕城, 聞白評事別曲」(『孤竹遺稿』)	한때 전송(傳誦)되었다.
14	홍섬[洪暹, 1504~1585]	「上三峽. 應製.」(『忍齋集』)	시로 지은이의 궁달(窮達)을 점칠 수 있다.
15	박순[朴淳, 1523~1589]	「自龍山歸漢江, 舟中口號.」(『思菴集』)	한때 전송되었다.
		【題僧軸】(『思菴集』)	매우 뛰어난 작품으로 칭송되었다.
		「題二養亭壁」(『思菴集』)	한가로이 자적하며 얽매인 데 없는 뜻과 고상히 세속을 초월한 기상이 모두 구비되었다.
16	노수신[盧守愼, 1515~1590]	「寄尹李二故人」(『穌齋集』)	20년 동안 유배살이 한 진도(珍島)에서 지은 시 중에서 매우 뛰어난 작품이 많아 인구(人口)에 회자(膾炙)된다.
		【謁孝陵詩】(『穌齋集』)	
		「用前韻寄淸牧」(『穌齋集』)	
17	성수종[成守琮, 1495~1533]	칠언절구	읊조리면 그 인품을 상상할 수 있다.
18	서경덕[徐敬德, 1489~1546]	「述懷」(『花潭集』)	뜻을 둔 바를 상상해 볼 수 있다.
19	성운[成運, 1497~1579]	「村居書事」(『大谷集』)	시가 그 인품과 같아서 충담한아(沖澹閑雅)하여 서호처사(西湖處士)의 운치가 있다.
		「寄楗仲」(『大谷集』)	
20	조식[曺植, 1501~1572]	「題德山溪亭柱」(『南冥集』)	성품처럼 문장 역시 기위(奇偉)하여 평범하지 않다.
21	조식	「偶吟」(『南冥集』)	당시 세태에 깊숙이 관련되어 잘 형용하였다고 할 만하다.
22	남효온[南孝溫, 1454~1492]	【玄琴賦】 * 제목만 소개	우리나라 사부(詞賦)의 으뜸. 문사(文辭)가 아름다울 뿐만 아니라 끝에 오음(五音)을 논한 대목에 지극히 은미한 뜻이 있다. 읽을 때마다 눈물이 난다.
23	이옥봉(李玉峰)		근래 규수(閨秀)의 작품 중에서 가장 훌륭하다.
24	허난설헌[許蘭雪軒, 1563~1589]	【廣寒殿上樑文】 「廣寒殿白玉樓上樑文」(『蘭雪軒詩集』) * 제목만 소개	기특하고 아름다우며 맑고 웅건해 사걸(四傑)의 작품과 비슷한 점이 있다.
		「遊仙詞」 * 제목만 소개 「次孫內翰北里韻」(『蘭雪軒詩集』)	허균이 몰래 끼워 넣은 표절작이다.
25	차천로[車天輅, 1556~1615]	風外怒聲聞渤海, 雪中愁色見陰山.	장편 대작을 끊임없이 지어 사단(詞壇)의 웅문(雄文)이 되기에 충분하지만 사람됨이 경박하고 불량하다.

<table>
<tr><th>칙</th><th>비평의 대상</th><th>작품명</th><th>비평의 내용</th></tr>
<tr><td>26</td><td>임제[林悌, 1549~1587]</td><td>【浿江曲】
「浿江歌」(『林白湖集』)</td><td>시어가 매우 고우니, 두목(杜牧)을 배웠다.</td></tr>
<tr><td>27</td><td>정지상(鄭知常)</td><td>「醉後」(『東文選』)</td><td>놀랍고 기발하며 아름다워, 우리나라의 시 중에서 비견할 작품이 드물다.</td></tr>
<tr><td>28</td><td>이색[李穡, 1328~1396]</td><td>「洞庭晩靄」(『牧隱集』)</td><td>기상이 광활하고 심원하여 다른 사람들을 삼켜버릴 만하다.</td></tr>
<tr><td rowspan="2">29</td><td rowspan="2">임억령[林億齡, 1496~1568]</td><td colspan="2">기이하고 거룩한 기상이 있어 고고하게 시속을 따라 처신하지 않았다. 이백을 배워 기법이 매우 대단하였다.</td></tr>
<tr><td>「息影亭, 水檻觀魚」(『石川詩集』)</td><td>세상을 흘겨보며 호방한 뜻을 볼 수가 있다.</td></tr>
<tr><td>30</td><td>신흠(申欽)</td><td>백이(伯夷)·숙제(叔齊)의 사당을 참배하고 지은 시
*『상촌고』에 없는 작품</td><td>이 시가 지나치게 고고하다고 말하는 사람도 있지만, 지나치게 고고한 의론은 아니다.</td></tr>
<tr><td>31</td><td>정철[鄭澈, 1536~1593]</td><td>「夜坐聞鵑」(『松江集』)</td><td>시어가 몹시 사람을 놀라게 해 정신이 번쩍 들게 만든다.</td></tr>
<tr><td>32</td><td>정철</td><td>어떤 이에게 준 시의 말구(末句)</td><td>수려하고 기발하며 의취 자체가 좋다.</td></tr>
<tr><td>33</td><td>황정욱(黃廷彧)</td><td>「罷官向芝上, 午坐樓院」(『芝川集』)</td><td>의미가 매우 격렬하다.</td></tr>
<tr><td rowspan="4">34</td><td rowspan="4">최립[崔岦, 1539~1612]</td><td colspan="2">문장을 지을 때 옛날의 작자를 힘써 따랐고 시는 여사(餘事)로 여겼지만 시도 출중하게 기이하고 강건한 구절이 있다.</td></tr>
<tr><td>「龍川, 伏蒙台章下酬, 不得無謝」(『簡易文集』, 〈甲午行錄〉)</td><td rowspan="3">•사어(詞語)가 정밀하고 절실하며 굳세고 힘차다.
•신흠과 함께 북경으로 가면서 길 위에서 주고받은 시</td></tr>
<tr><td>烏繞上林無樹着,
雁遵南浦故洲非.
*『簡易文集』에 없는 작품</td></tr>
<tr><td>「次台韻通錄 六首」
(『簡易文集』, 〈甲午行錄〉)</td></tr>
<tr><td>35</td><td>성혼[成渾, 1535~1598]</td><td>「挽思菴朴相公 淳」(『牛溪集』)</td><td>박순(朴淳)을 잘 애도하였다.</td></tr>
<tr><td>36</td><td>정철</td><td>「祭趙汝式文」(『松江集』)</td><td>세상에서 '말을 잘 안다[知言]'고 하였다.</td></tr>
<tr><td>37</td><td>김질충(金質冲)</td><td>三年藥裏人猶病,
一夜雨聲花盡開.</td><td>•당시 사람들이 전해 가며 암송하였다.
•진여의[陳與義, 송]의 "客子光陰詩卷裏, 杏花消息雨聲中."과 비슷하다.</td></tr>
<tr><td>38</td><td>최립(崔岦)</td><td>「永平, 次台韻夷齊廟. 二首.」(『簡易集』, 〈甲午行錄〉)</td><td>이전 사람들이 생각하지 못했던 말이다.</td></tr>
<tr><td>39</td><td>최립</td><td>「次宋靈老韻 二首」(『簡易集』, 〈履行錄〉)</td><td>해학을 잘하였고 율려(律呂)가 자연스럽다.</td></tr>
<tr><td>40</td><td>송익필[宋翼弼, 1534~1599]</td><td>「獨坐」(『龜峯集』)</td><td>•다른 사람들을 초월한다.
•맑고 아름답기가 귀하게 여겨질 뿐 아니라 이치도 절로 이른다.</td></tr>
<tr><td>41</td><td>이항복(李恒福)</td><td>「到靑坡, 移配慶源, 又移三水, 正月九日, 改北靑, 延陵諸君携壺, 送于山壇道左.」(『白沙集』)</td><td>유배 가면서 지은 시로, 들은 자들이 눈물을 흘렸다.</td></tr>
<tr><td>42</td><td>정홍익[鄭弘翼, 1571~1626]</td><td>유배 도중에 지은 시</td><td>운치가 있어 읊을 만하다.</td></tr>
<tr><td>43</td><td>왕세정[王世貞, 명]</td><td>【閱史】
원제는 「閱史偶有所感」(『弇州續稿』)</td><td>제왕들에게 혼이 있어 이 곡을 듣는다면 기가 막힐 것이다.</td></tr>
</table>

칙	비평의 대상	작품명	비평의 내용
44	이수광[李睟光, 1563~1628]	「卽事」(『芝峯集』, 〈昇平錄〉)	격운(格韻)이 맑고 고와 자체로 미칠 수가 없다.
		「東軒」(『芝峯集』, 〈昇平錄〉)	
		•지봉은 시를 지을 때 옛사람들을 힘써 좇아 당나라 경룡(景龍)과 개원(開元) 연간의 제자(諸子)들과 동등하게 되려고 하였으며 중당(中唐) 이하는 논하지 않았다. •그의 문장 역시 훌륭하게 법도가 있다.	
45	조선 시인의 등급 세 부류	화평(和平)하고 담아(淡雅)하여 일가의 말을 이룬 자	이행(李荇): 비교적 맑다. 신광한(申光漢): 비교적 원만하다.
		대가(大家)	서거정(徐居正)이 제일이고 김종직(金宗直)·성현(成俔)이 그다음이다.
		험괴(險瓌), 기건(奇健)을 능사로 삼음	박상(朴祥)·정사룡(鄭士龍)·노수신(盧守愼)·황정욱(黃廷彧)·최립(崔岦)
		바른 깨달음을 얻은 자가 드물다. 박순(朴淳)이 당대(唐代)의 시파(詩派)를 조금 섭렵하였기에 지은 시가 매우 맑고 고상하다.	
46	노수신(盧守愼)		유배 중에 지은 작품들은 매우 맑고 힘차지만 만년에 지은 것은 지나치게 침착하기에 본받아서는 안 된다.
47	정사룡[鄭士龍, 1491~1570]		근체시에 장기가 있기에, 장편과 절구는 근체시에 미치지 못한다.
48	관각체(館閣體)	선조조의 문형(文衡)	관각체(館閣體)는 대부분 응제(應製)의 창화(唱和)에서 나오기 때문에 비록 뛰어난 작가라도 시문의 내용과 구성에 결함이 있다. 그러나 그 화려한 점은 높이 살 만하다.
49	권필[權韠, 1569~1612]		두보를 법도로 삼아 작품이 매우 맑고 아름다웠기에 뒤에 시를 짓는 사람들이 그를 으뜸으로 쳤다.
50	이춘영[李春英, 1563~1606]		•소식(蘇軾)을 매우 좋아하여 성취된 바가 걸출하였는데 문장이 시보다 뛰어나다. •근래 문필가들로 눈이 휘둥그레져서 물러나지 않는 이가 없다.
51	김현성[金玄成, 1542~1621]		시가 전아하고 당시를 법으로 삼았다.
52	문장에 능하였던 조선의 제왕과 종실	「祭棘城文」	문종이 으뜸이고 성종과 선조의 시문도 하늘이 낸 것이다.
		종실	이정[李婷, 1454~1488] 이심원[李深源, 1454~1504] 이총[李摠]
53	귀족 자제들 가운데 시에 능했던 자	신항[申沆, 1477~1507]	작품이 청조(淸藻)하다.
		송인[宋寅, 1517~1584]	작품이 전밀(典密)하다.
54	고려의 문학	이규보(李奎報)	굉사(宏肆)
		이색(李穡)	호한(浩汗)
		조선이 고려의 수준에 미치지 못한다.	
55	김종직[金宗直, 1431~1492]	「仙槎寺」(『東文選』)	그 세심함에 탄복하지 않은 적이 없다.
		「病後將赴善山, 舟過驪州, 登淸心樓, 不與主人遇, 徑還舟中, 悤悤次稼亭韻」(『東文選』)	그 산뜻함에 탄복하지 않은 적이 없다.

칙	비평의 대상	작품명	비평의 내용
		「仙槎寺」(『東文選』)	그 방원(放遠)함에 탄복하지 않은 적이 없다.
		김종직의 시를 으뜸이라고 칭하는 것은 과장이 아니다.	
56	박은[朴誾, 1479~1504]		시는 한결같이 소식과 황정견을 모방하였는데, 천부적 재능이 매우 뛰어나 저절로 터득하였다. 장편은 큰물이 흘러 내리는 듯하며 의치(意致)가 있어 인위적으로 만들어 낼 수 없으니, 기도(企圖)해도 미칠 수 없다.
57	김수온[金守溫, 1410~1481]		문장은 『장자』를 근원으로 삼았는데, 그 발원(發源)이 지극히 커서 비견할 것을 볼 수 없다. 시는 생각나는 대로 지었기에 아름답지만 정밀하지 못하다.
58	강희맹[姜希孟, 1424~1483]		시와 문장이 모두 정치(精緻)하고 전아하여 그대로 서거정에 필적하지만, 그 규모의 크기로는 서거정에 미치지 못한다.
59	이승소[李承召, 1422~1484]		작품은 강희맹에 버금가나, 깜짝 놀라게 하는 것이 부족할 따름이다.
60	성현[成俔, 1439~1504]		서거정 이후로 몹시 대단하여 고금의 여러 체(體)를 짓지 않은 것이 없어 그 풍부한 저술은 제공(諸公)들 가운데 비견될 사람이 없다.
61	성현(成俔) 가(家)의 4 문장		성현(成俔)·성임[成任, 1421~1484]·성간[成侃, 1427~1456]·성세창[成世昌, 1481~1548]
62	김안국[金安國, 1478~1543]		김안국은 성현(成俔)의 문인이다.
63	홍귀달[洪貴達, 1438~1504]		문장으로 중시될 만할 뿐만 아니라 사람됨도 뛰어난데, 연산군이 꺼려서 죽였다.
64	김시습[金時習, 1435~1493]		김시습은 조선의 백이(伯夷)이다.
65	성로(成輅)		정철(鄭澈)의 문인, 개결(介潔)한 선비
66	조선 사람들이 사(詞)를 만들지 못하는 이유		우리나라의 시를 짓는 사람들이 화려하게 수식하는 솜씨가 부족하여 사(詞)를 만들지 못할 뿐이니, 중국과 성음이 다른 것은 걱정할 바가 아니다.
67	백거이(白居易)	「後宮詞」(『白氏長慶集』)	이 시를 읊으면 사람으로 하여금 한 번 탄식게 한다.
68	유운[柳惲, 465~517]	유운(柳惲) 시에 대한 왕세정(王世貞)의 평가(『弇州四部稿』, 〈説部, 藝苑巵言 三〉)	유운의 시는 맑고 아름다우면서 남은 자용(姿容)이 있고 곡절에 운치가 있으면서 남은 자태가 있건만, 오랑캐 사이에 끼어 있었다. 그들로 하여금 경룡(景龍)과 개원(開元)의 시대에 활동하게 했다면, 반드시 〈정종(正宗)〉 가운데 한 사람이 되었으리라.
69	나라를 망하게 한 임금의 시	양(梁) 원제(元帝)의 시 진(陳) 후주(後主)의 시 수(隋) 양제(煬帝)의 시	시가 아름답지만, 작가는 모두 나라를 망하게 한 임금들이었다. 문장을 '작은 기예'라고 한 말이 믿을 만하다.
70	송 휘종(徽宗)		문장이나 서화 등 온갖 종류의 기예에 모두 조예가 있었는데, 유독 잘하지 못한 것은 천하를 다스리는 일이었다.

『청창연담 하』에서 각 칙의 비평 대상으로 언급된 인물을 정리해 보면, 강희맹姜希孟·고경명高敬命·고종후高從厚·권필權韠·김수온金守溫·김시습金時習·김안국金安國·김정金淨·김종직金宗直·김질충金質沖·김현성金玄成·남효온南孝溫·노수신盧守愼·문종文宗·박순朴淳·박은朴誾·백거이[白居易, 당]·백광훈白光勳·서경덕徐敬德·서익徐益·성간成侃·성로成輅·성세창成世昌·성수종成守琮·성운成運·성임成任·성현成俔·성혼成渾·송상현宋象賢·송익필宋翼弼·송인宋寅·신종호申從濩·신항申沆·신흠申欽·양제[煬帝, 隋]·왕세정[王世貞, 명]·원제[元帝, 梁]·원천석[元天錫, 고려]·유운[柳惲, 당]·이규보[李奎報, 고려]·이달李達·이색[李穡, 고려]·이수광李睟光·이승소李承召·이옥봉李玉峰·이주李胄·이춘영李春英·이항복李恒福·임억령林億齡·임제林悌·정사룡鄭士龍·정지상[鄭知常, 고려]·정철鄭澈·정홍익鄭弘翼·조식曺植·차천로車天輅·최경창崔慶昌·최립崔岦·허난설헌許蘭雪軒·홍귀달洪貴達·홍섬洪暹·황정욱黃廷彧·후주[後主, 陳]·휘종[徽宗, 송]으로 총 64인이다.(가나다순) 그중 중국의 시인이 7인, 고려의 시인이 4인, 조선의 시인이 53인이다. 가장 많이 언급된 시인은 총 5번 언급된 정철이다. 그다음으로 3번 언급된 시인은 신흠 자신을 포함하여 이항복·최경창·최립 등 3인이다. 2번 언급된 시인은 김안국·노수신·이달·이색·정지상·조식 등 6인이다.

신흠은 27살의 나이로 임진왜란 때 도체찰사 정철의 종사관으로 있었다.[16] 그리고 28세 때에는 원접사 이항복의 종사관이 되었다.[17] 이후로도 정철, 이항복과의 인연이 지속되어, 정철 문집의 서문[18]과 그의 전傳[19]을

16 壬辰神宗顯皇帝二十年. 宣祖昭敬大王二十五年. 公年二十七歲.…… 時鄭相國澈以都體察使來泊, 以軍令辟爲從事, 辭以欲赴行在, 鄭公具奏, 不得已赴幕下, 九月隨體察使舟下忠淸道唐津浦.(『象村稿』, 「領議政申文貞公年譜」)

17 癸巳神宗顯皇帝二十一年. 宣祖昭敬大王二十六年. 公年二十八歲.…… 詔使司憲出來, 遠接使李公恒福辟以從事, 迎送于義州境上.(『象村稿』, 「領議政申文貞公年譜」)

18 『松江集』, 「松江集序」.

19 『松江別集』, 〈附錄〉.

지었고, 이항복의 신도비명神道碑銘[20]을 지었다. 신흠과 정철, 이항복의 관계는 그들 글에서 집약적으로 볼 수 있다. 또 29살에 서장관으로서 최립을 수행하여 북경을 다녀오면서 최립과도 인연이 맺어졌다.[21] 따라서 『청창연담 하』에서 정철·이항복·최립이 많이 언급된 이유는 그들이 당대의 대표적 시인이기도 했지만, 신흠과의 교분에 기인한다고 할 수 있다. 한편 신흠은 다양한 시인을 망라하기 위하여 노력하였다. 예를 들면, 제23칙·제24칙에서 여류 시인인 이옥봉과 허난설헌을 소개하고 있다.

『청창연담 하』의 특징적 면모로는 우선 조선 시단詩壇의 상황과 경향을 개괄 정리하였다는 점을 들 수 있다. 예를 들면, 제9칙에서 일가를 만들려고 힘쓰고 당나라에서 법을 취한 데까지 이른 사람들로 김정·이주·최경창·백광훈·이달을 거론하였고, 제45칙에서는 조선 시인의 등급을 화평和平하고 담아淡雅하여 일가의 말을 이룬 자, 대가大家, 험괴險瓌·기건奇健을 능사로 삼는 자 등 세 부류로 나누어 제시하였다.

두 번째 특징으로는 동일한 주제로 복수의 시인이나 작품을 묶으려고 했다는 점을 들 수 있다. 예를 들면, 제2칙과 제3칙은 임진왜란 때의 시, 제4칙은 정지상의 시에 차운한 최경창·서익·고경명·이달의 시, 제41칙과 제42칙은 이항복과 정홍익이 유배 도중에 지은 시, 제52칙은 문학에 능하였던 조선의 제왕과 종실, 제53칙은 귀족 자제들 가운데 시에 능했던 사람들을 묶어서 기술하였다.

세 번째 특징으로는 적절한 시론詩論의 제시를 들 수 있다. 예를 들면 제66

---

20 『白沙集』, 「有明朝鮮國推忠奮義平難忠勤貞亮竭誠效節協策扈聖功臣大匡輔國崇祿大夫議政府領議政兼領經筵弘文館藝文館春秋館觀象監事世子師鼇城府院君李公神道碑銘 并序」.

21 萬曆甲午秋, 赴京師, 月汀尹公爲上价, 簡易崔公爲副, 兩公皆以文章名當世, 余亦年二十九歲, 時方致力於觚墨, 蒙兩公許與, 沿途往返蓋七千里, 聯鑣竝舍, 遇景輒詠, 詠必酬和, 暨歸盈卷矣.(『象村稿』, 〈山中獨言〉)

칙에서 조선 사람들이 사詞를 만들지 못하는 이유에 대하여 논하고 있는바, 이는 조선의 시를 비평한 『청창연담 하』에 적절한 내용이라고 할 수 있다.

네 번째 특징으로는 망실 작품을 보존하고 있다는 점이다. 『청창연담』에 실린 작품 중 문집에 실려 있지 않은 것이 있으니, 만약 『청창연담』에 기록되지 않았다면 망실되었을 것이다. 예를 들면, 제32칙의 시는 정철의 『송강속집松江續集』에서 제목을 「실제失題」로 붙이고 출전을 『청창연담』이라고 밝히고 있다. 제34칙에 소개된 최립의 시 한 연도 『간이문집簡易文集』에 없는 작품이다.

다섯 번째 특징으로는 작품의 원형을 알 수 있게 한다는 점이다. 작품들은 교정을 거쳐 문집에 수록됨으로써 자구가 확정되는데, 대체로 원고를 보존하지 않기 때문에 작품의 원형을 알기 힘들다. 그런데 『청창연담 하』에 실린 작품들을 문집 소재 작품들과 비교하면 많은 차이를 발견할 수 있다. 다음에서 한 가지만 예를 들어 보면, 제19칙의 「기건중寄楗仲」은 성운成運의 『대곡집大谷集』에 실린 것과 3개의 구에서 글자의 출입이 있는데, 내용상 큰 차이를 초래하는 수준이다.

『청창연담』	『大谷集』
冥鴻獨向海南飛	冥鴻矯翼向南飛
正値秋風落木時	正値秋風木落時
……	……
碧雲天外自忘機	碧雲天外自忘飢

반면, 『청창연담 하』는 체재상 정연하지 못하고 잡박한 몇 가지 문제점도 동시에 지니고 있다.

비록 신흠이 『청창연담 하』의 체재에 대해 밝히지는 않았지만 전체적 내용을 본다면 조선의 시인들에 대한 비평으로 구성되어 있다는 사실을 쉽게 알 수 있다. 그런데 『청창연담 하』에는 제43칙·제67칙·제68칙과 같이 중국 시인들의 작품이 혼재되어 있다는 것을 첫 번째 문제점으로 거론할 수 있다. 제43칙에서는 왕세정의 「열사우유소감閱史偶有所感」을 소개하고 있는데, 제41칙·제42칙에서 억울하게 유배를 간 시인들을 논하면서 역사에 대한 언급을 하고 싶었던 것으로 보인다. 또 제67칙의 백거이가 지은 「후궁사後宮詞」에 대한 비평과 제68칙의 유운柳惲 시에 대한 왕세정의 평가는 제66칙의 조선 사람들이 사詞를 잘 만들지 못하는 이유는 중국과 성음聲音이 다르기 때문이 아니라 시를 짓는 우리나라의 사람들이 화려하게 수식하는 솜씨가 부족하기 때문이라는 것을 증명하기 위해 예시한 것으로 보인다. 그리고 제69칙에서 나라를 망하게 한 임금의 시로 양梁 원제의 시와 진陳 후주의 시, 수隋 양제의 시를 논하고, 제70칙에서 송 휘종이 문학은 잘하였으나 정치를 못하였다고 한 논평 등은 중국 시인에 대한 내용으로 분류하기보다는 일종의 시론으로 분류할 수 있으니, '문장소기文章小技'라는 이론의 실례로 보는 것이 타당하다. 이는 신흠이 『청창연담 상』의 제1칙에서 전제한 '문장소기'라는 테제These를 끝에서 받아 마무리하려는 의도로 볼 수 있다. 그렇지만 전후의 상호 연관성에 대한 설명 없이 중국의 시인과 시를 별도의 칙에 배정한 것은 적절치 않다.

두 번째 문제점은 고려의 시인과 작품의 배치 순서이다. 이규보와 이색의 풍격에 대한 견해가 후반부인 제54칙에 배치되어 있는데, 이는 고려의 문인에 대한 평가라기보다는 조선의 문학적 수준이 고려에 미치지 못한다는 견해를 피력하기 위한 것으로 보인다. 비교적 앞부분인 제4칙에 놓인 정지상의 「송인送人」도 그것에 차운한 최경창·서익·고경명·이달의 시를 소개하기 위한 기술에 불과하기에 크게 문제가 되지는 않는다. 그러나 제27칙에 정지상의 「취후醉後」 전문을 예시하면서 "놀랍고 기발하며 아름다워, 우리나라의 시 중에서 비견할 작품이 드물다."[22]라는 찬사를 하였고, 제28칙에 이색의 「동정만애洞庭晩靄」를 예시하면서 "기상이 광활하고 심원하여 다른 사람들을 삼켜버릴 만하다."[23]라고 한 것은 고려의 문학에 대한 본격적인 소개와 비평에 해당한다. 비록 고려의 시를 제27과 제28칙에 모았다고 하지만 적절한 위치라고 볼 수는 없다. 게다가 제12칙에는 원천석의 작품을 배정하고 구체적인 제목과 시를 소개하고 있다. 더욱이 연작시의 경우 2수·3수의 전문을 모두 소개함으로써 『청창연담 하』에서 가장 많은 분량을 점하게 만들었다.

세 번째 문제점은 하나의 칙으로 묶어야 할 내용이 분리되어 있다는 것이다. 예를 들면 정철의 시에 대한 비평인 제7·8·31·32칙은 하나로 통합하여도 무방하다. 또 최립의 시에 대한 비평인 제34·38·39칙 역시 하나로 통합하여도 하등 문제될 것이 없다. 조식의 시에 대한 비평인 제20·21칙도 하나로 통합하는 것이 좋다.

네 번째 문제점은 비평의 범주가 착종되어 있다는 점이다. 『청장연담 하』는 시화적 성격이 강한데, 시화는 시인의 행적이나 작품 창작과 관련된 일화가 기술되기 마련이므로 여기에 작가론·작품론·창작론 등이 혼효될 수밖에 없다. 따라서 비평의 범주에 따른 집필이 쉽지 않았겠지만, 교

22 警拔藻麗, 我東之詩, 鮮有其比.
23 像闊遠, 可呑餘子.

정 단계를 거쳤다면 어느 정도 질서를 부여할 수 있었을 것이다.

다섯 번째 문제점은 자신과 친분이 있는 인사의 작품과 일화를 다량 수록한 반면 꼭 실어야 할 시인과 작품은 누락된 점이다. 그 대표적인 시인이 서거정이다. 제45칙에서 조선 시의 대가大家에 대해 논하면서 "서거정이 제일이고 김종직과 성현이 그다음이다."[24]라고 하였고, 제58칙에서 "강희맹의 시와 문장이 모두 정치精緻하고 전아典雅하여 그대로 서거정에 필적하지만, 그 규모의 크기로는 서거정에 미치지 못한다."[25]라고 하였으며, 제60칙에서 "서거정 이후로는 성현이 몹시 대단하다."라고 한 기술을 본다면, 신흠은 서거정을 조선 제일의 시인으로 평가하고 있었다. 그럼에도 불구하고 서거정의 작품을 소개하지 않고 있다.

V. 결론

신흠의 『청창연담』은 이인로李仁老의 『파한집破閑集』 이래로 간단間斷없이 출현한 시화서의 전통을 계승하는 한편 당시의 활발한 시화집 편찬의 풍조 속에서 편찬이 이루어졌다. 신흠의 장인인 이제신李濟臣이 『청강시화淸江詩話』를, 사행使行을 배행하였던 윤근수尹根壽가 『월정만필月汀漫筆』을, 교유하였던 이수광李睟光이 『지봉유설芝峯類說』을 편찬하였으니, 신흠과 그들과의 문학적 교감은 『청창연담』 편찬에 큰 영향을 주었을 것이다. 또 선조의 명으로 『해동시부선海東詩賦選』 편찬에 참여하였던 경험도 『청창연담』 편찬과 관련이 있을 것으로 보인다. 『청창연담』의 편찬 시기

24 大家則徐四佳居正當爲第一, 而佔畢金宗直·虛白成俔次之.
25 姜私淑之詩文, 俱精緻典雅, 自是四佳之敵, 而其規摸之大, 不及四佳.

를 확정할 수 없는 상황에서 『해동시부선』과의 관련성을 섣불리 말하기는 힘들지만, 『청창연담 중』의 인용 도서로 적극 활용되었던 『용재수필容齋隨筆』·『문헌통고文獻通考』·『서호유람지西湖遊覽志』·『산당사고山堂肆考』가 모두 개인이 소장하기 힘든 거질巨帙이기에, 적어도 『청창연담 중』은 관각館閣에 재직하던 때에 상당 부분 집필되었을 것으로 보인다. 다만 『서호유람지』는 신흠이 중국에서 요약본을 구득해서 참고 도서로 활용하였다. 그러나 신흠은 그것들을 참고 문헌으로 활용하였다는 사실을 밝히지는 않았다. 또 문학비평서에서 가장 중요한 요소인 논평까지 『문헌통고文獻通考』에서 인용한 양태를 볼 수 있다.

한편, 『청창연담 상』에서는 『당시품휘唐詩品彙』와 『당시습유唐詩拾遺』를 주요 참고 문헌으로 활용하였는데, 『당시품휘』가 당시선 중에서는 가장 좋다는 생각을 별도의 칙에서 밝히는 한편 『당시품휘』의 편명을 여러 차례 노출시켰다. 그러나 '정시正始', '정종正宗', '여향餘響' 등과 같은 『당시품휘』의 편명은 마치 풍격風格의 개념 같은 느낌을 줄 뿐만 아니라 『청창연담』 안에서도 편명인지 알 수 없도록 기술하였기에, 『당시품휘』에 대한 지식이 없는 독자는 그것의 인용 사실을 눈치챌 수 없다.

『청창연담 상』에서는 총 40칙에서 당나라 시인 45명과 그들의 작품에 대하여 논평하였고, '중'에서는 총 42칙에서 중국 시인 43명과 그들의 작품에 대하여 논평하였다. 그리고 '하'에서는 총 70칙에서 중국 시인 7명과 우리나라 시인 57명, 총 64명과 그들의 시에 대하여 논평하였다. 그 중 중복된 인물을 제외하면 수나라 시인이 1명, 당나라 시인이 56명, 남북조 시인이 4명, 송나라 시인이 18명, 원나라 시인이 3명, 명나라 시인이 7명, 고려의 시인이 4명, 조선의 시인이 53명으로, 총 146명이 비평의 대상이 되었다. 그리고 상·중·하에는 모두 신흠의 무게 있는 시론이 적소에 안배되어 있다.

『청창연담』에는 시론·작품론·작가론·풍격론·텍스트론 등 다양한 비평의 범주가 망라되어 있다. 특히 『청창연담 하』는 조선 시인들의 시화가 주를 이루고 있는데, 이는 신흠이 오랜 기간 요로에 재직하면서 수집한 풍부한 문화계의 견문이 자료로 활용된 것이라고 하겠다. 방대한 총서와 유서들을 참고 도서로 활용할 수 있었던 것도 그가 관각에 재직하였기 때문이다. 또 사행에서 중국의 서적을 수집하는 기회를 얻었던 것도 『청창연담』 집필에 큰 도움을 주었다. 이것이 신흠의 장기인 박람강기博覽强記[26]와 결합하여 『청창연담』을 완성케 한 것이다.

『청창연담』의 가치는 다음과 같이 정리·요약할 수 있다.

1. 중국과 우리나라의 다양한 작가와 작품을 소개하고 논평하였다.
2. 동일 주제하에 관련 작품을 묶고 논평하려는 시도를 보였다.
3. 무게 있는 시론을 제시하여 조선 비평의 수준을 높였다.
4. 조선 시단詩壇의 상황과 경향을 개괄 정리하였다.
5. 망실亡失 작품을 보존하고 있다.
6. 작품의 원형을 알 수 있게 하였다.
7. 생동감 있는 시화詩話로 조선의 문학 환경을 잘 알 수 있게 하였다.

반면, 『청창연담』은 다음과 같은 문제점도 내포하고 있다.

---

26 余少頗能記誦, 方十五六歲時, 大肆力於文, 且有志於爲己之學, 於書無所不覽, 而海邦褊陋, 無師承之地.(『象村稿』, 〈山中獨言〉)

1. 비평 대상의 배열이 산만하다.
2. 일부 칙은 분리와 통합을 재조정해야 한다.
3. 비평의 범주가 착종되어 있다.
4. 자신과 친분이 있는 인사의 작품과 일화를 다량 수록한 반면 꼭 실어야 할 시인과 작품은 누락되었다.
5. 위작僞作이 포함되어 있다.
6. 출전명, 작가명, 작품명을 비롯하여 자구의 오류가 산재한다.

위의 문제점 중 몇 가지는 참고 문헌의 활용에서 기인한다. 위작僞作을 확인 과정 없이 인용하거나 오류를 습용하거나 참고 도서의 인용 순서대로 칙을 배열한 것 등이다.

추후에 이상의 『청창연담』이 갖는 문제점을 해결하여 정본을 만드는 작업이 이루어져야 한다. 우선 신흠의 기획 의도를 왜곡하지 않는 범위에서 상·중·하의 편차를 조정할 필요가 있다. 당시唐詩는 '상'으로 보내고, 그 외 시대의 중국 시는 '중'으로 보내야 한다. 그리고 각 권 안에서도 통합할 것은 통합하고 분리할 것은 분리해야 한다. 동시에 각종 오류를 바로잡는 일도 병행해야 한다.

『청창연담』의 각종 문제점들은, 정도의 차이는 있겠으나, 여타 시화서들에서도 동일하게 나타나는 것들이다. 그러므로 『청창연담』 정본화 작업의 경험과 방법은 여타 시화서의 정본화 작업에도 적용될 수 있을 것이다.

『청창연담 중』의 『문헌통고』 인용 양상 조견표

연번	『晴窓軟談』	『文獻通考』
1	제4則 有黃滔者, 亦唐季人也. 其聞雁曰: "一聲初觸夢, 半白已侵頭." 旅泊曰: "餘燈依古壁, 片月下滄洲." 遊東林寺曰: "寺寒三伏雨, 松偃數朝枝." 退居曰: "靑山寒帶雨, 古木夜啼猿." 蓋韓偓·吳融之流也, 世不多見故記之.	誠齋序略曰: "詩至唐而盛, 至晚唐而工." 御史黃公之詩, 尤奇. 如聞雁 "一聲初觸夢, 半白已侵頭. 餘燈依古壁, 片月下滄洲." 如遊東林寺 "寺寒三伏雨, 松偃數朝枝." 如退居 "靑山寒帶雨, 古木夜啼猿." 此與韓致光吳融輩並遊. (『文獻通考』, 〈經籍考, 集, 詩集〉, 「黃御史集」)
2	제5則 "山寒石髮痩, 水落溪毛凋." 謝無逸之詩也, 黃魯直稱爲晁·張之流.	冷齋夜話, 無逸工詩能文, 黃魯直讀其詩曰: "鼂張流也. 恨未識之耳." 無逸詩曰: "老鳳垂頭噤不語, 枯木槎牙噪春鳥." 又曰: "貪夫蟻旋磨, 冷官魚上竿." 又曰: "山寒石髮痩, 水落溪毛彫." 皆爲魯直所稱賞. (『文獻通考』, 〈經籍考, 集, 詩集〉, 「溪堂集」)
3	제6則 呂滎陽居符離有詩曰: "富貴空中花, 文章木上癭. 要知眞實地, 惟有華嚴境." 呂氏家世本喜禪學, 故其語如此.	後村劉氏曰: "呂滎陽, 居符離, 信民爲教官, 從滎陽學, 故紫微公, 尤推尊信民. 其詩曰: '富貴空中花, 文章木上癭. 要知眞實地, 惟有華嚴境.' 蓋呂氏家世本喜談禪, 而紫微與信民, 皆尙禪學." (『文獻通考』, 〈經籍考, 集, 別集〉, 「靑溪集 一卷」)
4	제7則 "客從謝事歸時散, 詩到無人愛處工." "外物不移方是學, 俗人猶愛未爲詩." 陸劍南之作也. 劉後村稱曰: "皮毛落盡矣."	後村劉氏曰: "…… 云: '客從謝事歸時散, 詩到無人愛處工.' 又云: '外物不移方是學, 俗人猶愛未爲詩.' 則皮毛落盡矣." (『文獻通考』, 〈經籍考, 集, 詩集〉, 「劍南詩藁」)
5	제8則 "鷄犬未鳴潮半落, 草蟲聲在豆花村." 宋末劉應時作也, 蓋在半山老人之行.	又早行云: "鷄犬未鳴潮半落, 草蟲聲在豆花村." 使晚唐諸子與半山老人見之, 當一笑曰: "不虞君之涉吾地也, 何故?" (『文獻通考』, 〈經籍考, 集, 詩集〉, 「頤庵詩藁」)
6	제9則 宋歐伯威, 廬陵人也, 周益公相善, 不利場屋, 篤意於詩. 如 "西風五更雨, 南雁數行書." "詩成夔子國, 人在仲宣樓." "細雨雙飛鷺, 寒蓑獨釣舡." "夢回千里外, 燈轉一窓深." "誰知花過半, 纔與酒相尋." "故人驚會面, 新恨說從頭." "月白玄猿哭, 更殘絡緯悲." "語離遽如許, 話舊復何時." "巷南巷北人招飮, 一雨一晴花耐看." "有客過門湖海士, 隔籬呼取咄嗟間." "夢回金馬玉堂上, 文在氷甌雪椀中." "靑山如故情非故, 芳草喚愁詩遣愁." "擾擾情人相顧語, 蕭蕭落木不勝秋." "風色似傳花信到, 夕陽微放柳梢靑." "千里歸來人事改, 十年猶幸此身存." 絶句四首曰: "戀樹殘紅濕不飛, 楊花雪落水生衣. 年來百念成灰冷, 無語送春春自歸." "桑麻得雨更靑葱, 芍藥留春結晚紅. 怪得鳥聲如許好, 此身如在亂山中." "爲憐紅杏亞枝斜, 看到斜陽送亂鴉. 又是一春窮不死, 天敎留恨看鶯花." "蓬窓臥聽疏疏雨, 却似芭蕉半夜聲. 煙浪蔽天天倚蓋, 略容一點白鷗明." 皆警語也. 楊誠齋嘗曰: "鳥啼花落, 欣然會心處, 酌大白, 嘸伯威詩, 欲馭風騎氣也."	廬陵歐陽伯威, 少與周益公, 同場屋, 連戰不利, 遂篤意於詩, 誠齋嘗摘其警句抄之, 如 "西風五更雨, 南雁數行書." "詩成夔子國, 人在仲宣樓." "細雨雙飛鷺, 寒簑獨釣舡." "夢回千里外, 燈轉一窓深." "誰知花過半, 纔與酒相尋." "故人驚會面, 新恨說從頭." "天上張公子, 雲間陸士龍." "月白玄猿哭, 更殘絡緯悲." "語離遽如許, 話舊復何時." "巷南巷北人招飮, 一雨一晴花耐看." "有客過門湖海士, 隔籬呼酒咄嗟間." "夢回金馬玉堂上, 文在氷甌雪椀中." "靑山如故情非故, 芳草喚愁詩遣愁." "擾擾征人相顧語, 蕭蕭落木不勝秋." "風色似傳花信到, 夕陽微放柳梢晴." "千里歸來人事改, 十年猶幸此身存." 絶句四首, "戀樹殘紅濕不飛, 楊花雪落水生衣. 年來百念成灰冷, 無語送春春自歸." "桑麻得雨更靑葱, 芍藥留春結晚紅. 怪得鳥聲如許好, 此身還在亂山中." "爲憐紅杏卧枝斜, 看到斜陽送亂鴉. 又是一春窮不死, 天教留眼看鶯花." "篷窓卧聽踈疎雨, 却似芭蕉夜半聲, 煙浪蔽天天倚蓋, 略容一點白鷗明." 公跋云: "鳥啼花落, 欣然會心處, 酌大白, 嘸伯威詩, 欲馭風騎氣也." (『文獻通考』, 〈經籍考, 集, 別集〉, 「歐陽伯威詩」)

연번	『晴窓軟談』	『文獻通考』
7	제10則 文與可名同, 蜀人, 進士高第, 操韻高潔. 東坡謂: "與可有四絕, 一楚辭二草書三詩四畫." 溫公亦稱: "其襟韻瀟洒, 如晴雲秋月." 有秦王卷衣篇, 爲世膾炙, 其詩曰: "咸陽秦王家, 宮闕明曉霞. 丹文映碧鏤, 光彩相鉤加. 銅螭逐銀猊, 壓屋驚蟠拏. 洞戶鎖日月, 其中光景賒. 春風動珠箔, 鸞額金窠斜. 美人却扇坐, 羞落庭下花. 閑弄玉指環, 輕氷抱紅牙. 君王顧之笑, 爲住七寶車. 自卷金縷衣, 龍蚪蔚芬葩. 持以贈所愛, 結歡其無涯." 世罕知之, 竝表其人始末.	鼂氏曰: "文同, 字與可, 蜀人, 進士高第, 以文學名, 操韻高潔, 畫筆尤妙, 仕至太常博士集賢校理, 元豐初出守吳興, 至宛邱驛, 忽留不行, 沐浴衣冠, 正坐而逝." 東坡謂: "與可有四絕, 詩一楚詞二草書三畫四, 世少知者, 惟予一見, 識其妙處." …… 司馬温公稱: "其襟韻瀟灑如晴雲秋月, 塵埃不到, 其爲人可知矣." …… 東坡公稱: "其詩騷, 又表出 '美人却扇坐, 羞落庭下花.' 之句, 予嘗恨不見其全, 比得蜀本石室先生丹淵, 集蓋其遺文也. 於樂府雜詠, 有秦王卷衣篇曰: '咸陽秦王家, 宮闕明曉霞. 丹文映碧鏤, 光彩相鉤加. 銅螭逐銀猊, 壓屋驚蟠拏. 洞户鎖日月, 其中光景賒. 春風動珠箔, 鸞額金窠斜. 美人却扇坐, 羞落庭下花. 閑弄玉指環, 輕氷扼紅牙. 君王顧之笑, 爲駐七寶車. 自卷金縷衣, 龍鸞蔚紛葩. 持以贈所愛, 結歡其無涯.' 其語意深入騷人閫域." (『文獻通考』〈經籍考, 集, 别集〉, 「文與可丹淵集 四十卷」)
8	제11則 宋王從正夫號三近齋, 其詩如 "落木森猶力, 寒山淡欲無. 地迥高樓目, 天寒故國心. 涼風回遠笛, 暝色帶歸舟. 塵心依水淨, 歸鬢與山靑." 不減晩唐. 如 "隨槳盡應輸燕子, 懶寒猶及占梨花. 一番風雨催寒食, 千里鶯花想故園. 身閑更得憑陵酒, 花早殊非愛惜春. 秋生列岫雲猶薄, 泉瀨懸崖路更慳." 置之江西社中何辨?	三朝奉郎知信州王從正夫撰. 從文正公五世孫, 有詩文四百八十餘篇, 自題三近齋餘錄. 楊誠齋序略曰: "其詩如 '落木森猶力, 寒山淡欲無.' 如 '地迥高樓目, 天寒故國心.' 如 '涼風回遠笛, 暝色帶歸舟.' 如 '塵心依水淨, 歸鬢與山靑.' 不減晩唐諸子. 如 '隨槳盡應輸燕子, 懶寒猶及占梨花.' 如 '一番風雨催寒食, 千里鶯花想故園.' 如 '身閒更得憑陵酒, 花早殊非愛惜春.' 如 '秋生列岫雲尤薄, 泉瀨懸崖路更慳.' 置之江西社中何辨?" (『文獻通考』〈經籍考, 集, 别集〉, 「三近齋餘錄」)
9	제12則 唐王績, 卽文中子之弟也, 爲唐初詩人之第一流, 而其詩在選中者只數首. 如 "牧人驅犢返, 獵馬帶禽歸." "琴曲唯留古, 書名半是經." 其獨坐云: "問君尊酒外, 獨坐更何須. 有客談名理, 無人索地租. 三男婚令族, 五女嫁賢夫. 百年隨分了, 未羨陟方壺." 績席世家之盛, 師友之間, 恩誼暖熱, 生理不干于心, 因得一意世外, 不屈節求人, 所謂福慧雙入者也.	陳氏曰: "唐太樂丞太原王績無功撰. 文中子王通仲淹之弟也." …… 周氏涉筆曰: "舊傳四聲, 自齊梁至沈宋, 始定爲唐律, 然沈宋體製, 時帶徐庾, 未若王績剪裁鍜鍊, 曲盡清元, 眞開迹唐詩也. 如云: '牧人驅犢返, 獵馬帶禽歸.' '琴曲惟留古, 書名半是經.' …… 獨坐云: '問君尊酒外, 獨坐更何須? 有客談名理, 無人索地租. 三男婚令族, 五女嫁賢夫. 百年隨分了, 未羨陟方壺.' 無功本席世家之盛, 師友之門恩誼, 暖熱, 生理不干其心, 因得以一意世外, 不屈節求人, 所謂福慧雙入者邪!" (『文獻通考』〈經籍考, 集, 别集〉, 「東皐子 五卷」)
10	제13則의 前半部 嘗見王摩詰與裴迪書, 略曰: "夜登華子岡, 輞水淪漣, 與月上下, 寒山遠火, 明滅林外. 深巷寒犬吠聲如豹, 村墟夜舂, 復與疏鍾相間. 此時獨坐, 僮僕靜默, 每思曩昔携手賦詩. 當待仲春, 卉木蔓發, 輕鯈出水, 白鷗矯翼, 露濕靑皐, 麥雉朝雊, 倘能從我遊乎?"	○夜登華子岡, 輞水淪漣, 與月上下, 寒山遠火明滅, 林外深巷, 寒犬吠聲如豹, 村墟夜舂, 復與疏鐘相間, 此時獨坐, 僮僕靜默, 多思曩昔攜手賦詩, 步仄逕, 臨淸流也. 當待春中, 草木蔓發, 春山可望, 輕鯈出水, 白鷗矯翼, 露濕靑皐, 麥隴朝雊, 斯之不遠, 儻能從我遊乎? (『王右丞集箋注』, 「山中與裴秀才廸書」) ○又有與廸書, 畧曰: "夜登華子岡, 輞水淪漣, 與月上下, 寒山遠火明滅, 林外深巷, 寒犬吠聲如豹, 村墟夜舂, 復與疏鐘相間, 此時獨坐, 僮僕靜默, 每思曩昔携手賦詩, 當待春中, 卉木蔓發, 輕鯈出水, 白鷗矯翼, 露濕靑皐, 麥雉朝雊, 倘能從我遊乎? (文獻通考』〈經籍考, 集, 别集〉, 「王右丞集 十卷」)

연번	『晴窓軟談』	『文獻通考』
11	제14則 "鍊得身形似鶴形, 千株松下兩函經. 我來欲問西來意, 雲在靑天水在甁." 李翶贈僧詩也, 翶集中無詩, 故書以識之.	石林葉氏曰: 李習之文辭, 高古幾可追配韓退之, 然不長於作詩, 故集中無傳, 今惟傳燈錄, 載其贈藥山僧一篇云: "鍊得身形似鶴形, 千株松下兩函經. 我來欲問西來意, 雲在靑天水在甁." 氣格與其文全不相類. (『文獻通考』, 〈經籍考, 集, 別集〉, 「李文公集 十八卷」)
12	제15則 "棊聲花院靜, 旛影石壇高." "綠樹連村暗, 黃花入夢稀." "人家寒食月, 花影午時天." "雨微吟足思, 花落夢無憀." "坡暖冬生筍, 松涼夏健人." "月明虹照雨, 樹密鳥衝人." "夜短猿悲減, 風和鵲喜靈." "馬色經寒慘, 鵰聲帶晚飢." "客來當意愜, 花發遇歌成." "孤嶼池痕春漲雨, 小欄花韻午晴初." "五更惆悵迴孤枕, 猶自殘燈照落花." 司空圖表聖作也, 可見晩唐遺響.	容齊洪氏隨筆曰: "東坡稱: '司空表聖詩文, 高雅有承平之遺風. 蓋嘗自列其詩之有得於文字之表者, 二十四韻, 恨當時不識其妙.' 又云: '表聖論其詩以爲得味外味, 如綠樹連村暗, 黃花入夢稀. 此句最善. 又棊聲花院靜. 旛影石壇高. 吾嘗獨入白鶴觀. 松陰滿地不見一人. 惟聞棊聲, 然後知此句之工, 但恨其寒儉有僧態.' 予讀表聖一鳴集, 有與李生論詩一書, 乃正坡公所言者. 其餘五言句云: '人家寒食月, 花影午時天. 雨微吟足思. 花落夢無憀. 坡暖冬生筍, 松涼夏健人. 川明虹照雨, 樹密鳥衝人. 夜短猿悲減, 風和鵲喜靈. 馬色經寒慘, 鵰聲帶晩飢. 客來當意愜, 花發遇歌成.' 七言句云: '孤嶼池痕春漲滿, 小欄花韻午晴初, 五更惆悵迴孤枕, 猶自殘燈照落花.' 皆可稱也. (『文獻通考』, 〈經籍考, 集別 集〉, 「司空圖一鳴集 三十卷」)
13	제16則 蘇子美, 宋之詩人之冠, 名舜欽, 杜祁公衍之壻也. 爲集賢校理·監進奏院, 坐用故紙錢會客, 除名. 及廢居蘇州, 買水石作滄浪亭, 益力於文辭, 年四十一卒. 其詩如 "別院深深夏簟淸, 石榴開遍透簾明. 樹陰滿地日卓午, 夢覺流鶯時一聲." "春陰垂野草靑靑, 時有幽花一樹明. 晩泊孤舟古祠下, 滿川風雨看潮生." 卽韋家還魂爾. 有此才而爲人所誣, 終廢不收, 惜哉! 世道無古今之殊, 奈何乎哉?	鼂氏曰: "蘇舜欽字子美, 易簡之孫, 杜祁公衍之壻也. 景祐中進士, 累遷集賢校理·監進奏院, 坐用故紙錢會客, 除名, 慷慨有大志好古, 工文章, 及廢居蘇州, 買水石作滄浪亭, 益讀書, 發其憤懣於歌詩, 其體豪放往往驚人." …… 享年四十有一. …… 絕句云: "別院深深夏簟淸, 石榴開遍透簾明. 樹陰滿地日卓午, 夢覺流鶯時一聲." 又云: "春陰垂野草靑靑, 時有幽花一樹明. 晩泊孤舟古祠下, 滿川風雨看潮生." 極似韋蘇州垂虹亭觀中秋月云: "佛氏解爲銀色界, 仙家多住玉華宮." 極工 (『文獻通考』, 〈經籍考, 集別 集〉, 「滄浪集 十五卷」)

참고 문헌

高敬命, 『孤竹遺稿』.

金安國, 『慕齋集』.

金淨, 『沖庵集』.

盧守愼, 『穌齋集』.

朴淳, 『思菴集』.

朴趾源, 『燕巖集』.

白光勳, 『玉峯集』.

徐居正 등, 『東文選』.

徐敬德, 『花潭集』.

徐益, 『萬竹軒集』.

成運, 『大谷集』.

成渾, 『牛溪集』.

宋翼弼, 『龜峯集』.

申欽, 『象村稿』.

元天錫, 『耘谷行錄』.

李達, 『蓀谷詩集』.

李穡, 『牧隱集』.

李冑, 『忘軒遺稿』.

李恒福, 『白沙集』.

林億齡, 『石川詩集』.

林悌, 『林白湖集』.

鄭澈, 『松江集』.

曺植, 『南冥集』.

崔慶昌, 『孤竹遺稿』.

崔岦, 『簡易文集』.

許蘭雪軒, 『蘭雪軒詩集』.

洪暹, 『忍齋集』.

黃廷彧, 『芝川集』.

高棅(明), 『唐詩品彙』.

馬端臨(元), 『文獻通考』.

白居易(唐), 『白氏長慶集』.

王世貞(明), 『弇州四部稿』.
魏慶之(宋), 『詩人玉屑』.
田汝成(明), 『西湖遊覽志』.
洪邁(宋), 『容齋隨筆』.

김소희, 「『문헌통고』 경적고의 서지학적 가치에 관한 재고: 경부 인용문헌 분석을 통해」, 『서지학보』 33호, 한국서지학회, 2009.
박수천, 「청창연담의 비평양상」, 『한국한시연구』 13호, 한국한시학회, 2005.
박해남, 『상촌 신흠의 문학의 궤적과 의미』, 보고사, 2012.
부유섭, 「신흠과 명대 문학: 명대 복고시학과 저술을 중심으로」, 『민족문화연구』 65호, 고려대학교 민족문화연구원, 2014.

교감 국역

晴窓軟談
청창연담

晴 窓 軟 談

청창연담

- 상 -

1. 문장은 작은 기예로, 도道에 합당치 않건만 문장을 칭송하는 자들이 '도를 꿰는 도구[貫道之器]'라고 지목하니, 어째서인가? 대개 비록 지극한 도가 있더라도 그것이 제 혼자서는 드러낼 수 없기에 문장을 빌려 전하니, 그렇다면 서로 의존하지 않는다고 말할 수 없다.

시詩는 바로 문장을 수단으로 삼아 구句로 만들어질 따름이다. 시는 형이상인 것이고 문장은 형이하인 것인데, 형이상인 것은 하늘에 속하고 형이하인 것은 땅에 속한다. 시는 사詞를 위주로 하고 문장은 이理를 위주로 한다. 시라고 이理가 없는 것은 아니지만 이理는 진작 질박하게 되어 버렸고, 문장이라고 사詞가 없는 것은 아니지만 사詞는 진작 부화浮華하게 되고 말았다. 요체는 사詞와 이理가 모두 적절하게 되는 데 있다. 풍風은 사詞이면서 이理인 것이고, 아雅와 송頌은 이理이면서 사詞인 것이며, 육조六朝 이후로는 사詞로서 사詞인 것이고 송나라 이후로는 이理로서

이理인 것이다.

세상에서 당시唐詩가 좋다고 말하는 사람들은 송시宋詩를 배척하고 송시를 좋아라 짓는 자들은 당시를 꼭 추존하지만은 않으니, 이는 모두 편벽될 따름이다. 당나라의 쇠퇴기에 어찌 통속적인 악보樂譜가 없었겠으며 송나라의 융성기에 어찌 바른 곡조가 없었겠는가? 이는 바로 구금鉤金과 여신輿薪[1]의 부류이다.

文章小技也, 於道無當焉, 而贊文者, 目以貫道之器, 何也? 蓋雖有至道, 不能獨宣, 假諸文而傳, 然則不可謂不相須也. 詩卽由文而句爾. 詩形而上者也, 文形而下者也, 形而上者屬乎天, 形而下者屬乎地也. 詩主乎詞, 文主乎理. 詩非無理也者而理則已慤, 文非無詞也者而詞則已史. 要在詞與理俱中爾. 風者, 詞而理者也, 雅頌者, 理而詞者也, 六朝以後, 詞而詞者也, 趙宋以降, 理而理者也. 世之言唐者斥宋, 治宋者亦不必尊唐, 玆皆偏已. 唐之衰也, 豈無俚譜? 宋之盛也, 豈無雅音? 此正鉤金輿薪之類也.

2. 당시唐詩를 선집選集한 것으로는, 『당시품휘唐詩品彙』·『당음唐音』·『전당시선全唐詩選』·『만수당인절구萬首唐人絕句』·『당백가시唐百家詩』 등이 있는데, 그중에서 『당시품휘』와 『당음』이 가장 정밀하다.

選唐詩者, 有品彙, 有唐音, 有全唐詩選, 有萬首選, 有百家詩, 而品彙唐音最精.

---

1 구금(鉤金)과 여신(輿薪): '구금(鉤金)'은 갈고리의 금속으로, 『맹자』 「고자(告子)」에서 본래 예(禮)가 식색(食色)보다 중하지만 식색이 예보다 중한 예외적 경우도 있으니, 이는 한 갈고리의 쇠와 한 수레에 실린 깃털의 무게를 비교하는 것과 같다고 비유하였다. 이는 예외적인 것으로 일반적 원리를 부정하는 억설에 대한 비판의 논리이다. '여신(輿薪)'은 수레에 실린 땔나무로, 『맹자』 「양혜왕(梁惠王)」에서 터럭 끝을 살필 수 있는 시력이 있으면서 수레에 실린 땔나무를 보지 못한다고 말하는 것은 하려는 의지가 없는 것이지 능력이 없는 것이 아니라고 하였다.

3. 당시는 남종南宗의 한번 돈오頓悟하면 바로 본래면목本來面目이 드러나는 것과 같고 송시는 북종北宗의 점수漸修를 통해 나아가 오히려 성문聲聞[2]이나 벽지불辟支佛[3]을 지키는 것과 같으니, 이것이 당과 송의 차이이다.

唐詩如南宗, 一頓卽本來面目, 宋詩如北宗, 由漸而進, 尙持聲聞辟支爾, 此唐宋之別也.

4. 옛날에 어떤 논하는 자가 "두자미杜子美[4]는 사령운謝靈運에게서 나왔고 이태백李太白은 명원明遠[5]에게서 나왔다."라고 하였다. 자미는 진실로 형체에 기대 선 것이 있지만 태백과 같은 이는 하늘의 신선으로서 마치 우담바라가 하늘 가운데에 변화하여 나타난 것과 같은데, 다만 그의 자질이 우연히도 명원과 서로 비슷할 따름이다.

古之論者, 以子美爲出於靈運, 太白爲出於明遠. 子美固有依形而立者, 若太白, 天仙也, 如優曇鉢花, 變現於空中, 特其資偶與明遠相類爾.

5. 자미가 이북해李北海[6]에게 화답한 시는 북해의 것과 매우 유사하다.

子美和李北海詩, 甚似北海.

---

2 성문(聲聞): 범문(梵文)의 의역(意譯). 부처의 가르침을 듣고 이치를 깨달은 사람. 일반적으로 나한(羅漢)을 이른다.

3 벽지불(辟支佛): 벽지가불타(辟支迦佛陀)의 약칭. 삼승(三乘) 중 중승(中乘)의 성자(聖者). 12인연의 법을 보고 득도하였기에 연각(緣覺)이라 의역하고 부처가 없는 세상에서 태어나 홀로 깨달음을 얻었기에 '독각(獨覺)'이라고 의역하기도 한다.

4 두자미(杜子美): 당나라의 시인 두보(杜甫)를 이른다. 자미(子美)는 두보의 자.

5 명원(明遠): 육조(六朝) 시대 송나라의 시인 포조(鮑照)를 이른다. 명원(明遠)은 포조의 자.

6 이북해(李北海): 당나라의 서예가이자 문학가인 이옹(李邕)을 이른다. 이옹은 북해태수(北海太守) 등을 역임했다.

6. 북해의 웅건함은 자미를 능가한다.

北海之雄, 出子美上.

7. 연燕·허許[7]의 작품은 질質을 거쳐 문文에 도달하였기 때문에 때때로 질박한 면이 있어 얼핏 보면 당나라의 어투가 아닌 듯하니, 이로써 만당 이후로 점차 정음正音과 거리가 멀어졌다는 것을 알겠다.

燕·許之作, 由質而文, 故時有渾璞, 驟看不似唐語, 以此知晩唐以下, 漸遠於正音也.

8. 위현성魏玄成[8]은 처음 이밀李密[9]을 따를 때부터 천하를 도모하겠다는 뜻을 가졌으니 홀로 조용히 있는 사람이 아니었다. 그의 「술회述懷」[10] 시에서

중원에서 다시 왕위 쟁탈전 벌어지니	中原還逐鹿
학문을 내던지고 군무에 종사했다네	投筆事戎軒

---

7 연(燕)·허(許): 당나라의 연국공(燕國公) 장열(張說)과 허국공(許國公) 소정(蘇頲)을 이른다.

8 위현성(魏玄成): 당나라의 문학가 위징[魏徵, 580~643]을 이른다. 현성(玄成)은 위징의 자.

9 이밀(李密): 수말 당초(隋末唐初) 군웅(群雄)의 한 사람[582~619]. 자는 현수(玄邃), 소자(小字)는 법주(法主). 613년 양현감(楊玄感)이 거병했을 때 그의 참모가 되었는데, 양현감이 패사(敗死)하자 동군(東郡)의 적양(翟讓)에게 투신했다가, 세력을 키워 617년에는 위공(魏公)이라 일컫고 영평(永平)으로 건원하였다. 한때 산동으로부터 강회(江淮)에 이르는 반란 세력들을 장악했으나, 618년 왕세충(王世充)에게 대패하고 당에 귀순하였다. 광록경(光祿卿)·형국공(邢國公)을 제수 받았으나, 불만을 품고 재기를 도모하다 처단되었다.

10 『全唐詩』, 『樂府詩集』에는 「出關」으로 되어 있다.

합종연횡은 계책을 이루지 못했지만	縱橫計不就
비분강개한 뜻은 여전히 남아 있네	慷慨志猶存
지팡이 짚고 천자를 알현하고 나서	策杖謁天子
말을 내달려 관문을 나왔다네	驅馬出關門
청컨대 밧줄을 준다면 남월왕을 묶고[11]	請纓繫南越
수레에 기대 동번의 항복을 받을 텐데[12]	憑軾下東藩
굽이굽이 높은 산등성이에 올라가	鬱紆陟高岫
나타났다 사라지며 평원을 바라보네	出沒望平原
오래된 나무엔 한겨울 새가 울고	古木鳴寒鳥
적막한 산속엔 한밤중 원숭이가 운다	空山啼夜猿
천리 밖 고향 생각에 마음 서글픈데	旣傷千里目
구절판 넘은 혼[13]이 또 깜짝 놀란다오	還驚九折魂
힘들고 어려운 일을 어찌 꺼리겠는가	豈不憚艱險
국사로 대접받은 은혜 깊이 간직하네	深懷國士恩
계포는 승락하면 다시 두말하지 않았고[14]	季布無二諾
후영은 말 한마디를 중하게 여겼다네[15]	侯嬴重一言

11 청컨대 …… 묶고: 한나라의 종군(終軍)이 남월왕을 사로잡아 바치겠으니 밧줄을 달라고 청한 고사로, 군무(軍務)에 종사하여 나라의 은혜에 보답한다는 의미로 쓰인다.

12 수레에 …… 받을 텐데: 전국 시대에 역이기(酈食其)가 편안하게 수레를 타고 유세하면서 제나라의 70여 곳의 성에서 항복받았던 고사로, 무력을 사용하지 않고 항복을 받아 낸다는 의미로 쓰인다.

13 구절판 넘은 혼: 한나라 때 왕양(王陽)과 왕존(王尊)이 전후로 익주 자사(益州刺史)가 되었는데, 왕양은 험준하기로 유명한 구절판(九折坂)을 넘어갈 때 "어버이가 주신 소중한 몸을 받들고서 어떻게 자주 이 고개를 넘어 다닐 수 있겠는가?"라고 하면서 병을 이유로 사직하고 돌아갔다. 그런데 왕존은 이와 반대로 "왕양은 효자지만 나는 충신이다."라고 하면서 마부를 재촉하여 급히 넘어갔다고 한다.

14 계포는 …… 않았고: 한나라의 장수 계포(季布)는 한번 승낙하면 반드시 지켰다는 고사로서, 초나라 속담에서 "황금 1백 근을 얻기보다는 차라리 계포의 승낙을 한번 얻는 것이 낫다."라고 하였다.

15 후영은 …… 여겼다네: 후영(侯嬴)은 전국 시대 위(魏)나라의 은사로, 신릉군(信陵君)의 빈객이 되었는데, 신릉군이 조(趙)를 구원할 때 진비(晉鄙)를 죽여 병부(兵符)를 빼앗은 뒤 한단(邯鄲)의 포위를 풀게 하였다. 후영은 이때 연로하여 직접 따라가지 못하고 기일을 따져 자결하여 전송하겠노라 약속하고 그

사람이 살면서 의기를 느끼니　　人生感意氣
공명을 누가 다시 논하는가　　功名誰復論[16]

라고 하였다. 이것은 바로 처음 당 고조를 만났을 때의 작품으로, 그의 뜻이 있는 곳을 볼 수 있다.

魏玄成初從李密, 有圖天下之志, 非寂寂人也. 述懷詩曰: "中原還逐鹿, 投筆事戎軒. 縱橫計不就, 慷慨志猶存. 策杖謁天子, 驅馬出關門. 請纓繫南越, 憑軾下東藩. 鬱紆陟高岫, 出沒望平原. 古木鳴寒鳥, 空山啼夜猿. 旣傷千里目, 還驚九折魂. 豈不憚艱險? 深懷國士恩. 季布無二諾, 侯嬴重一言. 人生感意氣, 功名誰復論?" 此乃初謁唐祖時作, 可見其志之所存.

9. 「종군행從軍行」이 많지 않은 것은 아니지만, 우세남虞世南[17]의 시 중에

칼이 차가워 서리꽃 떨어지지 않고　　劍寒花不落
반달은 새벽녘에 더욱 밝아진다네　　弓曉月逾明[18]

라고 한 것은 사람들이 미칠 수 없다.

從軍行非不多, 虞世南之詩有曰: "劍寒花不落, 弓曉月逾明." 人不可及.

의 말대로 자결하였다.
16 『唐詩品彙』, 〈五言古詩 一, 正始 上〉.
17 우세남(虞世南): 당나라의 서예가이자 문학가[558~638]. 자는 백시(伯施). 왕희지의 서법을 익혀, 구양순(歐陽詢)·저수량(褚遂良)과 함께 당나라 초의 3대가로 칭해지며, 해서의 1인자이다.
18 「從軍行」(『唐詩品彙』, 〈五言古詩 一, 正始 上〉)

10. 왕발王勃[19]의 「산정야연山亭夜宴」 시에

단아한 집에 그윽한 회포 쌓이고 桂宇幽襟積
산속 정자에 가을밤이 길기도 하다 山亭涼夜永
깊은 산속 오솔길 싸늘하고 森沈野逕寒
서늘한 바위 문 고요하다 肅穆巖扉靜
대나무는 남하南河의 색 띠어 어둡고 竹晦南河色
연은 북쪽 못 속에 바람 따라 그림자 뒤집네 荷翻北潭影
맑은 흥취에 자못 돌아가지 못하니 淸興殊未歸
우듬지 끝에 새벽빛 비춘다네 林端照初景[20]

라고 하였는데, 이는 세상에 없던 말이다.

오언율시 가운데, 예를 들면 우세남의

초록 들은 석양에 환하고 綠野明斜日
푸른 산은 저녁연기에 말쑥하다 靑山澹晩煙[21]

오리는 돌아오면서 처음 짝을 부르고 鳧歸初命侶[22]
기러기는 길 떠나며 줄을 나누려 하네 雁起欲分行[23]

---

19 왕발(王勃): 당나라의 문학가[약 650~약 676]. 자는 자안(子安). 양형(楊炯)·노조린(盧照鄰)·낙빈왕(駱賓王)과 함께 초당사걸(初唐四傑)이라 칭해진다.

20 『唐詩品彙』, 〈五言古詩 一, 正始 上〉.

21 「侍宴賦韻得前字應制」(『唐詩品彙』, 〈五言律詩 一, 正始 上〉)

22 『청창연담』: 鳧歸初可侶.

23 「侍宴歸雁堂」(『唐詩品彙』, 〈五言律詩 一, 正始 上〉)

양사도楊師道[24]의

기러기 울음 바람 부는 곳에 끊어지고	雁聲風處斷
나무 그림자 달빛 속에 차다네	樹影月中寒[25]

양형楊炯[26]의

칼날에 적색 번개 어리고	劍鋒生赤電
말 발엔 붉은 먼지 이네	馬足起紅塵[27]
이별하는 정자 높은 나무에 가리었고	離亭隱喬樹
도랑물은 백사장을 적시네	溝水浸平沙[28]

왕발의

담쟁이 장막 너머로 좌선하는 그림자 서리고	蘿幌棲禪影
소나무 문 안에서 염불하는 소리 들리네	松門聽梵音[29]
시냇가의 나뭇잎 색깔 겨우 분간하겠고	磵葉纔分色
산에 핀 꽃은 그 이름을 알 수 없다네	山花不辨名[30]

24 양사도(楊師道): 당나라의 재상[?~647]. 자는 경유(景猷).
25 「初秋夜坐應詔」(『唐詩品彙』, 〈五言律詩 一, 正始 上〉)
26 양형(楊炯): 당나라의 문학가[650~693]. 자는 영명(令明). 초당사걸의 일인.
27 「劉生」(『唐詩品彙』, 〈五言律詩 一, 正始 上〉)
28 「送豐城王少府」(『唐詩品彙』, 〈五言律詩 一, 正始 上〉)
29 「遊梵宇三覺寺」(『唐詩品彙』, 〈五言律詩 一, 正始 上〉)
30 「麻平晚行」(『唐詩品彙』, 〈五言律詩 一, 正始 上〉)

노조린盧照隣[31]의

지저귀는 꾀꼬리는 나무를 가리지 않고　　鶯啼非選樹
노니는 물고기는 낚싯줄에 놀라지 않네　　魚戲不驚綸[32]

빈집 들보 위엔 제비 없고　　空梁無燕雀
옛집 벽엔 단청 남아 있네　　古壁有丹青[33]

낙빈왕駱賓王[34]의

진陣으로 가니 금하金河가 썰렁한데　　陣去金河冷
편지를 받아 보니 옥관玉關도 춥다네　　書歸玉塞寒[35]

수풀은 중산中散[36]이 살던 곳인 듯하고　　林疑中散地
사람은 상황上皇[37]이 살던 때와 같다네　　人似上皇時[38]

소미도蘇味道[39]의

어두운 먼지는 말을 따라가고　　暗塵隨馬去
밝은 달은 사람을 쫓아온다네　　明月逐人來[40]

---

31 노조린(盧照隣): 당나라의 시인[637~689]. 자는 승지(昇之), 호는 유우자(幽憂子). 초당사걸의 일인.
32 「春晩山莊率題」(『唐詩品彙』, 〈五言律詩 一, 正始 上〉)
33 「文翁講堂」(『唐詩品彙』, 〈五言律詩 一, 正始 上〉)
34 낙빈왕(駱賓王): 당나라의 시인[약 626~약 687]. 자는 관광(觀光). 초당사걸의 일인.
35 「秋雁」(『唐詩品彙』, 〈五言律詩 一, 正始 上〉)
36 중산(中散): 중산대부(中散大夫)의 약칭. 삼국 시대 위(魏) 혜강(嵇康)이 중산대부를 지냈기에 그를 중산이라고 칭하였다.
37 상황(上皇): 태고 시절의 제황(帝皇).
38 「玄上人林泉 二首」(『唐詩品彙』, 〈五言律詩 一, 正始 上〉)
39 소미도(蘇味道): 당나라의 시인[648~705]. 자는 수진(守眞). 이교(李嶠)와 더불어 '소리(蘇李)'라 불렸다.
40 「正月十五夜」(『唐詩品彙』, 〈五言律詩 一, 正始 上〉)

진자앙陳子昂[41]의

물에 달 비치니 마음이 바야흐로 차분해지고 水月心方寂
구름에 노을 드니 생각이 유독 그윽해진다네 雲霞思獨玄[42]

홀로 선 소나무는 추운 겨울날에 좋고 孤松宜晚歲
뭇 초목들은 꽃다운 봄날에 사랑스럽네 衆木愛芳春[43]

두심언杜審言[44]의

술에 취한 채 몇 달째 酒中堪累月
이 몸 밖은 뜬구름일세 身外卽浮雲[45]

구름과 노을이 새벽 바다에서 나오고 雲霞出海曙
매화와 버들이 봄날 강물에 떠간다네 梅柳渡江春[46]

심전기沈佺期[47]의

달빛 밝은 삼협三峽의 새벽이요 月明三峽曉
조수 가득한 구강九江의 봄일세 潮滿九江春[48]

---

41 진자앙(陳子昂): 당나라의 시인[661~702]. 자는 백옥(伯玉). 한위(漢魏)의 풍골(風骨)을 중히 여겨 강건 중후한 시를 지음으로써 초당에서 성당으로 넘어가는 시풍 전환에 큰 영향을 끼쳤다.

42 「暉上人獨坐亭」(『唐詩品彙』, 〈五言律詩 二, 正始 下之一〉)
*『청창연담』: 煙霞思獨玄.

43 「送東萊王學士 無競」(『唐詩品彙』, 〈五言律詩 二, 正始 下之一〉)
*『청창연담』: 衆木獨芳春.

44 두심언(杜審言): 당나라 초기의 시인[645~708]. 자는 필간(必簡). 이교(李嶠)·최융(崔融)·소미도(蘇味道)와 함께 '문장사우(文章四友)'라 불렸다. 무후조(武后朝)의 궁정 시인으로서 심전기(沈佺期)·송지문(宋之問)과 견주었다.

45 「秋夜宴臨津鄭明府宅」(『唐詩品彙』, 〈五言律詩 二, 正始 下之一〉)

46 「和晉陵陸丞早春遊望」(『唐詩品彙』, 〈五言律詩 二, 正始 下之一〉)

47 심전기(沈佺期): 초당의 궁정 시인[약 656~약 715]. 자는 운경(雲卿). 송지문과 함께 '심송(沈宋)'이라 불렸다. 초당사걸을 계승해 신시형인 율시(律詩)의 운율을 완성시킨 공적이 매우 크다. 칠언율시에 뛰어났다.

48 「巫山高」(『唐詩品彙』, 〈五言律詩 二, 正始 下之一〉)

안탑雁塔은 풍상에 예스럽고 雁塔風霜古
용지龍池는 세월에 깊어졌네 龍池歲月深
절집은 비 갠 저녁에 또렷하고 紺園澄夕霽
전각은 깊은 가을 아래에 있네 碧殿下秋陰[49]

송지문宋之問[50]의

바람 불어오니 꽃은 절로 춤을 추고 風來花自舞
봄이 들어오니 새들 잘도 지저귄다 春入鳥能言[51]

새벽 구름 장막을 따라 걷히고 曉雲連幕捲
횃불은 별에 섞여 돌아가누나 夜火雜星回[52]

함곡관函谷關[53]은 푸른 산 너머에 있고 函谷青山外
곤명지昆明池[54]는 해 지는 곳 주변이네 昆明落日邊[55]

이교李嶠[56]의

상제께 드릴 실은 은전각에 올리고 帝縷升銀閣

---

49 「遊少林寺」(『唐詩品彙』, 〈五言律詩 二, 正始 下之一〉)
50 송지문(宋之問): 초당의 시인[약 656~약 712]. 자는 연청(延淸). 오언시에 재능이 있었는데, 율시체 정비에 진력해 심전기·두심언 등과 더불어 초당 후반의 문단에서 율시를 유행시켰다.
51 「春日芙蓉園侍宴應制」(『唐詩品彙』, 〈五言律詩 二, 正始 下之一〉)
52 「扈從登封途中作」(『唐詩品彙』, 〈五言律詩 二, 正始 下之一〉)
53 함곡관(函谷關): 하남성(河南省) 북서부의 교통 요충지. 고관(古關)과 신관(新關)이 있는데 고관은 영보현(靈寶縣) 동쪽 5㎞에 있으며, 그 서쪽 지방을 관중(關中)이라 한다. 장안(長安)과 낙양(洛陽)을 연결하는 요충지로, 옛날부터 공방전이 자주 벌어졌다.
54 곤명지(昆明池): 서한 무제 원수(元狩) 4년[B. C. 119]에 만들어진 못. 섬서성(陝西省) 서안시(西安市) 장안구(長安區)에 있다.
55 「登禪定寺閣」(『唐詩品彙』, 〈五言律詩 二, 正始 下之一〉)
56 이교(李嶠): 초당 궁정 시인의 거두·재상[645~714]. 자는 거산(巨山). 측천무후 때에 중용되었으나 측천무후가 죽자 실각하였다.

하늘의 베틀은 길쌈질을 멈추었네　天機罷玉梭[57]

홀로 내려온 선인仙人의 봉황[58]　獨下仙人鳳
어사대 까마귀[59]를 모두 놀라게 하네　群驚御史烏[60]

소정蘇頲[61]의

바위 소리에 골짜기가 응답하고　巖聲中谷應
황제의 조령을 하늘이 듣는다　天語半空聞[62]

따뜻한 샘물은 은 자갈 놀라게 하고　泉煖驚銀磧
겨울철 꽃은 옥루玉樓를 비춘다네　花寒映玉樓[63]

장열張說[64]의

대나무 정원에 용이 피리를 불고　竹苑龍鳴笛[65]
오동 궁전에 봉황이 숲을 휘돈다　梧宮鳳繞林[66]

---

57 「奉和七夕兩儀殿會宴應制」(『唐詩品彙』, 〈五言律詩 三, 正始 下之二〉)
58 홀로 내려온 선인(仙人)의 봉황: 외따로 자리 잡은 봉현(鳳縣)의 선인관(仙人關)을 표현한 것이다.
59 어사대 까마귀: 어사대(御史臺)의 별칭이 오대(烏臺)이므로 까마귀는 대간(臺諫)을 비유한다.
60 「詠城」(『唐詩品彙』, 〈五言律詩 三, 正始 下之二〉)
*『청창연담』: 群輕御史烏.
61 소정(蘇頲): 당나라의 문학가[670~727]. 자는 정석(廷碩). 허국공(許國公)에 봉해져, 연국공(燕國公)인 장열(張說)과 함께 '연허대수필(燕許大手筆)'로 일컬어졌다.
62 「奉和登驪山高頂應制」(『唐詩品彙』, 〈五言律詩 三, 正始 下之二〉)
*『청창연담』: 天語半巖聞.
63 「扈從溫泉奉和姚令公喜雪」(『唐詩品彙』, 〈五言律詩 三, 正始 下之二〉)
64 장열(張說): 당나라의 문학가·재상[667~731]. 자는 도제(道濟)·열지(說之). 연국공(燕國公)에 봉해져, 소정(蘇頲)과 함께 '연허대수필(燕許大手筆)'로 일컬어졌다.
65 『청창연담』: 竹院龍鳴笛.
66 「奉和聖製過大哥山池」(『唐詩品彙』, 〈五言律詩 三, 正始 下之二〉)
*『張燕公集』, 『全唐詩』 등에는 「奉和過寧王宅應制」로 되어 있다.

약속은 마음속에 여전하겠지만　然諾心猶在
곱던 모습은 세월 따라 다르겠지　容華歲不同[67]

춤을 추노라니 꽃이 짝 되어 주고　舞度花爲伴
꾀꼬리 날아오니 피리가 무리 되어 준다　鶯來管作群[68]

장구령張九齡[69]의

강하는 삼진三晉[70]이 달라도　川原三晉別
요해지는 양경兩京[71]이 같다네　襟帶兩京同[72]

시월에 북두성 돌아오니　十月回星斗
조정 관료들 어가를 받든다　千官捧日車[73]

외로운 구름에 근심이 저절로 아득하고　孤雲愁自遠
한 장 낙엽에 감상은 얼마나 깊어지는지　一葉感何深[74]

최식崔湜[75]의

초산楚山은 노을 너머 깎아지르고　楚山霞外斷

---

67 「岳川燕別潭州王熊」(『唐詩品彙』, 〈五言律詩 三, 正始 下之二〉)
68 「鳳閣尋勝地」(『唐詩品彙』, 〈五言律詩 三, 正始 下之二〉)
* 『張燕公集』, 『全唐詩』 등에는 「鳳樓尋勝地」로 되어 있다.
69 장구령(張九齡): 당나라의 문학가·재상[673~740]. 자는 자수(子壽), 호는 박물(博物). 오언고시의 발전에 공헌하였으며 시풍이 청담(淸談)하다.
70 삼진(三晉): 전국 시대 조(趙)·한(韓)·위(魏) 삼국의 합칭.
71 양경(兩京): 전한과 후한을 이른다.
72 「奉和聖製途次陜州作」(『唐詩品彙』, 〈五言律詩 三, 正始 下之二〉)
73 「奉和聖製初出洛城」(『唐詩品彙』, 〈五言律詩 三, 正始 下之二〉)
74 「初秋憶金均兩弟」(『唐詩品彙』, 〈五言律詩 三, 正始 下之二〉)
75 최식(崔湜): 당나라의 문학가·재상[671~713]. 자는 징란(澄瀾).

한수漢水는 달빛 속에 평온하다네　漢水月中平[76]

왕한王翰[77]의

떨어지는 꽃은 바람 불어 다 지려 하는데　落花吹欲盡
늘어진 수양버들은 꺾어도 다시 자라나네　垂柳折還長[78]

하지장賀知章[79]의

농현隴縣[80]엔 구름 걷혀도 반은 비를 품었고　隴雲晴半雨
변방의 초목엔 여름보다 가을이 먼저 온다네　邊草夏先秋[81]

손적孫逖[82]의

등불을 내거니 천 봉우리에 저녁 들고　懸燈千嶂夕
장막을 거두니 다섯 호수에 가을이라네　捲幔五湖秋[83]

라고 한 시들은 바로 〈정시正始〉[84]의 음이다.

王勃山亭夜宴詩: "桂宇幽襟積, 山亭涼夜永. 森沈野逕寒, 肅穆巖扉靜. 竹晦南河色, 荷翻北潭影. 淸興殊未歸, 林端照初景." 無世間語. 五言律, 如虞世

76 「江樓夕望」(『唐詩品彙』, 〈五言律詩 四, 正始 下之三〉)
77 왕한(王翰): 당나라의 시인[687~726]. 자는 자우(子羽).
78 「子夜春歌」(『唐詩品彙』, 〈五言律詩 四, 正始 下之三〉)
79 하지장(賀知章): 당나라의 시인·서예가[약 659~약 744]. 자는 계진(季眞), 만년에 사명광객(四明狂客)·비서외감(秘書外監)이라 자호하였다. 장약허(張若虛)·장욱(張旭)·포융(包融)과 함께 오중사사(吳中四士)라 칭해지며, 진자앙(陳子昂)·노장용(盧藏用)·송지문(宋之問)·왕적(王適)·필구(畢構)·이백(李白)·맹호연(孟浩然)·왕유(王維)·사마승정(司馬承禎)과 함께 선종십우(仙宗十友)라 칭해진다.
80 농현(隴縣): 감숙성(甘肅省) 일대의 지역.
81 「送人之軍中」(『唐詩品彙』, 〈五言律詩 四, 正始 下之三〉)
82 손적(孫逖): 당나라의 시인·대신[696~761]. 자는 자성(子成).
83 「宿雲門寺閣」(『唐詩品彙』, 〈五言律詩 四, 正始 下之三〉)
84 정시(正始): 명나라 고병(高棅)이 편찬한 『당시품휘(唐詩品彙)』의 편명.

南之“綠野明斜日, 青山澹晩煙.”“鳧歸初可侶, 雁起欲分行.”楊師道之“雁聲風處斷, 樹影月中寒.”楊炯之“劍鋒生赤電, 馬足起紅塵.”“離亭隱喬樹, 溝水浸平沙.”王勃之“蘿幌棲禪影, 松門聽梵音.”“磵葉纔分色, 山花不辨名.”盧照隣之“鶯啼非選樹, 魚戲不驚綸.”“空梁無燕雀, 古壁有丹青.”駱賓王之“陣去金河冷, 書歸王塞寒.”“林疑中散地, 人似上皇時.”蘇味道之“暗塵隨馬去, 明月逐人來.”陳子昂之“水月心方寂, 煙霞思獨玄.”“孤松宜晩歲, 衆木獨芳春.”杜審言之“酒中堪累月, 身外卽浮雲.”“雲霞出海曙, 梅柳渡江春.”沈佺期之“月明三峽曉, 潮滿九江春.”“雁塔風霜古, 龍池歲月深. 紺園澄夕霽, 碧殿下秋陰.”宋之問之“風來花自舞, 春入鳥能言.”“曉雲連幕捲, 夜火雜星回.”“函谷青山外, 昆明落日邊.”李嶠之“帝縷升銀閣, 天機罷玉梭.”“獨下仙人鳳, 群驚御史烏.”蘇頲之“巖聲中谷應, 天語半巖聞.”“泉煖驚銀磧, 花寒映玉樓.”張說之“竹院龍鳴笛, 梧宮鳳繞林.”“然諾心猶在, 容華歲不同.”“舞度花爲伴, 鶯來管作群.”張九齡之“川原三晉別, 襟帶兩京同.”“十月回星斗, 千官捧日車.”“孤雲愁自遠, 一葉感何深.”崔湜之“楚山霞外斷, 漢水月中平.”王翰之“落花吹欲盡, 垂柳折還長.”賀知章之“隴雲晴半雨, 邊草夏先秋.”孫逖之“懸燈千嶂夕, 捲幔五湖秋.”此乃正始之音.

11. 칠언율시 가운데 〈정시正始〉의 음으로는 의당 심전기沈佺期의 「고의古意」를 제일로 쳐야 한다.

노씨네 어린 새댁은 울금향 당에 있으니[85] 盧家少婦鬱金堂[86]

85 노씨네 …… 있으니: 양 무제(梁武帝)가 지은 악부(樂府) 「하중지수가(河中之水歌)」에 나오는 이야기로, 막수(莫愁)라는 낙양의 소녀가 노씨에게 시집을 갔는데, 화려하게 꾸민 그녀의 방에서 언제나 울금향이 났다고 한다.

86 『청창연담』에는 '盧家少婦鬱金香.'으로 되어 있는데, 『당시품휘(唐詩品彙)』에는 '盧家少婦鬱金堂.【一作香】'으로 되어 있다.

바다제비 쌍쌍이 대모 들보에 깃든 듯했지 海燕雙棲玳瑁樑
구월 찬 다듬이질 소리는 낙엽 재촉하고 九月寒砧催木葉[87]
십 년 수자리살이 요양遼陽을 생각하네 十年征戍憶遼陽
백랑하白狼河[88] 북쪽엔 소식이 끊어지고 白狼河北音書斷
단봉성丹鳳城[89] 남쪽엔 가을밤이 길다네 丹鳳城南秋夜長
누구 때문에 수심 품고 홀로 보지 못하나 誰爲含愁獨不見
또 밝은 달로 하여금 비단 비추게 하네 更教明月照流黃[90]

라고 하니, 이야말로 악부樂府의 독불견체獨不見體이다.[91]

七言律正始, 當以沈佺期古意爲之首. "盧家少婦鬱金香, 海燕雙棲玳瑁樑. 九月寒砧催下葉, 十年征戍憶遼陽. 白狼河北音書斷, 丹鳳城南秋夜長. 誰爲含愁獨不見? 更教明月照流黃." 此乃樂府獨不見體也.

12. 태백太白[92]의 「청평조淸平調」·「행락사行樂詞」·「황학루黃鶴樓」[93]는 모두 세상에 없던 말이다. 예를 들면

87 『청창연담』: 九月寒砧催下葉.
88 백랑하(白狼河): 요녕성(遼寧省) 서부를 흐르는 하천. 하북성 동부의 난하와 요녕성 중앙부의 요하 사이를 흐른다.
89 단봉성(丹鳳城): 섬서성(陝西省)의 서안(西安)과 함양(咸陽) 부근에 있는 성.
90 『唐詩品彙』, 〈七言律詩 一, 正始〉.
91 『唐詩品彙』 〈七言律詩 一, 正始〉에 「古意」라는 제목 아래 "『樂府』에는 제목이 「獨不見」으로 되어 있다.[樂府作獨不見.]"라는 말이 부기되어 있다. 따라서 이 말은 신흠의 견해가 아니다. 독불견(獨不見)은 악부 잡곡 가사의 이름이다.
92 태백(太白): 이백(李白)을 가리킨다.
93 청평조(淸平調)·행락사(行樂詞)·황학루(黃鶴樓): 「청평조(淸平調)」는 「청평조(淸平調)」 3수, 「행락사(行樂詞)」는 「궁중행락사(宮中行樂詞)」 8수, 「황학루(黃鶴樓)」는 「황학루송맹호연지광릉(黃鶴樓送孟浩然之廣陵)」을 이른다.

오월에도 천산엔 눈이 쌓였기에　　　五月天山雪
꽃도 없이 한기寒氣만 있다네　　　無花只有寒[94]

와 같은 시는 읽어 보면 사람으로 하여금 초탈케 하여 크게 고양시킨다.

太白之淸平調·行樂詞·黃鶴樓, 皆世間所未有之語. 如 "五月天山雪, 無花只有寒." 讀之令人飄然遐擧.

13. 이른 아침을 소재로 한 시[早朝詩]는 왕유王維와 가지賈至와 잠삼岑參[95]의 작품이 모두 절창이지만 소릉少陵[96]의 시가 가장 우수하니, 이후로 그것을 본받아 지은 시들은 모두 그 수준에 미치지 못한다.

早朝詩, 王維·賈至·岑參, 皆絶唱, 少陵詩爲最優, 後來效而作者皆不及.

14. 나는 〈정종正宗〉[97] 뒤에 놓인 작품 중에서 위응물韋應物[98]의 시를 무척 사랑하는데, 다 기록할 수는 없고 우선 평소 읊조리는 것을 기록한다.

「상봉행相逢行」에서

---

94 「塞下曲 三首」(『唐詩品彙』, 〈五言律詩 五, 正宗 上〉)
*『李太白文集』에는 「塞下曲 六首」로 되어 있다.

95 왕유(王維)와 가지(賈至)와 잠삼(岑參): 왕유(王維)는 당나라의 시인이자 화가[701~761]로 자는 마힐(摩詰), 호는 마힐거사(摩詰居士). 상서우승(尙書右丞)을 역임하였기에 왕우승(王右丞)이라고도 불린다. 자연을 소재로 한 서정시에 뛰어나 '시불(詩佛)'이라고 불리며, 수묵(水墨) 산수화에도 뛰어나 남종문인화의 창시자로 평가받는다. 가지(賈至)는 당나라의 시인·문신[718~772]으로, 자는 유린(幼隣). 당나라 고문운동의 수창자(首倡者)이다. 잠삼(岑參)은 당나라의 시인[715~770]으로, 가주 자사(嘉州刺史)를 역임하였기에 잠가주(岑嘉州)라고 칭한다. 두 번에 걸쳐 북서 변경 요새의 사막 지대에 종군한 경험을 살려서 쓴 새외시(塞外詩)는 풍부한 상상력과 이국정서를 생생하게 그려 독자적인 지위를 차지한다.

96 소릉(少陵): 두보를 이른다.

97 정종(正宗): 『당시품휘』의 편명.

98 위응물(韋應物): 당나라의 시인·문신·장서가[737~791]. 자는 의박(義博). 사경(寫景)과 은일(隱逸) 생활의 묘사에 뛰어나, 산수전원시파(山水田園詩派)로 칭해진다.

스무 살 때 과거에 급제해　二十登漢朝
명성이 고금을 뛰어넘었네　英聲邁今古
마침 동쪽에서부터 와서　適從東方來
또 현명한 임금을 뵈려 했지　又欲謁明主
아직도 신풍新豐[99] 술을 좋아하고　猶酣新豐酒
여전히 패릉灞陵[100] 비에 젖어 있네　尙帶灞陵雨
우연히 둘이 서로 만나서　邂逅兩相逢
이별 후의 소식을 물었네　別來問寒暑
한낮이 저문 줄 알았으랴　寧知白日晚
잠시 꽃 사이에서 말했네　暫向花間語
문득 장락궁長樂宮[101] 종소리 듣고　忽聞長樂鐘
말달려 동쪽 서쪽으로 가네　走馬東西去[102]

라 하였고, 「잡체雜體」[103]에서

거울을 상자 속에 깊이 간직했더니　沈沈匣中鏡
이 때문에 먼지 끼고 녹슬었네　爲此塵垢蝕
빛은 어디로 가 버렸단 말인가　輝光何所如
구름 속의 달인 양 어둡구나　月在雲間黑

---

99 신풍(新豐): 한(漢)나라의 고을 이름. 한(漢)의 태상왕[太上王, 한 고조의 아버지]이 동쪽으로 돌아가고자 하니, 한 고조가 성사(城寺)와 거리를 풍(豐)과 같이 만들고 풍의 백성을 옮겨 채웠다 한다. 이곳에서는 아주 맛 좋은 술이 생산되는데, 그 술을 신풍주라고 한다.

100 패릉(灞陵): 패릉(霸陵). 옛터가 섬서성 서안 동쪽에 있다. 한 문제(漢文帝)를 장사 지낸 곳이다.

101 장락궁(長樂宮): 한(漢)나라 때 장안(長安)의 미앙궁(未央宮) 동쪽에 있던 궁궐로 태후가 거처하던 곳인데, 이곳에 종을 걸어 두는 종실(鐘室)이 있었다고 한다.

102 『唐詩品彙』, 〈五言古詩, 名家 下之二〉.

103 원제는 「雜體 五首」이다.
* 『韋蘇州集』, 『全唐詩』 등에는 「雜體 五首」, 『唐詩品彙』에는 「雜體 二首」로 되어 있다.

남방 구리에 조각까지 하였고　　南金旣雕錯
큰 가죽띠도 함께 아름답구나　　鞶帶共輝飾[104]
공연히 물건을 비춘다는 이름만 갖고　　空存鑑物名[105]
아름답고 추한 것을 혼란시키지　　坐使姸蚩惑[106]
아름다운 여인네들 애간장 태워 가며　　美人竭肝膽
얼음과 옥 같은 얼굴 비춰 보려 하나　　思照氷玉色
자신은 거울 광내는 장인이 아니기에　　自非磨瑩工[107]
날마다 부질없이 탄식만 한다오　　日日空嘆息[108]

라 하였고, 「원 교서元校書에게 부치다」에서

슬프게도 사랑하는 벗을 떠나　　悽悽去親愛
두둥실 연무 속으로 들어간다　　泛泛入煙霧
배 타고 낙양 가는 사람에게　　歸棹洛陽人
광릉 숲의 아련한 종소리 들리네　　殘鍾廣陵樹
오늘 아침 여기서 이별하면　　今朝此爲別
어디서 다시 만날까나　　何處還相遇
세상일이란 물결 위의 배와 같아　　世事波上舟
순류건 역류건 안주할 수 있으랴　　沿洄安得住[109]

---

104 『청창연담』: 鞶帶共輝餙.
105 『청창연담』: 空存鑑物明.
106 『唐詩品彙』에는 '坐使媸姸惑.', 『청창연담』에는 '坐使姸媸惑.'으로 되어 있다.
107 『唐詩品彙』: 自非磨瑩功.
108 『唐詩品彙』, 〈五言古詩, 名家 下之二〉.
109 원제는 「初發楊子寄元大校書」(『唐詩品彙』, 〈五言古詩, 名家 下之二〉)이다.

라 하였고, 「봉양개부逢楊開府」에서

젊었을 때 현종 황제를 모셨기에	少事武皇帝
무뢰배로 총애 믿고서 제멋대로 굴며	無賴恃恩私
자신은 마을에서 설쳐 대는 짓을 하고	身作里中橫
집에는 도망 다니는 사람을 숨겨 줬지	家藏亡命兒
아침엔 저포 판을 끼고 다니고	朝持樗蒲局
저녁엔 동쪽 이웃 계집을 훔쳐도	暮竊東鄰姬
포졸이 감히 잡아들이지 못하니	司隷不敢捕
대궐 앞 옥계단에 서 있기 때문이지	立在白玉墀
여산驪山의 눈보라 치는 밤이나	驪山風雪夜
장양長楊에서 사냥할 때에	長楊羽獵時
일자무식 무지렁이처럼	一字都不識
술 마시고 망나니짓했지	飲酒肆頑癡
현종 황제께서 승하하신 뒤로	武皇昇仙去[110]
몰락하여 남에게 사기 당하고	憔悴被人欺
책 읽는 것은 이미 늦었기에	讀書事已晚
붓을 잡고 시 짓기를 배웠네	把筆學題詩
양부兩府[111]에서 비로소 거두고	兩府始收跡
남궁南宮에서 추천해 주었지만	南宮謬見推
재주 없어 결국 용납되지 못한 채	非才果不容

110 『청창연담』: 武皇升仙去.
111 양부(兩府): 승상부(丞相府)와 어사부(御史府)를 이른다.

지방관으로 나가 백성 다스리다　　出守撫娐嫠[112]
뜻하지 않게 양 개부楊開府를 만나　　忽逢楊開府
옛이야기를 하며 함께 눈물 흘리니　　論舊涕俱垂
좌중의 손들이 어떻게 알겠는가　　坐客何由識
오직 우리 옛 친구만 알 뿐이지　　唯有故人知[113]

라고 하였다. 「의고擬古 10수」[114] 같은 것은 한 편 한 편이 모두 산호 가지와 같아 온 방 안을 환하게 만드는 빛을 느끼게 한다.

余於正宗以後, 酷愛韋應物詩, 不可殫記, 姑以素所吟諷者記之. 相逢行曰: "二十登漢朝, 英聲邁今古. 適從東方來, 又欲謁明主. 猶酣新豐酒, 尙帶灞陵雨. 邂逅兩相逢, 別來問寒暑. 寧知白日晩? 暫向花間語. 忽聞長樂鍾, 走馬東西去." 雜體曰: "沈沈匣中鏡, 爲此塵垢蝕. 輝光何所如? 月在雲間黑. 南金旣雕錯, 鞶帶共輝飾. 空存鑑物明, 坐使姸媸惑. 美人竭肝膽, 思照氷玉色. 自非磨瑩工, 日日空嘆息." 寄元校書曰: "悽悽去親愛, 泛泛入煙霧. 歸棹洛陽人, 殘鍾廣陵樹. 今朝此爲別, 何處還相遇. 世事波上舟, 沿洄安得住?" 逢楊開府曰: "少事武皇帝, 無賴恃恩私. 身作里中橫, 家藏亡命兒. 朝持樗蒲局, 暮竊東隣姬. 司隷不敢捕, 立在白玉墀. 驪山風雪夜, 長楊羽獵時. 一字都不識, 飮酒肆頑癡. 武皇升仙去, 憔悴被人欺. 讀書事已晩, 把筆學題詩. 兩府始收跡, 南宮謬見推. 非才果不容, 出守撫娐嫠. 忽逢楊開府, 論舊涕俱垂. 坐客何由識? 唯有故人知." 如擬古十首, 篇篇珊瑚柯, 覺一室光也.

---

112 『청창연담』: 出守撫惸嫠.
113 『唐詩品彙』, 〈五言古詩, 名家 下之二〉.
114 12수의 오기이다. 위응물(韋應物)의 『韋蘇州集』 〈雜擬〉에 「擬古詩 十二首」로 되어 있다.

15. 칠언고시 가운데 왕발王勃의 「추야장秋夜長」·「임고대臨高臺」와 노조린盧照隣의 「장안고의長安古意」와 낙빈왕駱賓王의 「제경편帝京篇」은 이백과 두보가 말하지 못한 것이다. 가령 이백으로 하여금 짓게 한다면 너끈히 해낼 수 있겠지만 두보는 아마도 한 수 뒤질 듯하다. 이러한 작품들은 모두 제량조齊梁調[115]이다.

七言古詩, 王勃之秋夜長·臨高臺, 盧照隣之長安古意, 駱賓王之帝京篇, 李·杜之所未道. 使太白爲之, 足以優爲, 子美恐輸一籌也. 此等作, 皆齊梁調也.

16. 이장길李長吉[116]의 「호가浩歌」[117]에서

남풍이 산에 불어 평지를 만들고	南風吹山作平地
천제가 천오天吳[118] 시켜 바닷물 옮겼네	帝遣天吳移海水
서왕모의 복사꽃은 천 번이나 붉었고	王母桃花千遍紅
팽조彭祖와 무함巫咸[119]은 몇 번이나 죽었나	彭祖巫咸幾回死
푸른 털 총마驄馬[120]의 얼룩무늬 동전 같고	青毛驄馬參差錢

115 제량조(齊梁調): 남북조 시대 제(齊)·양(梁)에서 유행하던 시체(詩體)로 성정의 표현보다 성조(聲調)와 수사적 기교를 우선시했다.

116 이장길(李長吉): 당나라의 시인 이하[李賀, 790~816]를 이른다. 장길(長吉)은 이하의 자. 그의 시는 매우 낭만적이고, 풍부한 상상력으로 화려한 환상적 세계를 창조했다. 그는 재능이 특출하고 초자연적 제재를 즐겨 썼기에 '귀재(鬼才)'라는 명칭이 붙었다.

117 호가(浩歌): 소리 높아 호탕하게 부르는 노래.

118 천오(天吳): 『산해경(山海經)』 〈해외동경(海外東經)〉에서는 조양(朝陽) 골짜기에 사는 신(神) 수백(水伯)이라고 하였다.

119 팽조(彭祖)와 무함(巫咸): 팽조(彭祖)는 전설 속의 인물로 팽(彭)에 봉해졌다. 양생(養生)을 잘하고 도인술(導引術)을 하였기에 800여 년을 살았다고 한다. 무함(巫咸)은 황제(黃帝) 시절의 현신이라는 전설 속 인물이다.

120 총마(驄馬): 푸른색과 흰색이 섞인 말.

이른 봄 버들은 가느다란 안개 머금었네	嬌春楊柳含細煙
가야금 타는 여인 내게 금 술잔 권하는데	箏人勸我金屈卮
젊은 혈기 왕성한 사람은 누구던가	神血未凝身問誰[121]
실컷 마시며 정도호丁都護[122]도 필요 없으니	不須浪飮丁都護
세상의 영웅은 본래 주인이 없다네	世上英雄本無主
실을 사서 선비 아낀 평원군[123] 모습 수놓고	買絲繡作平原君
술이 있다면 조나라 땅에 술 부어 제사 드리리	有酒唯澆趙州土
시각 재촉하는 물시계 물 옥두꺼비로 흘러가니	漏催水咽玉蟾蜍
위랑衛娘[124]도 숱이 성글어 빗을 감당 못 하네	衛娘髮薄不勝梳
짙던 눈썹이 흰 눈썹으로 변한 것을 보게나	看見秋眉換新綠
스무 살 사나이가 어찌해 조바심을 내겠나	二十男兒那刺促[125]

라고 하였는데, 따뜻한 바람 불고 맑게 갠 날 온갖 꽃떨기 속에서 금릉춘金陵春 술을 마시고 진秦나라 청신곡靑新曲 가락에 맞춰 이 노래를 부른다면 답답한 마음을 후련하게 만들기에 충분하다.

李長吉之浩歌: "南風吹山作平地, 帝遣天吳移海水. 王母桃花千遍紅, 彭祖巫咸幾回死. 靑毛驄馬參差錢, 嬌春楊柳含細煙. 箏人勸我金屈卮, 身血未凝

---

121 『청창연담』: 身血未凝身問誰.

122 정도호(丁都護): 악부(樂府)의 일종, 정도호가(丁都護歌). 독호(督護)라고도 한다. 송 고조의 사위 서규(徐逵)가 노궤(魯軌)에게 피살되자, 고조가 도호(都護) 정오(丁旿)에게 그를 거두어 장사 지내게 하였다. 그러자 서규의 아내가 울부짖으며 관청으로 찾아와 장례에 관한 일을 물을 때마다 탄식하며 '정도호(丁都護)!'라고 하니 그 소리가 애절하였기에 후대 사람들이 노래로 만들었다.

123 평원군: 전국 시대 조(趙) 무령왕(武靈王)의 아들이자 혜문왕(惠文王)의 동생으로, 이름은 승(勝). 평원(平原)에 봉해졌기에 평원군(平原君)이라고 부른다. 선비를 아꼈다고 한다.

124 위랑(衛娘): 한 무제(漢武帝)의 황후 위자부(衛子夫)로, 모발이 아름다워 황제의 총애를 얻었다. 이후 미녀를 이르는 말로 쓰였다.

125 『唐詩品彙』, 〈七言古詩 十一, 正變 下〉.

身問誰? 不須浪飮丁都護, 世上英雄本無主. 買絲繡作平原君, 有酒唯澆趙州土. 漏催水咽玉蟾蜍, 衛娘髮薄不勝梳. 看見秋眉換新綠, 二十男兒那刺促?" 暖風晴日, 百花叢裏, 酌金陵春, 調秦青新曲, 度以此歌, 足使人暢幽悁也.

17. 온정균溫庭筠[126]의 시는 오로지 아름답게 수식하기에만 주안점을 두었지만, 그의 「위상渭上」[127] 시

여공呂公은 영달하고 자릉子陵은 돌아왔는데[128]	呂公榮達子陵歸
만고의 연무煙霧 낀 물결은 낚시터를 감도네	萬古煙波繞釣磯
다리 위에는 온통 명예 이익 좇아간 자취뿐이니	橋上一通名利迹
지금까지도 강 새는 사람을 등지고 날아간다네	至今江鳥背人飛
안개 낀 강물은 언제나 세속의 기심機心 잠재울까	煙水何曾息世機
잠시 서로 마주하고 또 머뭇거린다	暫時相向亦依依
애석하게도 백발의 반계磻溪 노인[129]은	所嗟白首磻溪叟[130]
한번 고깃배에서 내린 뒤로 다시 돌아오지 않았지	一下漁舟更不歸[131]

126 온정균(溫庭筠): 당나라 말기의 시인[약 812~약 866]. 본명은 기(岐), 자는 비경(飛卿). 염정시(艶情詩)를 많이 지었다.

127 원제는 「渭上題 三首」이다.
*『溫飛卿詩集箋注』, 『全唐詩』 등에는 「渭上題 三首」, 『唐詩品彙』에는 「渭上題 二首」로 되어 있다.

128 여공(呂公)은 …… 돌아왔는데: 주나라 때 여상(呂尙)은 반계에서 낚시를 하다 문왕에게 발탁되어 출세하였고, 후한 광무제의 친구 엄자릉(嚴子陵)은 벼슬을 마다하고 위수 가에 은둔하며 낚시로 세월을 보냈다고 한다.

129 반계(磻溪) 노인: 여상(呂尙)을 이른다.

130 『청창연담』: 所嗟白首磻溪老.

131 『唐詩品彙』, 〈七言絶句 八, 正變〉.
*『청창연담』: 一下漁舟竟不歸.

는 이치가 있으며 뜻도 절로 고상하다.

溫庭筠之詩, 專主艶冶, 而其渭上詩曰: "呂公榮達子陵歸, 萬古煙波繞釣磯. 橋上一通名利迹, 至今江鳥背人飛. 煙水何曾息世機, 暫時相向亦依依. 所嗟白首磻溪老, 一下漁舟竟不歸." 有理致, 意亦自高.

18. 당언겸唐彦謙[132]의 「제중산題仲山」[133]에서

천년의 유적 넝쿨풀에 뒤덮였으니	千載遺蹤寄薜蘿
패군沛郡[134]의 마을, 한나라 산하라네	沛中鄉里漢山河
장릉長陵[135]도 쓸쓸한 구릉이 됐으니	長陵亦是閑丘壟
훗날 누가 형보다 낫다고 알아볼까[136]	異日誰知與仲多[137]

라고 하였으니, 절창이라고 할 만하다.

唐彦謙題仲山曰: "千載遺蹤寄薜蘿, 沛中鄉里漢山河. 長陵亦是閑丘壟, 異日誰知與仲多?" 可謂絶唱.

---

132 당언겸(唐彦謙): 당나라의 시인. 자는 무업(茂業). 녹문산(鹿門山)에 은거하여 스스로 '녹문 선생(鹿門先生)'이라 불렀다. 온정균(溫庭筠)에게 배웠고, 칠언시에 능했다.

133 중산(仲山): 한 고조의 형 유중(劉仲)을 장사 지낸 곳.

134 패군(沛郡): 한 고조의 고향.

135 장릉(長陵): 한 고조의 묘. 섬서성 함양시(咸陽市) 동쪽에 있다.

136 훗날 …… 알아볼까: 유방(劉邦)이 가업을 돌보지 않자, 그 아버지가 형만 못하다고 꾸짖었는데, 뒤에 유방이 한나라 왕업(王業)을 이루고 미앙궁(未央宮)을 짓고, 아버지에게 술잔을 올리며 "오늘 제가 이룬 왕업이 형과 비겨서 어떻습니까?"라고 한 일이 있다.

137 원제는 「仲山」(『唐詩品彙』, 〈七言絶句 九, 餘響〉)이다.

19. 왕건王建[138]의 「양주시揚州市를 지나며」[139]에서

야시夜市의 수많은 등불 하늘을 밝게 비추고	夜市千燈照碧雲
높은 누각의 기녀는 어지러이 오는 손님 맞네	高樓紅袖客紛紛
요즘 세상이 평상시 같지는 않건만	如今不似時平日
오히려 악기와 노래 소리가 새벽까지 들린다	猶自笙歌徹曉聞[140]

라고 하였다. 내가 관서關西 일로一路를 지나갈 때면 문득 이 시가 생각나곤 하였다. 지난해 함종咸從[141]에 도착했을 때 마침 음률을 익힌 사람이 있기에 절구 한 수를 짓기를

기방 적막하고 악기엔 먼지 쌓였는데	妓榭寥寥絃管塵
무성한 실버들은 봄을 이기지 못하네	繁華細柳不勝春
상심해 묻고 싶네 "승평악昇平樂을	傷心欲問昇平樂
이원梨園에서 제일 잘 부르는 가수 누구인가?"	誰是梨園第一人[142]

라고 하였으니, 역시 그러한 의미이다.

王建過揚州市曰: "夜市千燈照碧雲, 高樓紅袖客紛紛. 如今不似時平日, 猶自笙歌徹曉聞." 余每過關西一路, 輒思此詩. 昔年到咸從, 適有習樂者, 題一絶曰: "妓榭寥寥絃管塵, 繁華細柳不勝春. 傷心欲問昇平樂, 誰是梨園第一人." 亦此意也.

---

138 왕건(王建): 당나라의 시인[765~830]. 자는 중초(仲初). 섬주 사마(陝州司馬)를 역임하였기에 왕사마(王司馬)라고 칭한다. 악부(樂府)에 능해 그의 궁사(宮詞) 100수가 세상에 널리 퍼졌다. 문집에 『왕사마집(王司馬集)』이 있다.

139 원제는 「十五夜望月寄杜郎中時會琴客」(『王司馬集』)이며, 『당시품휘』에는 「夜看揚州市」로 되어 있다.

140 『唐詩品彙』, 〈七言絕句 六, 接武 下之一〉.

141 함종(咸從): 평안남도 강서 지역의 옛 지명. 고려 초에 아선성(牙善城)이라 하였다가 함종으로 이름을 고치고 현령을 설치하였다.

142 『象村集』에 「到牙城感舊」라는 제목으로 실려 있다.

20. 무원형武元衡[143]의 「형수荊帥」[144] 시는 호방하여 읊을 만하다.

근신近臣에서 거듭 삼공부三公府에 임명되고　　金貂再領三公府
막부幕府에서 잇따라 만호후萬戶侯에 봉해졌네　　玉帳連封萬戶侯
발이 걷히면 푸른 산 무협巫峽의 새벽이고　　簾捲青山巫峽曉
안개 개면 푸른 나무 저궁渚宮[145]의 가을이네　　煙開碧樹渚宮秋
유곤劉琨이 앉아 휘파람 불던 요새[146]에 바람 맑고　　劉琨坐嘯風淸塞
사조謝朓가 시 짓던 누각[147]에 달빛 가득하네　　謝朓題詩月滿樓[148]
백설조白雪調[149] 소리 고아해 잘 부를 수 없기에　　白雪調高歌不得
남국南國 미인의 어여쁜 아미에 수심이 어렸네　　美人南國翠蛾愁[150]

武元衡荊帥詩, 豪放可詠. "金貂再領三公府, 玉帳連封萬戶侯. 簾捲青山巫峽曉, 煙開碧樹渚宮秋. 劉琨坐嘯風淸塞, 謝朓題詩月滿樓. 白雪調高歌不得, 美人南國翠蛾愁."

---

143 무원형(武元衡): 당나라의 재상·시인[758~815]. 자는 백창(伯蒼).

144 『全唐詩』에는 「酬嚴司空荊南見寄」로, 『文苑英華』에는 「奉酬荊州嚴司空見寄」로 되어 있다.

145 저궁(渚宮): 호북성(湖北省) 강릉현(江陵縣)에 있던 춘추 시대 초나라의 궁궐 이름.

146 유곤(劉琨)이 …… 요새: 진(晉)나라 유곤(劉琨)이 진양성(晉陽城)에서 호인(胡人)의 기병(騎兵)에 포위되었을 때에, 달 밝은 밤에 성루에 올라가 길게 휘파람을 불자 호인들이 모두 처연하게 장탄식을 하였고, 한밤중에 호가(胡笳)를 불자 호인들이 눈물을 흘리며 고향 생각이 간절하였는데, 동틀 무렵에 다시 한번 불자 호인들이 모두 포위를 풀고 달아났다고 한다.

147 사조(謝朓)가 시 짓던 누각: 남조 제나라의 시인 사조(謝朓)가 선성 태수(宣城太守)로 부임했을 때 사공루(謝公樓)라는 누대를 지었으니 북루(北樓)라고도 한다.

148 『청창연담』: 謝眺題詩月滿樓.

149 백설조(白雪調): 곡조의 이름. 격조가 고아(高雅)하고 초탈하기에 부르기 어렵다고 한다. 춘추 시대 초나라 사람이 「양춘(陽春)」과 「백설(白雪)」이라는 곡을 불렀는데, 몹시 고아하기에 화답할 수 있는 자가 십여 명에 불과하였다고 한다.

150 『唐詩品彙』에 「荊帥」라는 제목으로 실려 있으나 다음과 같이 글자의 출입이 있다.
"金貂再入三公府, 錦帳連封萬户侯. 簾捲青山巫峽曉, 雲凝碧樹渚宮秋. 劉琨坐笑風生苑, 謝朓裁詩月滿樓. 白雪調高歌不得, 美人南國翠蛾愁."(『唐詩品彙』, 〈七言律詩 六, 接武 下〉)
*『청창연담』: 美人南國翠娥愁.

21. 이문요李文饒[151]가 애산厓山에 귀양 가면서 지은 시에서

십 년 동안 궁중에서 정무를 담당하였고	十年紫殿掌洪鈞
세 임금의 조정 출입하며 시종하던 몸일세	出入三朝侍從身
문제文帝의 총애 깊어 천자의 수레 배행했고	文帝寵深陪豹尾
무황武皇의 은혜 중해 용지龍池에서 잔치했지	武皇恩重宴龍津
흑산黑山[152]에서는 화친의 길을 영원히 끊었고	黑山永絶和親路
오령烏嶺[153]에서는 발호하는 신하 모두 묻었지	烏嶺全坑跋扈臣
본래 공이 높아 최고 지위까지 올라가면	自是功高歸盡處
재앙 오고 명예 사라지니 남의 탓 아닐세	禍來名滅不由人[154]

라고 하니, 시어의 정취가 탁월하여 알지 못하는 사이에 사람을 감동시킨다.

李文饒謫厓山作詩曰: "十年紫殿掌洪鈞, 出入三朝侍從身. 文帝寵深陪豹尾, 武皇恩重宴龍津. 黑山永絶和親路, 烏嶺全坑跋扈臣. 自是功高歸盡處, 禍來名滅不由人." 語致英爽, 亹亹逼人.

151 이문요(李文饒): 당나라의 재상이자 시인인 이덕유[李德裕, 787~849]를 이른다. 문요(文饒)는 이덕유의 자. 중앙집권 강화를 위해 힘썼으며 폐불(廢佛)을 단행하였다.

152 흑산(黑山): 하남성(河南省) 준현(浚縣) 서북쪽에 있는 산.

153 오령(烏嶺): 오령(塢嶺)이라고도 한다. 산서고원(山西高原) 남부의 산맥으로, 분하(汾河) 유역과 심하(沁河) 유역의 분수령(分水嶺)이다.

154 이덕유의 『李衛公別集』에는 「離平泉馬上作」이란 제목으로 되어 있으며, 시의 내용도 "十年紫殿掌洪鈞, 出入三朝一品身. 文帝寵深陪雉尾, 武皇恩厚宴龍津. 黑山永破和親虜, 烏嶺全阬跋扈臣. 自是功高臨盡處, 禍來名滅不由人."으로 글자의 출입이 많다.

22. 원진元稹과 백거이白居易의 시는 정鄭·위衛의 음[155]이다.

元·白之詩, 鄭衛之音也.

23. 번천樊川[156]의 시는 진실로 변음變音이다. 그러나 그 재능이 종횡무진 걸출하여 당해 낼 수 없다. 생각건대, 그 사람은 반드시 그의 시와 비슷한가 보다! 장편長篇 가운데 「두추랑시杜秋娘詩」나 「장호호시張好好詩」·「군재독작郡齋獨酌」 등의 시어는 그대로 새로운 노래, 별곡別曲이다.

樊川之詩, 固變音也. 然其才橫逸豪俊不可當. 意者其人亦必似其詩乎! 長篇中, 杜秋·好好·郡齋獨酌等語, 自是新腔別曲.

24. 번남樊南의 시는 극도로 섬세하고 고우며 꾸미고 아름답지만, 천부적 재능은 번천樊川에게 못 미친다.

樊南之詩, 綴麗藻艷極矣, 然天才則不及樊川矣.

25. 장호張祜[157] 같은 사람은 참으로 풍류남아다. 매양 그의 양주시揚州詩[158]

155 정(鄭)·위(衛)의 음: 난세의 음악을 의미한다.

156 번천(樊川): 만당의 시인 두목[杜牧, 803~853]을 이른다. 자는 목지(牧之), 호는 번천(樊川). 중서사인(中書舍人)을 역임하였기에 두사인(杜舍人)으로도 칭한다. 이상은(李商隱)과 더불어 이두(李杜)로 불리며, 작품이 두보(杜甫)와 비슷하다 하여 소두(小杜)로 불린다.

157 『청창연담』: 張祐.

158 원제는 「縱遊淮南」(『全唐詩』)이다.

한세상 살다 의당 양주揚州에서 죽어야지　　人生只合揚州死[159]
선지산禪智山 풍경은 좋은 묏자리라네　　禪智山光好墓田[160]

를 읊으면, 그 때문에 한번 웃게 된다.

如張祜者, 眞浪子也. 每詠其揚州詩曰: "人生只合揚州死, 禪智山前好墓田." 爲之一粲.

26. 두소릉杜少陵[161]은

곡강曲江 가 작은 집에 비취새가 둥지 짓고　　江上小堂巢翡翠
부용원芙蓉苑[162] 가 높은 무덤에 돌 기린이 쓰러졌네　　苑邊高塚臥麒麟[163]

라고 하였고, 산곡山谷[164]은

부귀富貴가 언제 해골을 윤내 주던가　　富貴何時潤髑髏[165]
수전노守錢奴 포관수抱官囚[166]라네　　守錢奴與抱官囚[167]

159 『청창연담』: 人生只合楊州死.
160 『청창연담』: 禪智山前好墓田.
161 두소릉(杜少陵): 두보를 이른다. 자는 자미(子美), 호는 소릉야노(少陵野老).
162 부용원(芙蓉苑): 부용원(芙蓉園)이라고도 한다. 수나라와 당나라 황가의 금원(禁苑)으로 곡강지(曲江池) 남안(南岸)에 있다.
163 「曲江 二首」(『唐詩品彙』, 〈七言律詩 三, 大家〉)
＊『杜詩詳註』, 『全唐詩』 등에는 「曲江 二首」, 『唐詩品彙』에는 『曲江』으로 되어 있다.
164 산곡(山谷): 북송의 문학가 황정견[黃庭堅, 1045~1105]을 이른다. 자는 노직(魯直), 호는 산곡(山谷).
165 『청창연담』: 富貴何曾潤髑髏.
166 포관수(抱官囚): 관직에 매여 자유롭지 못한 것이 갇혀 있는 죄수와 같다는 말.
167 「四休居士詩」(『山谷集』)

라고 하니, 이 말을 높이 들어 어리석은 자들을 경계시키지 못해서 애석하다.[168]

杜少陵 "江上小堂巢翡翠, 苑邊高塚臥麒麟." 山谷 "富貴何曾潤髑髏, 守錢奴與抱官囚." 恨不揭此語以警顚冥也.

27. 후세에 악부樂府를 지은 자들이 많으나 태백太白의 「억진아憶秦娥」나 「보살만菩薩蠻」은 결코 비슷하게 만들 수 없으니, 태백에게는 미치기 어렵다.

後世作樂府者多, 不能髣髴太白秦娥薩蠻萬一, 太白難可及已.

28. 율시律詩도 이미 늘어놓는 문제점이 있건만, 또 그것을 늘려 배율排律로 만들었다. 자미子美는 심지어 100운韻의 시를 지었으니, 시의 문제점이다.

律詩已病排矣, 又長之爲排律. 子美爲至百韻, 詩之病也.

29. 시는 말은 다하면서도 뜻은 다하지 않는 것을 귀하게 여기는데, 배율排律을 짓는 자들은 뜻이 이미 다하였는데도 말이 오히려 많고, 심한 경우에는 바깥의 물색物色을 끌어내서 이어 붙여 마치 밥상에 온갖

168 『당시품휘』의 "江上小堂巢翡翠, 苑邊高塚臥麒麟."아래에 "警策之至, 可以動悟, 不特麗句而已."라는 평어가 부기되어 있으니, 『청창연담』의 평은 이것에서 착상한 듯하다.

음식을 차려 놓는 것처럼 하니, 몹시 무의미하다.

詩貴言盡而意不盡, 作排律者, 意已盡而言猶多, 甚者鉤取外邊物色連綴, 如飣餖餙案, 苦無意味.

30. 백거이白居易의 「한식寒食」 시에서

황혼녘 교목에 까마귀 까치 우는데　　烏啼鵲噪昏喬木[169]
청명 한식날 뉘 집에서 통곡하는가　　清明寒食誰家哭
빈 들판에 바람 불어 지전 날리고　　風吹曠野紙錢飛
줄지은 옛 무덤엔 봄풀이 푸르네　　古墓纍纍春草綠
들배나무 꽃이 비추는 백양나무　　棠梨花映白楊樹[170]
모두 죽고 살고 이별하는 곳일세　　盡是死生離別處
아득한 구천에선 곡소리 들리지 않을 테지　　冥漠重泉哭不聞
부슬부슬 저녁 비 맞으며 사람들 돌아가네　　蕭蕭暮雨人歸去[171]

라고 하였다. 이 시를 읽으면 저절로 눈물이 나니, 어찌 옹문주雍門周의 노래[172]가 필요하랴?

---

169 『청창연담』: 烏啼鵲噪昏古木.

170 『東坡志林』에는 '棠梨花映白楊路.'로 되어 있다.

171 『唐詩品彙』, 〈七言古詩 十二, 餘響〉.
* 원제는 「寒食野望吟」으로, 원시는 "丘墟郭門外, 寒食誰家哭? 風吹曠野紙錢飛, 古墓纍纍春草綠. 棠梨花映白楊樹. 盡是死生離別處. 冥漠重泉哭不聞, 蕭蕭暮雨人歸去."(『白氏長慶集』)인데, 곽생(郭生)이라는 사람이 위와 같이 개작한 것이다(『東坡志林』). 『당시품휘』에서도 곽생이 백거이의 「한식」 시를 개작한 작품이라는 소식의 말을 인용하여 부기하고 있으면서도, 이 시의 작가를 백거이라고 하였다.

172 옹문주(雍門周)의 노래: 전국 시대 제나라의 옹문주(雍門周)는 거문고를 잘 탔는데, 슬픈 곡조를 연주하여 사람들을 울렸다. 맹상군(孟嘗君)이 그를 불러 거문고를 타게 하며, "네가 나도 울게 할 수 있겠느냐?"라고 하니, 옹문주가 거문고를 들고, "맹상군의 천추만세후(千秋萬歲後)에 나무하고 소 먹이는

白居易寒食詩: "烏啼鵲噪昏古木, 淸明寒食誰家哭. 風吹曠野紙錢飛, 古墓纍纍春草綠. 棠梨花映白楊樹, 盡是死生離別處. 冥漠重泉哭不聞, 蕭蕭暮雨人歸去." 讀此詩, 自然出涕, 何待雍門周度曲?

31. 왕건王建의 「춘사春詞」에서

붉은 연기 집에 가득 들보엔 햇살 비추는데 紅煙滿戶日照梁
거미줄 매가리 없어 벌레가 바람에 날리네 天絲軟弱蟲飛揚
마름꽃 환한 빛깔 휘장을 에워싸고 菱花霍霍繞帷光
미인은 거울을 보며 옷을 입는다네 美人對鏡着衣裳
마당에 나란히 심은 상사목相思木에 庭中幷種相思樹
밤마다 한 쌍의 봉황 돌아와 깃든다 夜夜還棲雙鳳凰[173]

라고 하였고, 장적張籍[174]의 「기원곡寄遠曲」에서

님 떠나간 봄 강물 따스한데 美人來去春江暖
강가엔 사람 없고 상수湘水[175]만 가득하다 江頭無人湘水滿
비단 빨던 돌 위엔 물새 깃드니 浣紗石上水禽棲
강남 길은 멀고 봄날은 짧다네 江南路長春日短

아이들이 맹상군의 무덤에 올라가, '맹상군의 호귀(豪貴)로도 이제는 이 무덤이로구나!'라고 할 것입니다."라고 슬픈 곡조를 타니, 맹상군이 눈물을 주르르 흘렸다고 한다.

173 『唐詩品彙』, 〈七言古詩 十, 正變 上〉.

174 장적(張籍): 당나라의 시인[약 766~약 830]. 자는 문창(文昌). 수부원외랑(水部員外郎)과 국자사업(國子司業)을 역임하였기에 장수부(張水部)·장사업(張司業)이라고 칭한다. 그의 악부시(樂府詩)는 왕건(王建)과 이름을 나란히 하여 장왕악부(張王樂府)라고 칭해진다. 또 전쟁의 비정함과 전란 속에 겪는 백성들의 고난을 사실적으로 잘 표현하였다.

175 상수(湘水): 장강(長江)의 지류(支流)로, 호남성(湖南省)에서 가장 큰 강.

난초 배 계수나무 노는 늘 강을 건너건만　　蘭舟桂楫常渡江[176]
다시는 보낼 방법 없는 한 쌍 옥 귀고리　　無因重寄雙瓊璫[177]

라고 하였으니, 그대로 하나의 음향이다.

王建春詞: "紅煙滿戶日照梁, 天絲軟弱蟲飛揚. 菱花霍霍繞帷光, 美人對鏡着衣裳. 庭中幷種相思樹, 夜夜還棲雙鳳凰." 張籍寄遠曲: "美人來去春江暖, 江頭無人湘水滿. 浣紗石上水禽棲, 江南路長春日短. 蘭舟桂楫常渡江, 無因重寄雙瓊璫." 自是一響.

32. 두자미杜子美가 엄무嚴武[178]의 「군성조추軍城早秋」 절구에 화답하였는데, 엄무의 시가 더 좋기에 지금 두 편을 모두 기록하여 안목을 갖춘 사람에게 규정糾正하게 하려 한다. 엄무의 시에

어젯밤 가을바람이 변방 관문에 불어오더니　昨夜秋風入漢關
북방 구름 변방 눈이 서쪽 산[179]을 덮었네　朔雲邊雪滿西山
또 용맹한 장수 재촉해 설치는 오랑캐[180] 쫓아　更催飛將追驕虜
전장의 말 한 마리도 돌려보내지 않게 하리　莫遣沙場匹馬還[181]

176 『청창연담』: 蘭舟桂檝常渡江.
177 『唐詩品彙』, 〈七言古詩 十, 正變 上〉.
178 엄무(嚴武): 당나라의 대신·시인[726~765]. 자는 계응(季鷹). 정국공(鄭國公)에 봉해졌기에 엄정공(嚴鄭公)이라 칭한다. 761년에 검남절도사(劍南節度使)에 임명되어 토번(吐蕃)에 대항하였다.
179 서쪽 산: '설산(雪山)'을 이른다.
180 용맹한 …… 오랑캐: '용맹한 장수'는 서한의 명장 이광(李廣)을 이르고, '설치는 오랑캐'는 토번(吐藩)을 이른다.
181 『唐詩品彙』, 〈七言絕句 三, 羽翼〉.

라고 하였고, 두보의 시에서

가을바람 산들산들 높은 깃발을 흔들고	秋風嫋嫋動高旌
장군이 활 나눠 줘 오랑캐 군영 쏘게 하네	玉帳分弓射虜營
이미 구름 사이 적박령滴博嶺[182] 거두었고	已收滴博雲間戍
다시 설산 너머 봉파성蓬婆城[183] 뺏으려 한다	更奪蓬婆雪外城[184]

라고 하였다.

杜子美和嚴武軍城早秋絶句, 嚴詩勝, 今竝記之, 以正於具眼. 嚴詩曰: "昨夜秋風入漢關, 朔雲邊雪滿西山. 更催飛將追驕虜, 莫遣沙場匹馬還." 杜詩曰: "秋風嫋嫋動高旌, 玉帳分弓射虜營. 已收滴博雲間戍, 更奪蓬婆雪外城."

33. 유주柳州[185]의 시 가운데 「남간南磵」[186] 등의 작품은 비범하여 마치 도道의 경지에 들어간 말 같다.

柳州詩南磵等作, 絶倫如入道語.

182 적박령(滴博嶺): 사천성(四川省) 이현(理縣) 서북쪽 자고산(鷓鴣山)·대백산(大白山)에 있다.
183 봉파성(蓬婆城): 사천성 무현(茂縣) 서남쪽 봉파산(蓬婆山)의 성.
184 「奉和嚴國公軍城早秋」(『唐詩品彙』, 〈七言絶句 三, 羽翼〉)
＊『杜詩詳註』에는 '欲奪蓬婆雪外城.'으로 되어 있다.
185 유주(柳州): 당나라의 문학가 유종원[柳宗元, 773~819]을 이른다. 자는 자후(子厚). 하동(河東) 사람이기에 유하동(柳河東)·하동 선생(河東先生)이라 칭하며 유주 자사(柳州刺史)를 역임하였기에 유유주(柳柳州)라고도 부른다. 당송팔대가(唐宋八大家)의 일원으로 한유(韓愈)와 함께 한류(韓柳), 유우석(劉禹錫)과 함께 유류(劉柳), 왕유(王維)·맹호연(孟浩然)·위응물(韋應物)과 함께 왕맹위류(王孟韋柳)라 병칭된다.
186 원제는 「南澗中題」(『柳河東集』)이다.

34. 허혼許渾과 유창劉滄의 회고懷古[187]를 주제로 한 작품은 또한 한 시대의 가작佳作으로, 모방해서 미칠 수 있는 것이 아니다.

한악韓偓[188]은 당나라 말엽의 사람으로, 소종昭宗의 봉상현鳳翔縣 행차에 따라 갔다가 주전충朱全忠[189]에게 미움을 받아 복주 사마濮州司馬로 좌천되었다. 당이 망하자 가족을 이끌고 남쪽으로 내려가서 왕심지王審知에게 의탁했다가 생을 마치니, 호는 옥산초인玉山樵人이다. 그의 절조節操는 마땅히 사공도司空圖[190]와 함께 찬미되어야 한다.

그의 「피난살이[避地]」 시에서

피난살이하고 있는 것만으로도 너무 슬프건만	避地淹留已自悲
한식寒食 날을 당해 눈물이 옷을 적시려 하네	況逢寒食欲沾衣
늦봄 고적한 여관에 시름겨워 앉아 있노라니	殘春孤館人愁坐
석양녘 텅 빈 정원에는 꽃이 어지러이 날리네	斜日空園花亂飛
길이 멀어 참벗이 적어질까 점점 걱정되고	路遠漸憂知己少
시절 위태로워 완상하는 마음과도 어긋나네	時危又與賞心違
하나의 이름이 매인 곳에 일이 끝이 없나니	一名所繫無窮事

187 허혼(許渾)과 유창(劉滄)의 회고(懷古): 허혼(許渾)은 회고시에 특장이 있었으며 「함양성동루(鹹陽城東樓)」·「금릉회고(金陵懷古)」·「고락성(故洛城)」·「도중한식(途中寒食)」 등이 대표적인 작품이다. 유창(劉滄)의 회고시로는 「함양회고(鹹陽懷古)」가 유명하다.

188 한악(韓偓): 당나라 말기 시인[840~ 923]. 자는 치요(致堯) 또는 치광(致光), 소자(小字)는 동랑(冬郎), 호는 옥산초인(玉山樵人).

189 주전충(朱全忠): 당을 멸망시키고 후량[後梁, 907~923]을 건국한 장군. 주온(朱溫)·주황(朱晃)이라고도 한다. 묘호는 태조(太祖). 반란군 황소(黃巢)의 진영에 있다가 당에 투항하였으며, 이후 개봉 부근의 절도사가 되었고, 황소의 난이 진압된 뒤 이 난을 진압한 돌궐 출신의 이극용(李克用)과 함께 북부의 지배권을 둘러싸고 쟁탈전을 벌여 승리하였다. 이후 소종(昭宗)에게 수도를 장안(長安)에서 근거지인 낙양(洛陽)으로 강제로 옮기게 했으며, 904년 소종을 시해하고 소종의 13살짜리 아들을 제외한 나머지 아들을 모두 죽였다. 어린 애종(哀宗)을 옹립했다가 907년 폐위하고 스스로 후량을 건국하여 황제 자리에 올랐으나, 5년 후 그의 맏아들이 그를 죽이고 제위에 올랐다.

190 사공도(司空圖): 주전충이 당조(唐祚)를 찬탈한 후 그를 불렀으나 응하지 않고, 애제가 살해되었다는 소식을 듣고는 식음을 전폐하고 죽었다.

당년에 바로 기심機心을 없애는 것은 어떨지　　爭敢當年便息機[191]

라고 하였다.

또 「춘진春盡」 시에서

봄날 애석해 연일 곤드레 취하고　　惜春連日醉昏昏
술 깨 보니 옷에 술 자국 보이네　　醒後衣裳見酒痕
가는 물줄기 꽃 띄워 큰 시내로 흘러가고　　細水浮花歸別澗
조각구름 비 머금고 외딴 마을로 들어가네　　斷雲含雨入孤村
사람이 한가하니 쉬 얻는 건 좋은 계절의 한이고　　人閑易得芳時恨
땅이 궁벽하니 부르기 어려운 건 옛날의 혼일세　　地迥難招自古魂
서로 다정히 우는 꾀꼬리에 부끄러우니　　慚愧流鶯相厚意
새벽에도 오히려 서원西園에 들른다네　　清晨猶爲到西園[192]

라고 하였다. 고단한 여로의 정상情狀이 언외言外에 나타나니 난세亂世의 사대부 자취가 슬퍼할 만하다.

許渾·劉滄懷古之作, 亦一代佳作, 摹擬不及. 韓偓, 唐季人也, 從昭宗幸鳳翔, 爲朱全忠所惡, 貶濮州司馬. 唐亡, 挈家南依王審知卒, 號玉山樵人. 其操節當與司空圖竝美. 其避地曰: "避地淹留已自悲, 況逢寒食欲沾衣. 殘春孤館人愁坐, 斜日空園花亂飛. 路遠漸憂知己少, 時危又與賞心違. 一名所繫無窮事,

---

191 「避地寒食」(『唐詩品彙』, 〈七言律詩 九, 餘響〉)
　*『청창연담』: 爭取當年便息機.
　** 避地淹留已自悲, 況逢寒食欲沾衣. 濃春孤館人愁坐, 斜日空園花亂飛. 路辱漸憂知己薄, 時危又與賞心違. 一名所繫無窮事, 爭敢當年便息機.(『韓內翰別集』, 「避地寒食」, 唐 韓偓 撰)
192 『唐詩品彙』, 〈七言律詩 九, 餘響〉.
　* 惜春連日醉昏昏, 醉後衣裳見酒痕. 細草浮花歸別澗, 斷雲含雨入孤村. 人閑易有芳時恨, 地勝難招自古魂. 慚愧流鶯相厚意, 清晨猶爲到西園.(『韓內翰別集』, 「春盡」)

爭敢當年便息機." 春盡詩曰: "惜春連日醉昏昏, 醒後衣裳見酒痕. 細水浮花歸別澗, 斷雲含雨入孤村. 人閑易得芳時恨, 地迥難招自古魂. 慙愧流鶯相厚意, 淸晨猶爲到西園." 艱難旅泊之態, 見於言外, 亂世士夫之跡, 可悲也夫!

35. 최로崔魯[193]의 「악양언회岳陽言懷」[194]에서

연기 속에 꽃 지니 청명 지나가고	煙花零落過淸明
타향의 시간은 늙은 나그네 마음	異國光陰老客情
운몽택雲夢澤[195]의 석양은 근심 속 빛이고	雲夢夕陽愁裏色
동정호洞庭湖[196]의 봄 물결 본래의 소리라네	洞庭春浪坐來聲
하늘 끝에서 한번 고향을 떠난 뒤로	天涯一與舊山別
강가에서 몇 번이나 향초 나는 걸 보았나	江上幾看芳草生
홀로 난간에 기대 생각 쏟아 내기 어려운데	獨倚闌干意難寫
흐느끼는 저물녘 피리 소리 외딴 성에서 일어나네	暮笳嗚咽起孤城[197]

라고 하였는데, 〈여향餘響〉[198] 중에서도 정밀하고 적실한 작품이다.

崔魯岳陽言懷, "煙花零落過淸明, 異國光陰老客情. 雲夢夕陽愁裏色, 洞庭春

193 최로(崔魯): 최로(崔櫓). 당나라의 시인. 잡문(雜文)을 잘 지었고, 절구에 능하여, 시의 풍격이 청려(淸麗)하였다.
194 원제는 「春晩岳陽言懷 二首」(『全唐詩』)이다.
*『唐詩品彙』에는 「春晩岳陽言懷」라고 되어 있다.
195 운몽택(雲夢澤): 운몽대택(雲夢大澤). 호북성(湖北省) 강한평원(江漢平原) 상의 고대 호박군(湖泊群)의 총칭.
196 동정호(洞庭湖): 호남성 북부 양자강 중부에 있는 호수. 중국에서 두 번째로 큰 담수호이다.
197 『唐詩品彙』, 〈七言律詩 九, 餘響〉.
198 여향(餘響): 『당시품휘』의 편명.

浪坐來聲. 天涯一與舊山別, 江上幾看芳草生. 獨倚闌干意難寫, 暮笳嗚咽起孤城.” 餘響中精切者也.

36. 죽지가竹枝歌[199]는 대대로 작자가 있지만 유우석劉禹錫과 이섭李涉[200] 두 사람의 작품이 가장 아름답다. 이섭의 시에서

형문산荊門山[201] 여울 급히 흐르는 물소리 콸콸	荊門灘急水潺潺
연무煙霧 가득한 양쪽 산기슭엔 원숭이 우네	兩岸猿啼煙滿山
나루터 소년은 나라의 부름에 응해 가서	渡頭年少應官去
달이 서산에 지는데 돌아오지 않는구나	月落西陵望不還[202]
무협의 구름 걷히니 나타나는 신녀 사당	巫峽雲開神女祠
푸른 연못에 붉은 나무 그림자 어지럽다	綠潭紅樹影參差
하뢰수下牢戍[203] 어귀에서 처음 작별해 보내고	下牢戍口初相問

199 죽지가(竹枝歌): 당나라 교방곡(敎坊曲)의 이름. 파투사(巴渝辭)·죽지사(竹枝詞)·죽지자(竹枝子)라고도 한다. 이 노래는 악부(樂府) 「근대곡(近代曲)」의 일종인데, 본래는 사천성(四川省) 동부 중경시(重慶市) 일대 파투(巴渝) 지역의 민가(民歌) 중 하나였다. 노래를 부를 때 피리와 북 등의 악기로 반주를 하며 노래에 맞춰 춤을 추었다. 당나라에 이르러 유우석이 기주 자사(夔州刺史)로 있을 때 곡조에 맞춰 가사를 채우고 『초사(楚辭)』 「구가(九歌)」를 본떠 여러 편의 가작을 지었는데, 당시 사람들이 앞다투어 창화(唱和)하여 한때 유행하였다. 당나라 사람들의 작품은 촉(蜀)의 풍경을 노래했는데, 후대에는 그 시체(詩體)를 본받았다.

200 유우석(劉禹錫)과 이섭(李涉): 유우석(劉禹錫)은 당나라의 문학가[772~842]로, 자는 몽득(夢得)이다. 시호(詩豪)로 칭해진다. 또 대대로 중산(中山)에 봉해졌기에 유중산(劉中山), 태자빈객(太子賓客)을 역임하였기에 유빈객(劉賓客)이라고도 칭한다. 시문(詩文)이 모두 아름답고 섭렵한 제재가 광범하다. 유종원(柳宗元)과 함께 유류(劉柳), 백거이와 함께 유백(劉白)이라 병칭하고, 위응물(韋應物)·백거이와 함께 삼걸(三傑)로 합칭한다. 이섭(李涉)은 당나라의 시인으로, 호는 청계(清溪)이며 국자박사(国子博士)를 역임하였기에 이박사(李博士)라고 칭한다.

201 형문산(荊門山): 호북성 의창시(宜昌市)·의도시(宜都市) 서북쪽, 장강 남안(南岸)에 있는 산.

202 『청창연담』: 日落西陵望不還.

203 하뢰수(下牢戍): 하뢰관(下牢關). 호북성 의창시 서북쪽에 있다.

무의탄無義灘 머리에서 또 다시 이별한다네	無義灘頭剩別離

천 겹의 절벽 산에 수목은 만 겹	石壁千重樹萬重
흰 구름 푸른 부용봉을 비껴 가렸네	白雲斜掩碧芙蓉
소군계昭君溪 가에 해마다 뜨는 달이	昭君溪上年年月
유독 고와서 빛이 가장 농염하다네	獨自嬋娟色最濃[204]

라고 하였다. 유우석의 시에서

강가 붉은 누각에는 금방 오던 비 멎고	江上朱樓新雨晴
양서瀼西[205] 봄물엔 물결무늬 인다네	瀼西春水縠紋生
다리의 이쪽저쪽에는 버들이 한창인데	橋東橋西好楊柳
오고 가는 사람들이 노래를 부른다네	人來人去唱歌行

짙푸른 무협巫峽에서 안개비 내릴 때	巫峽蒼蒼煙雨時
맑은 원숭이 울음이 제일 높은 가지에 난다	淸猿啼在最高枝
그중에서 근심하는 사람 창자 절로 끊어지니	箇裏愁人腸自斷
그 소리가 슬프기 때문만은 아니라오	由來不是此聲悲

성 서쪽 문 앞의 염여퇴灩澦堆[206]는	城西門前灩澦堆
해마다 물결 쳐도 꺾을 수 없네	年年波浪不能摧

204 「竹枝歌 三首」(『唐詩拾遺』, 明 高棅 編)
205 양서(瀼西): 사천성 봉절현(奉節縣) 양수(瀼水) 서안(西岸) 지역.
206 염여퇴(灩澦堆): 장강(長江) 구당협(瞿塘峽) 어구의 험한 여울에 우뚝 솟은 바위. 사천성 봉절현 동쪽에 있다.

번뇌하는 사람의 마음은 돌 같지 않나니　　懊惱人心不如石
젊을 때 동쪽으로 갔다 또 서쪽으로 오네　　少時東去復西來[207]

라고 하였다.

竹枝歌, 代有作者, 而劉禹錫·李涉兩人之作最佳. 李涉之詩曰: "荊門灘急水潺潺, 兩岸猿啼煙滿山. 渡頭年少應官去, 日落西陵望不還. 巫峽雲開神女祠, 綠潭紅樹影參差. 下牢戍口初相問, 無義灘頭剩別離. 石壁千重樹萬重, 白雲斜掩碧芙蓉. 昭君溪上年年月, 獨自嬋娟色最濃." 劉禹錫之詩曰: "江上朱樓新雨晴, 瀼西春水縠紋生, 橋東橋西好楊柳, 人來人去唱歌行. 巫峽蒼蒼煙雨時, 淸猿啼在最高枝, 箇裏愁人腸自斷, 由來不是此聲悲. 城西門前灩澦堆, 年年波浪不能摧. 懊惱人心不如石, 少時東去復西來."

37. 유우석의 시재詩才는 당대에 으뜸이었다. 그런데 논하는 이들이 말하기를 "그의 시는 재주에 누가 된 것이 많은데, 후대에 파공坡公[208]이 젊을 때 유우석의 시를 공부했다고 한다."라고 하였다.

劉禹錫詩才冠一時. 論者言: "其詩爲才所累者多, 後來坡公少時業禹錫."云.

38. 조하趙嘏[209]의 시는 「의루倚樓」만 좋은 것이 아니다. 예를 들면

207 「竹枝歌 三首」(『唐詩拾遺』)
208 파공(坡公): 소식(蘇軾)을 이른다.
209 조하(趙嘏): 당나라의 시인[약 806~약 853]. 자는 승우(承佑).

시든 연꽃에 바람 부니 향기가 말쑥하고	風動衰荷寂寞香
한 줄기 연기와 지는 달이 모두 푸르다	斷煙殘月共蒼蒼
저물녘 절에 한기 일어 물결이 연못 흔들고	寒生晩寺波搖碧
성긴 숲에 붉게 떨어진 잎이 평상에 가득하다	紅墮疏林葉滿床
길 떠나는 기러기는 남포 돛대에 놀라는 듯하고	起雁似驚南浦棹
어두운 구름은 북쪽 누각의 서리 지키려 하네	陰雲欲護北樓霜
강가의 소나무 국화도 시들어 다 질 터인데	江邊松菊荒應盡[210]
팔월 장안의 밤은 참으로 길기도 하다	八月長安夜正長[211]

같은 것은 그 자체로 아름답다.

趙嘏之詩, 不徒倚樓爲美. 如 "風動衰荷寂寞香, 斷煙殘月共蒼蒼. 寒生晩寺波搖碧, 紅墮疏林葉滿床. 起雁似驚南浦棹, 陰雲欲護北樓霜. 江邊松菊黃應盡, 八月長安夜正長." 亦自佳.

39. 옛사람이 "천지간에 맑은 기운[淸氣]이 있어, 흩어져 시인의 비장脾臟으로 들어간다."[212]라고 말하니, 맑음[淸]은 시의 본색이기에, 기이함[奇]이나 굳건함[健] 같은 것은 오히려 그다음이고, 험벽險僻·괴이怪異·침착沈着·질실質實에 이르러서는 시도詩道와 더욱 거리가 있다. 맑으면 고상한데, 고상은 성색聲色으로 구할 수 없다. 시는 반드시 소리 없는 소리와 색 없

---

210 『청창연담』: 江邊松菊黃應盡.
211 「宿楚國寺有懷」(『唐詩拾遺』)
212 「乾坤有淸氣」(『禪月集』, 唐 釋 貫休 撰)

는 색을 얻어, 맑고 맑으며 밝고 밝으며 담박하고 담박하며 투명하고 투명하여 외경이 정신과 만나고 정신이 붓에 호응하여 표현한 연후에야 거의 이단異端 외도外道가 되지 않는다. 그러므로 과거의 거장巨匠이 한가히 지내며 지은 작품을 하나하나 살펴보면 갑자기 응해 지은 작품보다 낫고 초야草野에서 지은 시가 관각館閣에서 지은 시보다 우수하니, 대개 의도를 갖고 지은 작품이 저절로 얻은 것만 못하기 때문이다.

古人云: "乾坤有淸氣, 散入詩人脾." 淸是詩之本色, 若奇若健, 猶是第二義也, 至於險也怪也沈着也質實也, 去詩道愈遠. 淸則高, 高則不可以聲色求也. 詩必得無聲之聲無色之色, 瀏瀏朗朗, 澹澹澄澄, 境與神會, 神與筆應而發之, 然後庶幾不作野狐外道. 故歷觀往匠閑居之作, 勝於應卒, 草野之音, 優於館閣, 蓋有意而爲之者, 不若得之於自然也.

40. "연못가 언덕에 봄풀 나고.[池塘生春草.]"[213]는 말하기 어려운 표현이 아니고, "빈 들보에서 제비집 진흙 떨어지네.[空梁落燕泥.]"[214]는 눈 안에 든 정경이기에 마침내 최고의 경지가 되었으니, 이야말로 저절로 터득하고 의도적 조작을 빌리지 않은 것이다. 옛사람이 "시를 배우는 것은 신선술을 배우는 것과 같아, 때가 되어야만 저절로 환골탈태한다."[215]라고 하였으니, 선인仙人에게는 평범한 사람의 기질이 없고, 아음雅音에는 평범한

---

213 池塘生春草: 남송의 시인인 사령운[謝靈運, 385~433]이 꿈에서 족제(族弟)인 사혜련[謝惠連, 397~433]에게 말하기를 "이 시구는 신의 도움이 있는 것이지 나의 말이 아니다.[此語有神助, 非吾語也.]"라고 하였다.(『詩品』)

214 薛道衡(隋), 「昔昔鹽」.

215 「次韻答秦少章」(『後山集』, 〈詩〉, 宋 陳師道 撰)

곡조가 없다. 이 원칙을 지키며 시를 지으면 거의 다른 길에서 헤매지 않으리라!

“池塘生春草.” 非難道之語, “空梁落燕泥.” 卽眼中之境, 而遂爲正覺上乘, 此乃得之自然, 無假於意造也. 古人云: “學詩如學仙, 時至骨自換.” 仙人無凡骨, 雅音無凡曲. 持是道也, 其於爲詩, 庶不迷他岐矣!

晴 窓 軟 談

청창연담

- 중 -

1. 『수훤록樹萱錄』[1]에 은군자隱君子 원찬元撰이 꿈속에서 오왕吳王 부차夫差와 당나라의 여러 시인들이 음영吟詠하는 일을 본 것을 기록해 놓았는데, 이한림李翰林[2]의 시에서

짙은 이슬이 부용꽃 붉은 가지를 누르고　　芙蓉露濃紅壓枝[3]
그윽한 새는 가을을 느껴 꽃밭에서 운다　　幽禽感秋花畔啼
아름다운 임은 한번 가 돌아오지 않건만　　玉人一去未回馬
들보 사이의 제비는 세 번이나 돌아왔네　　樑間燕子三見歸

라 하였고, 장사업張司業[4]의 시에서

1 수훤록(樹萱錄): 작가 미상의 중국 신화지괴소설집.
2 이한림(李翰林): 이백(李白)을 이른다. 이백은 한림공봉(翰林供奉)을 역임하였다.
3 『청창연담』: 芙蓉露冷紅壓枝.
4 장사업(張司業): 장적(張籍)을 이른다. 장적은 국자사업(國子司業)을 역임하였다.

청둥오리 새끼는 부평초 물고 綠頭鴨兒咂萍藻[5]
연 따는 아가씨는 시든 꽃 보고 웃네 採蓮女郎笑花老

라 하였고, 두사인杜舍人[6]의 시에

한밤 전장 북소리 바람결에 북쪽 창에서 들리고 鼓鼙夜戰北窓風
서리 맞아 붉은 단풍 계단 따라 어지러이 떨어지네 霜葉沿階貼亂紅

라 하였고, 두공부杜工部[7]의 시에

자줏빛 옷깃 헐렁한 옷에 갈포 두건 쓰고 紫領寬袍漉酒巾
쓸쓸한 강가에 한가한 사람이 되었네 江頭蕭散作閑人

라고 하였고, 백소부白少傅[8]의 시에

서리 맞은 낙엽 때문에 숲 떠난 게 아니고 不因霜葉辭林去
필연코 산 늙은이 가을 온 줄 모르는 게지 的當山翁未覺秋

라 하였고, 이하李賀의 시에

비늘처럼 공중에 솟은 벽돌담 연녹색을 벌였고 魚鱗甃空排嫩碧
이슬 맞아 찬 계수 가지에 둥근 구슬 걸렸네 露桂梢寒掛團璧[9]

라고 하였으니, 시구의 말이 모두 놀랍다.

---

5 『청창연담』: 綠頭鴨兒匝萍藻.
6 두사인(杜舍人): 두목(杜牧)을 이른다. 두목은 중서사인(中書舍人)을 역임하였다.
7 두공부(杜工部): 두보를 이른다. 두보는 검교공부원외랑(檢校工部員外郞)을 역임하였다.
8 백소부(白少傅): 백거이(白居易)를 이른다. 백거이는 태자소부(太子少傅)를 역임하였다.
9 『청창연담』: 露桂梢寒掛團壁.

樹萱錄載隱君子元撰, 夜見吳王夫差與唐諸詩人吟詠事, 李翰林詩曰: "芙蓉露冷紅壓枝, 幽禽感秋花畔啼. 玉人一去未回馬, 樑間燕子三見歸." 張司業詩曰: "綠頭鴨兒匝萍藻, 採蓮女郎笑花老." 杜舍人詩曰: "鼓鼙夜戰北窓風, 霜葉沿階貼亂紅." 杜工部詩曰: "紫領寬袍漉酒巾, 江頭蕭散作閑人." 白少傅詩曰: "不因霜葉辭林去, 的當山翁未覺秋." 李賀詩曰: "魚鱗甃空排嫩碧, 露桂梢寒掛團璧." 句語皆警.[10]

2. 『당자서문록唐子西文錄』[11]에서 말하였다.

두 사씨謝氏[12]의 시의 묘처妙處는 대개 코에 흰 흙이 없고 눈에 꺼풀이 없는 데 있다.[13] 코에 흰 흙이 없으니 자귀를 어디에 쓰고 눈에 꺼풀이 없으니 금비를 어디에 쓰랴? 이른바 흔적도 없이 자연스럽게 이루어졌으니, 천구天球[14]가 가공하지 않는 격이다.

---

10 頃在秘閣抄書, 得續樹萱錄一卷, 其中載隱君子元撰, 夜見吳王夫差與唐諸詩人吟詠事. 李翰林詩曰: "芙蓉露濃紅壓枝, 幽禽感秋花畔啼. 玉人一去未回馬, 梁間燕子三見歸." 張司業曰: "綠頭鴨兒咂萍藻, 采蓮女郎笑花老." 杜舍人曰: "鼓鼙夜戰北窻風, 霜葉沿階貼亂紅." 三人皆全篇. 杜工部曰: "紫領寬袍漉酒巾, 江頭蕭散作閒人." 白少傅曰: "不因霜葉辭林去, 的當山翁未覺秋." 李賀曰: "魚鱗甃空排嫩碧, 露桂梢寒挂團璧." 三人皆未終篇, 細味其體格語句, 往往逼眞.(『容齋隨筆』, 「續樹萱錄」, 宋 洪邁 撰)

11 당자서문록(唐子西文錄): 북송의 문학가 당경(唐庚)이 시문(詩文)에 대하여 논한 어록(語錄). 『역대시화(歷代詩話)』·『형설헌총서(螢雪軒叢書)』 등에 수록되어 있다.
*『청창연담』에는 '당자서어록(唐子西語錄)'으로 되어 있으니, 『시인옥설(詩人玉屑)』의 기록을 습용한 것으로 보인다.

12 두 사씨(謝氏): 남조 송의 사령운(謝靈運)과 남제의 사조(謝朓)를 이른다.

13 코에 …… 있다: '운근성풍(運斤成風)'과 '금비괄목(金鎞括目)'의 고사로, 고묘(高妙)한 기술을 비유하는 말이다. '운근성풍(運斤成風)'은 『장자』 「서무귀(徐無鬼)」에서 "영인(郢人)이 코끝에 흰 흙을 파리 날개처럼 얇게 바르고 장석(匠石)에게 도끼로 깎아 보라고 하자 장석이 바람 소리가 나게 도끼를 휘둘러 코는 조금도 다치지 않고 흰 흙만 떨어뜨렸다."라고 한 이야기에서 유래하였다. 그리고 '금비괄목(金鎞括目)'은 『열반경(涅槃經)』에서 "장님이 눈을 치료하기 위해 명의를 찾아가자 명의가 칼로 눈꺼풀을 절개해 눈을 뜨게 하였다."라고 한 이야기에서 유래하였다.

14 천구(天球): 옹주(雍州)에서 공물로 바치던 하늘색 옥.

사령운의 시에,

명예에 집착하면 도에 부족하니　　矜名道不足
자득하면 외물이야 별것 아니지　　適己物可忽[15]

맑은 햇살 사람을 즐겁게 하기에　　淸暉能娛人
노는 사람 편히 돌아갈 줄 모르네　　游子澹忘歸[16]

라 하였으며, 현휘玄暉[17]의 시에,

봄풀은 가을까지도 푸르건만　　春草秋更綠
공자는 서쪽으로 돌아오지 않네　　公子未西歸[18]

라 하였고, 또

큰 강은 밤낮없이 흘러가고　　大江流日夜
나그네 마음 하염없이 슬프다　　客心悲未央[19]

와 같은 말은 모두 다른 사람들이 말하지 못한 것이다.[20]

唐子西語錄云: "二謝之詩妙處, 蓋在於鼻無堊目無膜爾. 鼻無堊, 斤將曷運? 目無膜, 篦將曷施? 所謂混然天成, 天球不琢者歟!" 靈運之詩曰: "矜名道不

15 「遊赤石進帆海」.
16 「石壁精舍還湖中作」.
17 현휘(玄暉): 사조(謝朓)의 자(字)이다.
18 「酬王晉安」(『謝宣城集』, 齊 謝朓 撰)
19 「暫使下都, 夜發新林, 至京邑, 贈西府同僚.」(『謝宣城集』)
20 唐子西語錄云: …… 二公妙處, 蓋在於鼻無堊, 目無膜爾, 鼻無堊, 斤將曷運? 目無膜, 鎞將曷施? 所謂混然天成, 天球不琢者歟! 靈運如 "矜名道不足, 適已物可忽." "淸暉能娛人, 遊子澹忘歸." 玄暉詩如 "春草秋更綠, 公子未西歸." "大江流日夜, 客心悲未央."等語, 皆得三百篇之餘韻, 是以古今以爲奇作.(『詩人玉屑』, 「三謝」, 宋 魏慶之 撰)

足, 適己物可忽.” “淸暉能娛人, 游子澹忘歸.” 玄暉之詩曰: “春草秋更綠, 公子未西歸.” “大江流日夜, 客心悲未央.”等語, 皆他人所未道.

3. 추관推官 이함용李咸用은 당나라 사람이다. 그의 시는 매우 놀랍다. 예를 들면

만났을 땐 아무 말 못 하다가 見後却無語
헤어져선 오래 홀로 근심하네 別來長獨愁[21]

높은 성 삼 면은 물이고 危城三面水
고목 한쪽엔 봄이라네 古樹一邊春[22]

눈 내린 일천 산봉우리 달빛 밝고 月明千嶠雪
바람 부는 오경에 여울물 급하다 灘急五更風[23]

촛불 잦아들어도 한쪽엔 불꽃 있고 燭殘偏有焰[24]
눈이 많이 내려도 도리어 소리 없다 雪甚却無聲[25]

봄비에는 다섯 색이 있나니 春雨有五色
비 뿌리자 꽃이 어느새 피네 洒來花旋成[26]

구름에 가린 산색은 맑고도 어여쁘며 雲藏山色晴還媚

21 「秋日訪同人」(『全唐詩』)
22 「春日」(『全唐詩』)
23 「贈來進士鵬」(『全唐詩』)
24 『청창연담』에는 『시인옥설(詩人玉屑)』의 기록을 습용하여 '煙殘偏有焰.'으로 되어 있다.
25 「冬夕喜友生至」(『全唐詩』)
26 「紅薇」(『全唐詩』)

바람에 매인 물소리는 고요하다 돈다　　風約溪聲靜又回[27]

취하기도 전에 이미 깬 뒤의 생각 알고　　未醉已知醒後憶
꽃 피우려다 먼저 질 때의 근심 한다네　　欲開先爲落時愁[28]

와 같은 작품은 그대로 미칠 수 없다.[29]

李推官咸用, 唐人也. 其詩甚警. 如 "見後却無語, 別來長獨愁." "危城三面水, 古樹一邊春." "月明千嶠雪, 灘急五更風." "煙殘偏有焰, 雪甚却無聲." "春雨有五色, 洒來花旋成." "雲藏山色晴還媚, 風約溪聲靜又回." "未醉已知醒後憶, 欲開先爲落時愁." 自不可及.

4. 황도黃滔라는 사람이 있으니 또한 당나라 말엽의 인물이다. 그의 「문안聞雁」[30]에서

한가닥 소리 꿈과 갓 부딪치고　　一聲初觸夢
반백이 이미 머리를 침탈했네　　半白已侵頭

라고 하였고, 「여박旅泊」[31]에서

---

27 「題陳將軍別墅」(『全唐詩』)

28 「緋桃花」(『全唐詩』)

29 唐末詩人李推官【咸用】, 有振沙集. 如 "見後却無語, 別來長獨愁". 如 "危城三面水, 古樹一邊春." 如 "月明千嶠雪, 灘急五更風." 如 "燭殘偏有焰, 雪甚却無聲." 如 "春雨有五色, 灑來花旋成." 如 "雲藏山色晴偏媚, 風約溪聲靜又回." 如 "未醉已知醒後憶, 欲開先爲落時愁." 蓋征人凄苦之情, 讀之使人發融冶之驩於荒寒無聊之中, 動慘戚之感於笑談方懌之初. 然則謂唐人自李杜之後, 有不能詩之士者, 是曹丕火浣之論也.(『詩人玉屑』, 〈晚唐〉, 「誠齋論晚唐詩」, 宋 魏慶之 撰)

30 원제는 「河南府試秋夕聞新雁」(『黃御史集』, 唐 黃滔 撰)이다.

31 원제는 「河南府試秋夕聞新雁」(『黃御史集』)이다.
*『청창연담』에는 제목이 '여박(旅泊)'으로 오기되어 있다.

잔등殘燈은 옛 벽에 기대 있고　　餘燈依古壁
조각달은 창주滄洲[32]로 내려오네　　片月下滄洲

라 하였고, 「유동림사遊東林寺」에서

삼복에 내린 비로 절간이 서늘하고　　寺寒三伏雨
몇 왕조 자란 가지로 소나무 누웠네　　松偃數朝枝

라 하였고, 「퇴거退居」에서

청산은 차갑게 비를 띠었고　　青山寒帶雨
고목엔 밤에 원숭이 운다네　　古木夜啼猿

라고 하니, 대개 한악韓偓이나 오융吳融[33]의 부류로, 세상에서 많이 볼 수 없기에 기록한다.[34]

有黃滔者, 亦唐季人也. 其聞雁曰: "一聲初觸夢, 半白已侵頭." 旅泊曰: "餘燈依古壁, 片月下滄洲." 遊東林寺曰: "寺寒三伏雨, 松偃數朝枝." 退居曰: "青山寒帶雨, 古木夜啼猿." 蓋韓偓·吳融之流也, 世不多見故記之.

5. 산이 추우니 돌이끼 마르고　　山寒石髮瘦
물이 빠지니 수초 시들었네　　水落溪毛凋

32 창주(滄洲): 산수가 아름다운 은사(隱士)의 거처를 이른다.
33 오융(吳融): 당나라의 시인[850~903]. 자는 자화(子華).
34 誠齋序略曰: "詩至唐而盛, 至晚唐而工." 御史黃公之詩, 尤奇. 如聞雁 "一聲初觸夢, 半白已侵頭. 餘燈依古壁, 片月下滄洲." 如遊東林寺 "寺寒三伏雨, 松偃數朝枝." 如退居 "青山寒帶雨, 古木夜啼猿." 此與韓致光吳融輩並遊.(『文獻通考』, 「黃御史集」)

는 사무일謝無逸[35]의 시인데, 황노직黃魯直[36]은 조보지晁補之나 장뢰張耒[37]의 부류라고 칭하였다.[38]

"山寒石髮瘦, 水落溪毛凋." 謝無逸之詩也, 黃魯直稱爲晁·張之流.

6. 여형양呂滎陽[39]이 부리符離[40]에 살 때 지은 시에서

부귀는 허공 속의 꽃이고	富貴空中花
문장은 나무 위의 혹이네	文章木上瘿
진실된 곳을 알아야 하니	要知眞實地
화엄華嚴의 경지만 있을 뿐	惟有華嚴境

이라 하였는데, 여씨의 집안은 대대로 본래 선학禪學을 좋아했기 때문에 그 말이 이와 같다.[41]

---

35 사무일(謝無逸): 북송의 문학가 사일[謝逸, 1068~1113]을 이른다. 자는 무일(無逸), 호는 계당(溪堂). 임천(臨川) 성남(城南) 출신으로, 강서시파(江西詩派) 25인 중 한 사람이다. 종제(從弟) 사매(謝邁)와 함께 임천이사(臨川二謝), 요절(饒節)·왕혁(汪革)·사매(謝邁)와 강서시파임천사재자(江西詩派臨川四才子)로 칭해진다. 나비를 읊은 시 300수를 지었기에 사호접(謝蝴蝶)이라고 칭한다.

36 황노직(黃魯直): 북송의 문학가 황정견(黃庭堅)을 이른다.

37 조보지(晁補之)나 장뢰(張耒): 조보지는 북송의 문학가[1053~1110]로 자는 무구(無咎), 호는 귀래자(歸來子). 황정견(黃庭堅)·진관(秦觀)·장뢰(張耒)와 함께 소문사학사(蘇門四學士)의 일원이며, 장뢰와 함께 조장(晁張)으로 병칭된다. 장뢰는 북송의 문학가[1054~1114]로 자는 문잠(文潛), 호는 가산(柯山)이며 완구 선생(宛丘先生)·장우사(張右史)로도 칭해진다. 소문사학사의 일원이다.

38 冷齋夜話, 無逸工詩能文, 黃魯直讀其詩曰: "鼂張流也. 恨未識之耳." 無逸詩曰: "老鳳垂頭噤不語, 枯木槎牙噪春鳥." 又曰: "貪夫蟻旋磨, 冷官魚上竿." 又曰: "山寒石髮瘦, 水落溪毛彫." 皆爲魯直所稱賞.(『文獻通考』, 「溪堂集」)

39 여형양(呂滎陽): 북송의 학자 여희철[呂希哲, 1036~1114]을 이른다. 형양 선생(滎陽先生)으로 칭해졌다.
*『청창연담』: 呂滎陽.

40 부리(符離): 현재 안휘성(安徽省) 숙주시(宿州市) 용교구(埇橋區)에 속하는 지역.

41 後村劉氏曰: "呂滎陽, 居符離, 信民爲教官, 從滎陽學, 故紫微公, 尤推尊信民. 其詩曰: '富貴空中花, 文章木上瘿. 要知眞實地, 惟有華嚴境.' 蓋呂氏家世本喜談禪, 而紫微與信民, 皆尚禪學."(『文獻通考』,

呂滎陽居符離有詩曰: "富貴空中花, 文章木上癭. 要知眞實地, 惟有華嚴境." 呂氏家世本喜禪學, 故其語如此.

7. 객은 사직하고 돌아갈 때부터 한산하고　　客從謝事歸時散
　시는 좋아하는 사람이 없어야 공교하다　　詩到無人愛處工[42]

　외물에 흔들리지 않아야지 학문인데　　外物不移方是學
　속인은 좋아해도 시 지을 줄 모르네　　俗人猶愛未爲詩[43]

라고 한 시는 육검남陸劍南[44]의 작품인데, 유후촌劉後村[45]은 "가죽과 털이 모두 벗겨졌다."[46]라고 칭하였다.[47]

"客從謝事歸時散, 詩到無人愛處工." "外物不移方是學, 俗人猶愛未爲詩." 陸劍南之作也. 劉後村稱曰: "皮毛落盡矣."

8. 닭도 개도 울지 않는데 조수는 반쯤 빠지고 鷄犬未鳴潮半落
　풀벌레 소리 두화촌豆花村에서 들려오네　　草蟲聲在豆花村[48]

「靑溪集 一卷」)

42 「明日復理夢中意作」(『劍南詩藁』, 宋 陸游 撰)

43 「朝飢示子聿」(『劍南詩藁』)

44 육검남(陸劍南): 남송의 문학가 육유[陸游, 1125~1210]를 이른다. 자는 무관(務觀), 호는 방옹(放翁). 검문관(劍門關) 남쪽 지역인 검남(劍南)에서 벼슬을 하였기에 육검남이라 칭한다.

45 유후촌(劉後村): 남송의 시인 유극장[劉克莊, 1187~1269]을 이른다. 초명(初名)은 작(灼), 자는 잠부(潛夫), 호는 후촌(後村)이며 호방파(豪放派), 강호시파(江湖詩派)의 일원이다.

46 "外物不移方是學, 俗人猶愛未爲詩." 則皮毛落盡矣.(『後村集』, 〈詩話 下〉, 宋 劉克莊 撰)

47 後村劉氏曰: "…… 云: '客從謝事歸時散, 詩到無人愛處工.' 又云: '外物不移方是學, 俗人猶愛未爲詩.' 則皮毛落盡矣."(『文獻通考』, 「劍南詩藁」)

48 「早行」(『頤菴居士集』, 宋 劉應時 撰)

는 송 말엽 유응시劉應時[49]의 작품인데, 대개 반산노인半山老人[50]의 반열에 있는 듯하다.[51]

"鷄犬未鳴潮半落, 草蟲聲在豆花村." 宋末劉應時作也, 蓋在半山老人之行.

9. 송나라 구양백위歐陽伯威[52]는 여릉廬陵[53] 사람으로, 주익공周益公[54]과 친했는데 과거에 낙방한 뒤로 시詩에 전념하였다. 예를 들면,

가을바람 불고 오경에 비 내리는데	西風五更雨
남쪽 기러기가 전해 준 몇 줄 편지	南雁數行書
……	……
시는 기자국夔子國[55]에서 이루고	詩成夔子國
사람은 중선루仲宣樓[56]에 있다네	人在仲宣樓[57]

---

49 유응시(劉應時): 남송의 시인. 자는 양좌(良佐), 호는 이암거사(頤庵居士).

50 반산노인(半山老人): 북송의 정치가이자 학자인 왕안석[王安石, 1021~1086]을 이른다. 자는 개보(介甫), 호는 반산(半山). 당송팔대가의 일원이며, 부국강병을 위한 신법(新法)을 제정하여 실시하였다.

51 又旱行云: "鷄犬未鳴潮半落, 草蟲聲在豆花村." 使晩唐諸子與半山老人見之, 當一笑曰: "不虞君之涉吾地也, 何故?"(『文獻通考』, 「頤庵詩藁」)

52 구양백위(歐陽伯威): 남송의 시인 구양부[歐陽鈇, 1126~1202]를 이른다. 자는 백위(伯威), 호는 우암(寓庵). 평생 여러 차례 과거를 보았으나 급제하지 못하였다.
*『청창연담』: 歐伯威.

53 여릉(廬陵): 현재 강서성(江西省) 길안현(吉安縣) 영화진(永和鎭) 주가촌(周家村).

54 주익공(周益公): 남송의 문신이자 문학가인 주필대[周必大, 1126~1204]를 이른다. 자는 자충(子充)·홍도(洪道), 자호는 평원노수(平園老叟). 익국공(益国公)에 봉해졌다. 여릉(廬陵) 출신으로, 여릉사충(廬陵四忠)의 일원이다.

55 기자국(夔子國): 외국(隗國)·귀국(歸國)이라고도 한다. 기자(夔子)는 미(芈)성, 기(夔)씨로, 초나라 임금 웅역(熊繹)의 6세손 웅지(熊摯)의 후손이 건립한 나라인데, B.C. 634년에 초나라에게 멸망당하였다.

56 중선루(仲宣樓): 호북성(湖北省) 양양시(襄陽市)의 양양성(襄陽城) 동남쪽 모서리 성벽 위에 있는 누각. 동한 말의 시인 왕찬(王粲)이 양양에서 지은 「등루부(登樓賦)」를 기념하기 위해 세워졌는데, 왕찬의 자가 중선(仲宣)이므로 그와 같은 이름이 붙었으며, 왕찬루(王粲樓)라고도 한다. 황학루(黃鶴樓)·청천각(晴川閣)·악양루(嶽陽樓)와 함께 초천사대명루(楚天四大名樓)로 칭해진다.

57 「禾山秋興」(『宋詩紀事』)

가랑비 속에 짝지어 나는 백로	細雨雙飛鷺
도롱이 쓰고 홀로 낚시하는 배	寒蓑獨釣舡
꿈에서 깨어 보니 천 리 밖이고	夢回千里外
등불 돌리니 창 하나에 밤 깊다	燈轉一窓深
누가 알았으랴 반 넘어 꽃 지니	誰知花過半
그제야 술 먹자고 찾아다닐 줄	纔與酒相尋
친구는 얼굴을 보니 놀랍고	故人驚會面
말 꺼내자 새삼 울컥하네	新恨說從頭
밝은 달빛 아래 검은 원숭이 통곡하고	月白玄猿哭
깊은 밤 귀뚜라미 울음소리 구슬프다네	更殘絡緯悲
갑자기 이렇게 이별을 말하니	語離遽如許
옛이야기 또 언제나 해 볼까	話舊復何時
이 마을 저 마을 사람 불러 술 마시고	巷南巷北人招飮
비 왔다 개니 꽃을 찬찬히 본다네	一雨一晴花耐看
문 앞을 지나는 어떤 호걸스런 나그네가	有客過門湖海士
갑자기 술 마시자고 울타리 너머로 부르네	隔籬呼酒咄嗟間[58]
한림원翰林院에서 꿈 깨어 보니	夢回金馬玉堂上

58 『청창연담』: 隔籬呼取咄嗟間.

얼음 사발 눈 주발 안에 글이 있네　文在氷甌雪椀中

청산은 그대로인데 인정은 예전 같지 않아　靑山如故情非故
방초는 근심 일깨우고 시는 근심 풀어 주네　芳草喚愁詩遣愁

심란히 먼 길 가는 사람 돌아보며 말하고　擾擾征人相顧語[59]
우수수 낙엽은 가을을 이기지 못하는구나　蕭蕭落木不勝秋

바람이 전해 주는 듯 꽃소식이 이르렀고　風色似傳花信到
석양빛 기늘게 뿜는데 버들 끝 쾌청하다　夕陽微放柳梢晴[60]

천리 길에서 돌아오니 세상사는 변했는데　千里歸來人事改
십 년간 그래도 다행히 이 몸은 건사했네　十年猶幸此身存

라고 하였으며, 절구 4수에서

나무를 사랑해 지는 꽃은 젖어 날지 못하고　戀樹殘紅濕不飛
버들개지 눈처럼 떨어지고 물에 이끼 난다　楊花雪落水生衣
요즘은 온갖 생각이 싸늘한 재가 되었기에　年來百念成灰冷
말없이 봄을 보내니 봄도 스스로 돌아가네　無語送春春自歸

뽕나무와 삼은 비 맞아 더욱 푸르고　桑麻得雨更靑葱
작약은 봄을 만류해 늦은 꽃 맺었네　芍藥留春結晩紅
괴이하다 이렇게 좋은 새소리 들리니　怪得鳥聲如許好

---

59 『청창연담』: 擾擾情人相顧語.
60 『청창연담』: 夕陽微放柳梢靑.

이 몸이 오히려 첩첩산중에 있구나　　此身還在亂山中[61]

어여쁘게도 붉은 살구 가지 늘어지고　　爲憐紅杏亞枝斜
석양녘 날아가는 까마귀 떼 바라본다　　看到斜陽送亂鴉
또 이 봄날에 궁색하게 죽지 않고서　　又是一春窮不死
하늘이 눈 못 떼고 봄 경치 보게 하네　　天敎留眼看鶯花[62]

배 창가에 누워 투덕투덕 빗소리 듣노니　　篷窓臥聽疏疏雨[63]
한밤중 파초잎에 떨어지는 소리 같구나　　却似芭蕉半夜聲
물안개 하늘을 가리니 하늘이 우산 같아　　煙浪蔽天天倚蓋
대략 한 점 흰 갈매기 한 마리를 들였네　　略容一點白鷗明

등은 모두 놀라운 표현들이다. 양성재楊誠齋[64]가 일찍이 "새 울고 꽃 떨어질 제 흔연히 마음 맞는 곳에서 큰 잔에 술 따라 구양부의 시를 읊으며 바람을 몰고 운기雲氣를 타고 싶다."라고 하였다.[65]

宋歐陽伯威, 廬陵人也, 周益公相善, 不利場屋, 篤意於詩. 如 "西風五更雨,

---

61 『청창연담』: 此身如在亂山中.

62 『청창연담』: 天敎留恨看鶯花.

63 『청창연담』: 蓬窓臥聽疏疏雨.

64 양성재(楊誠齋): 남송의 시인 양만리[楊萬里, 1124~1206]를 이른다. 자는 정수(廷秀), 호는 성재(誠齋). 남송 4대가의 일원이다.

65 廬陵歐陽伯威, 少與周益公, 同場屋, 連戰不利, 遂篤意於詩, 誠齋嘗摘其警句抄之, 如 "西風五更雨, 南雁數行書." "詩成夔子國, 人在仲宣樓." "細雨雙飛鷺, 寒簑獨釣舡." "夢回千里外, 燈轉一窓深." "誰知花過半, 纔與酒相尋." "故人驚會面, 新恨說從頭." "天上張公子, 雲間陸士龍." "月白玄猿哭, 更殘絡緯悲." "語離遽如許, 話舊復何時." "巷南巷北人招飮, 一雨一晴花耐看." "有客過門湖海士, 隔籬呼酒咄嗟間." "夢回金馬玉堂上, 文在氷甌雪椀中." "靑山如故情非故, 芳草喚愁詩遣愁." "擾擾征人相顧語, 蕭蕭落木不勝秋." "風色似傳花信到, 夕陽微放柳梢晴." "千里歸來人事改, 十年猶幸此身存." 絕句四首, "戀樹殘紅濕不飛, 楊花雪落水生衣. 年來百念成灰冷, 無語送春春自歸." "桑麻得雨更靑葱, 芍藥留春結晩紅. 怪得鳥聲如許好, 此身還在亂山中." "爲憐紅杏卧枝斜, 看到斜陽送亂鴉. 又是一春窮不死, 天教留眼看鶯花." "篷窓卧聽踈踈雨, 却似芭蕉夜半聲, 煙浪蔽天天倚蓋, 略容一點白鷗明." 公跋云: "鳥啼花落, 欣然會心處, 酌大白, 噭伯威詩, 欲馭風騎氣也."(『文獻通考』, 「歐陽伯威詩」)

南雁數行書." "詩成夔子國, 人在仲宣樓." "細雨雙飛鷺, 寒蓑獨釣舡." "夢回千里外, 燈轉一窓深." "誰知花過半, 纔與酒相尋." "故人驚會面, 新恨說從頭." "月白玄猿哭, 更殘絡緯悲." "語離遽如許, 話舊復何時." "巷南巷北人招飮, 一雨一晴花耐看." "有客過門湖海士, 隔籬呼取咄嗟間." "夢回金馬玉堂上, 文在氷甌雪椀中." "靑山如故情非故, 芳草喚愁詩遣愁." "擾擾情人相顧語, 蕭蕭落木不勝秋." "風色似傳花信到, 夕陽微放柳梢靑." "千里歸來人事改, 十年猶幸此身存." 絶句四首曰: "戀樹殘紅濕不飛, 楊花雪落水生衣. 年來百念成灰冷, 無語送春春自歸." "桑麻得雨更靑葱, 芍藥留春結晩紅. 怪得鳥聲如許好, 此身如在亂山中." "爲憐紅杏亞枝斜, 看到斜陽送亂鴉. 又是一春窮不死, 天敎留恨看鶯花." "篷窓臥聽疏疏雨, 却似芭蕉半夜聲. 煙浪蔽天天倚蓋, 略容一點白鷗明." 皆警語也. 楊誠齋嘗曰: "鳥啼花落, 欣然會心處, 酌大白, 噍伯威詩, 欲馭風騎氣也."

10. 문여가文與可[66]는 이름이 동同이고 촉나라 사람으로서 진사시進士試에 우수한 성적으로 급제하였는데 시가 고결하다. 동파東坡[67]가 "여가與可에게 4절絶이 있으니, 첫째는 초사楚辭, 둘째는 초서草書, 셋째는 시詩, 넷째는 그림[畫]이다."라고 하였고, 온공溫公[68]도 "그의 시는 소쇄瀟灑하여 맑게 갠 하늘의 가을 달과 같다."라고 하였다. 그의 「진왕권의秦王卷衣」가 세상에

66 문여가(文與可): 북송의 화가이자 시인인 문동[文同, 1018~1079]을 이른다. 자는 여가(與可), 호는 소소거사(笑笑居士)·소소 선생(笑笑先生)이며, 석실 선생(石室先生)으로도 칭해진다. 소식(蘇軾)과 외사촌 형제이다.

67 동파(東坡): 소식(蘇軾)을 이른다.

68 온공(溫公): 북송의 정치가이자 사학가이자 문학가인 사마광[司馬光, 1019~1086]을 이른다. 자는 군실(君實), 호는 우수(迂叟), 시호는 문정(文正). 온국공(溫國公)에 봉해졌기에 사마온공(司馬溫公)이라고 하며, 속수 선생(涑水先生)으로도 칭해진다.

회자膾炙되는데, 그 시에서

함양의 진나라 왕실	咸陽秦王家
궁궐이 새벽노을에 밝다	宮闕明曉霞
붉은 글씨 벽루碧鏤[69]에 비치고	丹文映碧鏤
광채가 서로 겹쳐지네	光彩相鉤加
청동 용이 은 사자 쫓으니	銅螭逐銀猊
웅장한 집이 간신을 떨게 하네	壓屋矜蟠拏[70]
대궐 안엔 해와 달도 갇혀	洞戶鎖日月
그 안의 광경 휘황찬란하네	其中光景賒
봄바람이 구슬발을 흔드니	春風動珠箔
난새 장식 황금 자리 비꼈네	鸞額金窠斜
미인은 부채로 얼굴 가리고 앉아	美人却扇坐
뜰아래 꽃을 부끄럽게 보며	羞落庭下花
옥가락지를 한가롭게 놀려	閑弄玉指環
살얼음인 양 홍아紅牙[71] 연주하니	輕氷扼紅牙[72]
임금이 돌아보고 웃으며	君王顧之笑
칠보 수레를 멈추라 하네	爲駐七寶車[73]
직접 금실로 짠 옷을 마니	自卷金縷衣

69 벽루(碧鏤): 벽동(碧銅), 청동으로 용을 만들어 새긴 태자의 궁문(宮門)을 이른다.
70 『청창연담』: 壓屋驚蟠拏.
71 홍아(紅牙): 단목(檀木)의 별칭으로, 단목의 색이 붉고 단단하기에 이렇게 부른다. 또 단목으로 만든 박자판을 이르기도 한다.
72 『청창연담』: 輕氷抱紅牙.
73 『청창연담』: 爲住七寶車.

용과 난새는 어찌나 많던지　　龍鸞蔚紛葩[74]
가져다 사랑하는 이에게 주어　　持以贈所愛
기쁜 교분 끝없길 기약하네　　結歡期無涯[75]

라고 하였다.[76] 세상에서 아는 이 드물기에 그 사람의 생애도 함께 기록한다.

文與可名同, 蜀人, 進士高第, 操韻高潔. 東坡謂: "與可有四絶, 一楚辭二草書三詩四畫." 溫公亦稱: "其襟韻瀟洒, 如晴雲秋月." 有秦王卷衣篇, 爲世膾炙, 其詩曰: "咸陽秦王家, 宮闕明曉霞. 丹文映碧鏤, 光彩相鉤加. 銅螭逐銀猊, 壓屋驚蟠拏. 洞戶鎖日月, 其中光景賒. 春風動珠箔, 鸞額金窠斜. 美人却扇坐, 羞落庭下花. 閑弄玉指環, 輕氷扼紅牙. 君王顧之笑, 爲駐七寶車. 自卷金縷衣, 龍蚪蔚芬葩. 持以贈所愛, 結歡其無涯." 世罕知之, 竝表其人始末.

11. 송나라의 왕종王從[77] 정부正夫는 호가 삼근재三近齋이다. 그의 시로

낙엽 지니 나무들이 오히려 힘차고　　落木森猶力

74 『청창연담』: 龍蚪蔚芬葩.
75 『청창연담』: 結歡其無涯.
76 鼂氏曰: "文同, 字與可, 蜀人, 進士高第, 以文學名, 操韻高潔, 畫筆尤妙, 仕至太常博士集賢校理, 元豐初出守吳興, 至宛邱驛, 忽留不行, 沐浴衣冠, 正坐而逝." 東坡謂: "與可有四絕, 詩一楚詞二草書三畫四, 世少知者, 惟予一見, 識其妙處." …… 司馬温公稱: "其襟韻瀟灑如晴雲秋月, 塵埃不到, 其爲人可知矣." …… 東坡公稱: "其詩騷, 又表出 '美人却扇坐, 羞落庭下花.' 之句, 予嘗恨不見其全, 比得蜀本石室先生丹淵, 集蓋其遺文也. 於樂府雜詠, 有秦王卷衣篇曰: '咸陽秦王家, 宮闕明曉霞. 丹文映碧鏤, 光彩相鉤加. 銅螭逐銀猊, 壓屋驚蟠拏. 洞户鎖日月, 其中光景賒. 春風動珠箔, 鸞額金窠斜. 美人却扇坐, 羞落庭下花. 閑弄玉指環, 輕氷扼紅牙. 君王顧之笑, 爲駐七寶車. 自卷金縷衣, 龍鸞蔚紛葩. 持以贈所愛, 結歡其無涯.' 其語意深入騷人閫域."(『文獻通考』, 「文與可丹淵集 四十卷」)
77 왕종(王從): 남송의 시인. 대명부(大名府) 출신으로, 자는 정부(正夫)이고 왕단(王旦)의 5세손이다. 문집으로 『삼근재여록(三近齋餘錄)』이 있다.

싸늘한 산은 담색도 없어지려 한다　　寒山淡欲無

높은 누각에 올라 먼 곳을 바라보니　　地迥高樓目
찬 날씨에 고향 그리는 마음일세　　天寒故國心

찬바람 결의 먼 피리 소리　　涼風回遠笛
저물녘에 돌아오는 배　　暝色帶歸舟

먼지 낀 마음은 물을 따라 깨끗하고　　塵心依水淨
귀향하는 이의 백발 산과 함께 푸르다　　歸鬢與山青

같은 것은 만당晩唐의 시에 못지않다. 또

떨어진 꽃술은 다 제비가 물어 가기 마련이고　墮蘂盡應輸燕子
게으른 추위는 여전히 배꽃을 차지하고 있다　懶寒猶及占梨花

한차례 분 비바람이 한식寒食을 재촉하고　　一番風雨催寒食
천 리 밖 꾀꼬리와 꽃이 고향 생각나게 하네　千里鶯花想故園

몸이 한가하니 또 술주정이나 하고　　身閑更得憑陵酒
꽃이 일찍 피니 봄이 애석지 않다　　花早殊非愛惜春

가을이 산봉우리에서 나오니 구름 더욱 엷고　秋生列岫雲尤薄[78]
샘물이 골짜기에 여울지니 길이 더욱 험하다　泉瀨懸崖路更慳

---

78 『청창연담』: 秋生列岫雲猶薄.

같은 것은 강서시사江西詩社[79] 가운데 두어도 어찌 분별하겠는가?[80]

宋王從正夫號三近齋, 其詩如 "落木森猶力, 寒山淡欲無. 地迥高樓目, 天寒故國心. 涼風回遠笛, 瞑色帶歸舟. 塵心依水淨, 歸鬢與山靑." 不減晚唐. 如 "墮蘂盡應輸燕子, 懶寒猶及占梨花. 一番風雨催寒食, 千里鶯花想故園. 身閑更得憑陵酒, 花早殊非愛惜春. 秋生列岫雲猶薄, 泉瀨懸崖路更慳." 置之江西社中何辨?

12. 당나라 왕적王績[81]은 바로 문중자文中子[82]의 동생으로 당 초기 시인 중에서 최고이건만, 그의 시로 선집選集에 실려 있는 것은 다만 몇 수뿐이다.

목동은 송아지 몰며 돌아오고　　牧人驅犢返
사냥 말은 새를 걸고 돌아오네　　獵馬帶禽歸[83]

거문고 곡조는 고풍만 남았고　　琴曲唯留古

---

79 강서시사(江西詩社): 강서시파(江西詩派). 중국 문학사상 최초로 정식 명칭을 가진 시문파이다. 송 휘종 초년인 1111년경 황정견이 사망한 지 6년쯤 되던 해에 여본중(呂本中)이 「강서시사종파도(江西詩社宗派圖)」를 짓고 황정견의 창작 이론을 중심으로 형성된 시가유파(詩歌流派) 25인을 강서시파(江西詩派)라고 명명하였다.

80 三朝奉郎知信州王從正夫撰. 從文正公五世孫, 有詩文四百八十餘篇, 自題三近齋餘錄. 楊誠齋序略曰: "其詩如 '落木森猶力, 寒山淡欲無.' 如 '地迥高樓目, 天寒故國心.' 如 '涼風回遠笛, 瞑色帶歸舟.' 如 '塵心依水淨, 歸鬢與山靑.' 不減晚唐諸子. 如 '墮蘂盡應輸燕子, 懶寒猶及占梨花.' 如 '一番風雨催寒食, 千里鶯花想故園.' 如 '身閒更得憑陵酒, 花早殊非愛惜春.' 如 '秋生列岫雲尤薄, 泉瀨懸崖路更慳.' 置之江西社中何辨?"(『文獻通考』, 「三近齋餘錄」)

81 왕적(王績): 초당의 시인[약 589~644]. 자는 무공(無功), 호는 동고자(東皐子).

82 문중자(文中子): 수나라의 사상가 왕통[王通, 584~617]을 이른다. 자는 중엄(仲淹), 도호(道號)는 문중자(文中子).

83 「野望」(『東皐子集』, 唐 王績 撰)

책의 이름은 태반이 경전이네　　　　書名半是經

와 같은 시이다. 「독좌獨坐」에서는

그대에게 묻노니 한 동이 술 외에　　　　問君尊酒外
혼자 앉아서 또 무엇이 필요한가　　　　獨坐更何須
명리名理를 말하는 손이 있고　　　　有客談名理
토지세 징수하는 사람은 없네　　　　無人索地租
아들 셋은 명문가로 장가갔고　　　　三男婚令族
딸 다섯도 좋은 남편 만났다오　　　　五女嫁賢夫
한 평생을 분수대로 살았고　　　　百年隨分了
신선이 부러운 적이 없었네　　　　未羨陟方壺

라고 하였다. 왕적은 대단한 명문세가 출신으로, 사우師友 사이에서도 은정恩情이 돈독하였기에 생계를 걱정하지 않고 한결같이 세상 밖에 뜻을 두며, 절개를 굽혀 남에게 요구하지 않았으니, 이른바 복덕福德과 지혜를 둘 다 소유한 사람이다.[84]

唐王績, 卽文中子之弟也, 爲唐初詩人之第一流, 而其詩在選中者只數首. 如"牧人驅犢返, 獵馬帶禽歸." "琴曲唯留古, 書名半是經." 其獨坐云: "問君尊酒外, 獨坐更何須. 有客談名理, 無人索地租. 三男婚令族, 五女嫁賢夫. 百年

84 陳氏曰: "唐太樂丞太原王績無功撰. 文中子王通仲淹之弟也." …… 周氏涉筆曰: "舊傳四聲, 自齊梁至沈宋, 始定爲唐律, 然沈宋體製, 時帶徐庾, 未若王績剪裁鍛鍊, 曲盡清元, 眞開迹唐詩也. 如云: '牧人驅犢返, 獵馬帶禽歸.' '琴曲惟留古, 書名半是經.' …… 獨坐云: '問君尊酒外, 獨坐更何須? 有客談名理, 無人索地租. 三男婚令族, 五女嫁賢夫. 百年隨分了, 未羨陟方壺.' 無功本席世家之盛, 師友之門恩誼, 暖熱, 生理不干其心, 因得以一意世外, 不屈節求人, 所謂福慧雙入者邪!"(『文獻通考』, 「東皐子五卷」)

隨分了, 未羨陟方壺." 績席世家之盛, 師友之間, 恩誼暖熱, 生理不干于心, 因得一意世外, 不屈節求人, 所謂福慧雙入者也.

13. 일찍이 왕마힐王摩詰[85]이 「배적裴迪[86]에게 보낸 편지」[87]를 보니, 대략 다음과 같이 말하였다.

> 밤에 화자강華子岡[88]에 올라갔더니, 망천輞川에 물결이 일렁여 달과 함께 오르락내리락하고 싸늘한 산의 먼 불빛은 숲 너머에서 밝았다 꺼집니다. 긴 골목 추운 날 개 짖는 소리가 표범 같고, 마을에서 밤에 방아 찧는 소리가 또 드문드문 울리는 종소리와 번갈아 들립니다. 이러한 때 혼자 앉아 있노라면 하인도 아무 말 없이 조용히 있으니, 매양 지난날 손을 이끌고 시 짓던 생각이 납니다.
>
> 중춘에 초목이 만발하고 피라미가 물에서 튀어 오르고 흰 갈매기가 나래를 펼치며 이슬이 푸른 언덕 적시고 보리밭에서 꿩이 아침에 울 때 혹여 나와 어울려 노닐 수 있습니까?[89]

---

85 왕마힐(王摩詰): 왕유(王維)를 이른다.

86 배적(裴迪): 성당(盛唐)의 산수전원시인(山水田園詩人)이다.

87 원제는 「山中與裴秀才廸書」(『王右丞集箋注』)이다.

88 화자강(華子岡): 왕유(王維)의 은거지인 망천(輞川) 별서(別墅)의 언덕. 망천(輞川)은 현재의 서안시(西安市) 남전현(藍田縣) 망천진(輞川鎭).

89 ○夜登華子岡, 輞水淪漣, 與月上下, 寒山遠火明滅, 林外深巷, 寒犬吠聲如豹, 村墟夜舂, 復與疏鐘相間, 此時獨坐, 僮僕靜默, 多思曩昔攜手賦詩, 步仄逕, 臨清流也. 當待春中, 草木蔓發, 春山可望, 輕鯈出水, 白鷗矯翼, 露濕青皐, 麥隴朝雊, 斯之不遠, 儻能從我遊乎?(『王右丞集箋注』, 「山中與裴秀才廸書」)

○又有與廸書, 略曰: "夜登華子岡, 輞水淪漣, 與月上下, 寒山遠火明滅, 林外深巷, 寒犬吠聲如豹, 村墟夜舂, 復與疏鐘相間, 此時獨坐, 僮僕靜默, 每思曩昔携手賦詩, 當待春中, 卉木蔓發, 輕鯈出水, 白鷗矯翼, 露濕青皐, 麥雉朝雊, 倘能從我遊乎?(『文獻通考』, 「王右丞集 十卷」)

이 글을 읽고 우수에 잠기지 않은 적이 없다. 망천輞川은 본래 명승지이니 비록 쉽게 얻을 수는 없지만, 진실로 주거지로 선택한 곳이 있다면, 각기 그곳에 대해 말할 수 있다. 내 집은 송추松楸 아래에 있다. 그 지역은 비록 누추하지만 강호江湖의 즐거움이 있고 집은 비록 소박하지만 무릎을 들일 만한 방이 있으며, 곡식을 심어 입에 풀칠은 할 수 있고 삼을 심어 몸을 가릴 수 있으니, 만약 내가 자유로울 수 있다면 '하나의 나뭇가지에서 사는 편안함[一枝之安]'[90]이 어찌 마힐보다 못하겠는가마는 아무런 이유도 없는 재앙이 나를 유배지에 구속시켰다. 아! 마힐은 안록산安祿山의 변을 당했어도 다행히 관대한 은전을 입었으니, 진실로 선비가 은전을 입고 못 입는 것은 운명이다.

嘗見王摩詰與裴迪書, 略曰: "夜登華子岡, 輞水淪漣, 與月上下, 寒山遠火, 明滅林外. 深巷寒犬吠聲如豹, 村墟夜舂, 復與疏鐘相間. 此時獨坐, 僮僕靜默, 每思曩昔携手賦詩. 當待仲春, 卉木蔓發, 輕鯈出水, 白鷗矯翼, 露濕青皐, 麥雉朝雊, 倘能從我遊乎?" 讀此未嘗不有介于懷也. 輞川固名區, 雖不可易得, 苟有所卜, 各言其居也. 余廬在松楸下. 地雖陋粗, 有江湖之樂, 家雖朴粗, 有容膝之宇, 藝粟足以餬口, 種麻足以庇體. 若使我自在, 則一枝之安, 何下於摩詰, 而无妄之災, 纍我於澤畔. 噫! 摩詰之遭祿山之變, 亦幸而遇寬恩爾, 信乎士之遇不遇命也.

---

90 하나의 나뭇가지에서 사는 편안함[一枝之安]: 『장자』 「소요유」에서 허유가 요임금의 선양 제의를 거절하면서 "뱁새가 깊은 숲속에 둥지를 짓고 살 때에 나뭇가지 하나에 지나지 않는다.[鷦鷯巢於深林, 不過一枝.]"라고 하였다.

14. 수련修鍊한 모습은 학 모양과 비슷하고　鍊得身形似鶴形
천 그루 소나무 아래엔 불경 두 상자 있네　千株松下兩函經
내가 와서 조사서래의祖師西來意[91]를 물어보려 하니　我來欲問西來意
구름은 푸른 하늘에 있고 물은 병 속에 있네　雲在靑天水在甁

는 이고李翺[92]가 승려에게 지어 준 시인데, 이고의 문집에는 없는 시이기에 기록해 둔다.[93]

"鍊得身形似鶴形, 千株松下兩函經. 我來欲問西來意, 雲在靑天水在甁." 李翶贈僧詩也, 翶集中無詩, 故書以識之.

15. 고요한 기방에 바둑돌 놓는 소리　棊聲花院靜
높다란 석단에 펄럭이는 깃발 그림자　旛影石壇高

녹음은 마을과 이어져 어둡고　綠樹連村暗
유채꽃은 보리밭 속에 드문드문 폈네　黃花入麥稀[94]

인가에 한식날 달 뜨니　人家寒食月
꽃 그림자 한밤에 생기네　花影午時天

---

91 조사서래의(祖師西來意): 조주고불(趙州古佛)로 불리는 당나라 선승(禪僧) 종심(從諗)에게 어떤 승려가 "달마가 서쪽에서 온 뜻[祖師西來意]은 무엇입니까?"라고 묻자 "뜰 앞에 있는 잣나무![庭前栢樹子.]"라고 대답하였다고 한다.

92 이고(李翺): 당나라의 시인[772~841]. 자는 습지(習之). 한유(韓愈)의 친한 벗이자 질서(姪壻)로, 그의 학문을 계승 발전시켜 '한리(韓李)'라 불렸다. 문체가 웅혼하여 당시 명성을 얻었다.

93 石林葉氏曰: 李習之文辭, 高古幾可追配韓退之, 然不長於作詩, 故集中無傳, 今惟傳燈錄, 載其贈藥山僧一篇云: "鍊得身形似鶴形, 千株松下兩函經. 我來欲問西來意, 雲在靑天水在甁." 氣格與其文全不相類.(『文獻通考』, 「李文公集 十八卷」)

94 『청창연담』: 黃花入夢稀.

비가 가느니 읊조림이 생각할 만하고	雨微吟足思
꽃이 떨어지니 꿈이 무료하다네	花落夢無憀
언덕이 따뜻하니 겨울에 죽순이 솟아나고	坡暖冬生筍
솔 그늘 시원하니 여름에 사람들 건강하다	松涼夏健人
냇물 밝으니 무지개가 비를 비추고	川明虹照雨[95]
수목 빽빽해 새가 사람과 부딪치네	樹密鳥衝人
밤이 짧으니 원숭이의 슬픔이 줄어들고	夜短猿悲減
바람이 따듯하니 까치의 기쁨[96] 신통하네	風和鵲喜靈
말은 추위에 애처로운 기색 보이고	馬色經寒慘
독수리는 저녁에 주린 소리 낸다	鵰聲帶晩飢
손이 오니 마땅히 생각이 잘 맞고	客來當意愜
꽃이 피니 우연히 노래가 이뤄지네	花發遇歌成
외딴 섬 수위는 불어난 봄물 가득하고	孤嶼池痕春漲滿[97]
작은 난간에는 꽃 운치가 정오에 맑다	小欄花韻午晴初
한밤중 슬픔으로 외로운 베개 뒤척이는데	五更惆悵廻孤枕
오히려 가물거리는 등은 떨어진 꽃 비춘다	猶自殘燈照落花

95 『청창연담』: 月明虹照雨.
96 까치의 기쁨: 까치가 울면 좋은 일이 있다고 믿었다.
97 『청창연담』: 孤嶼池痕春漲雨.

등은 사공도司空圖[98]의 작품으로, 만당晩唐의 유향遺響을 볼 수 있다.[99]

"棊聲花院靜, 旛影石壇高." "綠樹連村暗, 黃花入夢稀." "人家寒食月, 花影午時天." "雨微吟足思, 花落夢無憀." "坡暖冬生筍, 松涼夏健人." "月明虹照雨, 樹密鳥衝人." "夜短猿悲減, 風和鵲喜靈." "馬色經寒慘, 鵰聲帶晩飢." "客來當意愜, 花發遇歌成." "孤嶼池痕春漲雨, 小欄花韻午晴初." "五更惆悵廻孤枕, 猶自殘燈照落花." 司空圖表聖作也, 可見晩唐遺響.

16. 소자미蘇子美[100]는 송나라 시인 중 으뜸으로, 이름은 순흠舜欽이며 기공祁公 두연杜衍[101]의 사위이다. 집현교리集賢校理·감진주원監進奏院이 되었는데, 고지전故紙錢을 사용하여 빈객에게 연회를 베풀었다는 죄로 제명除名되었다. 그 뒤 소주蘇州에 퇴출되어 살 때 수석水石을 사서 창랑정滄浪亭을 짓고 더욱 문사文辭에 힘을 기울이다 41세에 죽었다. 그의 시로

별채 깊고도 깊어 여름 대자리 청량하고　　　別院深深夏簟淸

---

98 사공도(司空圖): 만당의 시인·이론가[837~907]. 자는 표성(表聖), 자호는 지비자(知非子)·내욕거사(耐辱居士). 주전충(朱全忠)이 당조(唐祚)를 찬탈한 후 그를 불렀으나 가지 않고, 애제(哀帝)가 살해되었다는 소식을 듣고는 식음을 전폐하고 죽었다. 그는 『이십사시품(二十四詩品)』에서 시의 의경(意境)을 24품으로 나누고, 각각 4언의 운어(韻語) 12구를 사용하여 상징적으로 해설하였다.

99 容齊洪氏隨筆曰: "東坡稱: '司空表聖詩文, 高雅有承平之遺風. 蓋嘗自列其詩之有得於文字之表者, 二十四韻, 恨當時不識其妙.' 又云: '表聖論其詩以爲得味外味, 如綠樹連村暗, 黃花入夢稀. 此句最善. 又棊聲花院靜. 旛影石壇高. 吾嘗獨入白鶴觀. 松陰滿地不見一人. 惟聞棊聲, 然後知此句之工, 但恨其寒儉有僧態.' 予讀表聖一鳴集, 有與李生論詩一書, 乃正坡公所言者. 其餘五言句云: '人家寒食月, 花影午時天. 雨微吟足思. 花落夢無憀. 坡暖冬生筍, 松涼夏健人. 川明虹照雨, 樹密鳥衝人. 夜短猿悲減, 風和鵲喜靈. 馬色經寒慘, 鵰聲帶晩飢. 客來當意愜, 花發遇歌成.' 七言句云: '孤嶼池痕春漲滿, 小欄花韻午晴初, 五更惆悵廻孤枕, 猶自殘燈照落花.' 皆可稱也.(『文獻通考』, 〈經籍考, 集, 別集〉, 「司空圖 一鳴集 三十卷」)

100 소자미(蘇子美): 북송의 대신이자 문학가인 소순흠[蘇舜欽, 1008~1048]을 이른다. 자는 자미(子美). 고문운동(古文運動)을 제창하였고 시사(詩詞) 창작에 뛰어나 송시(宋詩)의 개산조사(開山祖師)인 매요신(梅堯臣)과 함께 소매(蘇梅)로 병칭된다.

101 두연(杜衍): 북송의 명신[978~1057]. 자는 세창(世昌). 두우(杜佑)의 후손. 기국공(祁國公)에 봉해졌다.

석류 만발하여 주렴을 넘어 환하다네　石榴開遍透簾明
나무 그림자 땅에 가득하니 정오 되었고　樹陰滿地日當午[102]
꿈을 깨니 꾀꼬리 때로 한소리 낸다　夢覺流鶯時一聲[103]

봄 그늘이 들에 드리우니 풀이 파릇파릇하고　春陰垂野草青青
때맞춰 피어난 그윽한 꽃에 온 나무가 환하네　時有幽花一樹明
저물녘 옛 사당 아래에 외로운 배를 정박하고　晩泊孤舟古祠下
강 가득 부는 비바람 속에 이는 조수를 본다　滿川風雨看潮生[104]

와 같은 것은 바로 위응물韋應物의 혼백이 돌아온 듯하다. 이런 재주를 지니고도 사람에게 무고를 당해 끝내 폐출되어 수용되지 못하니, 애석하다! 세도世道는 고금古今의 차이가 없으니, 어떻게 하겠는가?[105]

蘇子美, 宋之詩人之冠, 名舜欽, 杜祁公衍之壻也. 爲集賢校理·監進奏院, 坐用故紙錢會客, 除名. 及廢居蘇州, 買水石作滄浪亭, 益力於文辭, 年四十一卒. 其詩如 "別院深深夏簟清, 石榴開遍透簾明. 樹陰滿地日卓午, 夢覺流鶯時一聲." "春陰垂野草青青, 時有幽花一樹明. 晩泊孤舟古祠下, 滿川風雨看潮生." 卽韋家還魂爾. 有此才而爲人所誣, 終廢不收, 惜哉! 世道無古今之殊, 奈何乎哉?

---

102 『청창연담』: 樹陰滿地日卓午.
103 「夏意」(『蘇學士集』, 宋 蘇舜欽 撰)
104 「淮中晩泊犢頭」(『蘇學士集』)
105 鼂氏曰: "蘇舜欽字子美, 易簡之孫, 杜祁公衍之壻也. 景祐中進士, 累遷集賢校理·監進奏院, 坐用故紙錢會客, 除名, 慷慨有大志好古, 工文章, 及廢居蘇州, 買水石作滄浪亭, 益讀書, 發其憤懣於歌詩, 其體豪放往往驚人." …… 享年四十有一. …… 絶句云: "別院深深夏簟清, 石榴開遍透簾明. 樹陰滿地日卓午, 夢覺流鶯時一聲." 又云: "春陰垂野草青青, 時有幽花一樹明. 晩泊孤舟古祠下, 滿川風雨看潮生." 極似韋蘇州垂虹亭觀中秋月云: "佛氏解爲銀色界, 仙家多住玉華宮." 極工.(『文獻通考』, 「滄浪集 十五卷」)

17. 태백太白[106]은 선인仙人으로, 그의 시집에 실린 작품은 하나도 흠잡을 만한 것이 없으니, 아무리 후대의 흠 잘 잡는 사람이 있다 하더라도 석 자 입을 놀리기 어려우리라. 「상운락上雲樂」·「보살만菩薩蠻」·「독록편獨漉篇」·「천모음天姥吟」[107] 같은 작품은 모두 상제의 음악을 연주하는 듯하니, 어찌 세간의 잠꼬대하는 자들이 비슷하게 할 수 있는 것이랴?

太白, 仙人也, 集中所載, 無一可疵, 雖有後之善摘瑕者, 亦難容其三尺喙矣. 如上雲樂·菩薩蠻·獨漉篇·天姥吟等作, 俱是鈞天帝律, 豈世間噫囈者所彷彿耶?

18. 명나라 초기에 구우瞿佑[108]라는 사람이 있었는데, 그의 시는 너무 보드랍지만 또 자체로 아름다워 사랑할 만하니,

스무 날 동안 실의해 서울에 있으며	兼旬蹭蹬在京華
또 봄바람에 비낀 궁중 버들을 보네	又見東風御柳斜
객지서 좋은 계절 가는 걸 못 견뎌	客裏不堪佳節過
남의 정자 빌려 배꽃을 바라본다네	借人亭館看梨花[109]

나팔꽃은 푸르고 콩꽃은 노란데	牽牛花碧豆花黃[110]
새빨간 잠자리 바삐 물에 점 찍네	血色蜻蜓點水忙
사람이 해 저무는 어촌에 있는지	人在漁村斜照裏

106 태백(太白): 이백(李白)을 이른다.
107 천모음(天姥吟): 원제는 「夢遊天姥吟留別」(『李太白文集』)이다.
108 구우(瞿佑): 명나라의 문학가[1347~1427]. 자는 종길(宗吉), 호는 존재(存齋). 『전등신화(剪燈新話)』를 지었다.
109 「淸明」(『御選明詩』)
110 『청창연담』: 牽牛花碧豆花香.

수양 너머엔 몇 가락 짧은 젓대 소리　　數聲短笛隔垂楊[111]

파초잎 그늘지고 쑥잎 향기로운데　　蕉葉陰陰艾葉香
창포 싹은 짧고 국화 싹은 길구나　　菖蒲苗短菊苗長
간밤에 달팽이 지나간 줄 알겠구나　　夜來知有蝸牛過
한 줄기 은빛이 흰 담에 남아 있으니　　一道銀光在粉墻

주렴장막 옆엔 둥지 나온 제비 새끼 날고　　出巢新燕傍簾帷
물 가득한 방죽엔 새끼 오리 뜰락 잠길락　　乳鴨浮沈水滿陂
나뭇잎 아래 파란 벌레는 때가 되었나니　　葉底靑蟲時節至[112]
호랑나비로 변하여 꽃가지로 올라간다네　　化爲胡蝶上花枝

같은 시는 어찌 매우 아름답지 않은가?[113]

明初有瞿佑宗吉者, 其詩雖過於嫩媚, 亦自艶麗可愛, 如“兼旬蹭蹬在京華, 又見東風御柳斜. 客裏不堪佳節過, 借人亭館看梨花.” “牽牛花碧豆花香, 血色蜻蜓點水忙. 人在漁村斜照裏, 數聲蘆笛隔垂楊.” “蕉葉陰陰艾葉香, 菖蒲苗短菊苗長. 夜來知有蝸牛過, 一道銀光在粉墻.” “出巢新燕傍簾帷, 乳鴨浮沈水滿陂. 葉底靑蟲時節近, 化爲胡蝶上花枝.” 豈不佳甚?

111 『청창연담』: 數聲蘆笛隔垂楊.
112 『청창연담』: 葉底靑蟲時節近.
113 瞿宗吉佑, 錢唐人 …… 按十三紘淸明賦絶句詩, “兼旬蹭蹬在京華, 又見東風御柳斜. 客裏不甘佳節過, 借人亭館看梨花.” 池河道中詩, “牽牛花碧荳花黃, 血色蜻蜓點水忙, 人在漁村斜照裏, 數聲短笛隔垂楊.” 齋居觀物詩, “蕉葉陰陰艾葉香, 菖蒲苗短菊苗長, 夜來知有蝸牛過, 一道銀光在粉墻.” “出巢新燕傍簾帷, 乳鴨浮沈水滿陂, 葉底靑蟲時節至, 化爲蝴蝶上花枝.”(『西湖遊覽志』, 「才情雅致」, 明 田汝成 撰)

19. 동파東坡의 시와 문장은 모두 신의 경지이다. 세상에서 당나라 시문을 배우는 자들은 항상 그를 헐뜯지만, 만약 아름다운 작품을 뽑아 대략 몇 권으로 만들어 세상에 간행한다면 동파가 어찌 당나라 시대의 아름다운 작품들보다 못하겠는가? 단지 그의 일가의 기법이 매우 대단하기에 우물 속의 좁은 소견으로 드넓은 바다를 바라보는 탄식이 있을 따름이다. 만약 「사시사四時詞」를 당나라의 시 선집에 넣는다면 온정균溫庭筠이나 이상은李商隱이 꼭 선구자가 된다고 할 수 없을 것이다. 매번 그의 절구인

배꽃은 새하얗고 버들은 짙푸른데	梨花淡白柳深青
버들개지 날릴 때 성엔 꽃이 만발했지	柳絮飛時花滿城
서글프다 동쪽 난간 한 그루 눈꽃이여	惆悵東欄一株雪
한평생 몇 번이나 청명淸明을 볼지	人生看得幾淸明[114]

라는 작품을 읊노라면, 한 순간 죽고 사는 뜻을 바람 속에 피는 꽃과 연무 속의 버들 사이에 붙였기에 완전한 경지라고 말할 수 있다. 그의 「무산巫山을 지나며 두자미杜子美의 운韻을 써서 짓다」[115]라는 시에서

파巴의 풍속은 손님 간절히 붙잡는데	巴俗深留客
오나라 사람은 돌아갈 생각만 한다네	吳儂但憶歸
다만 같이 말하기 어려운 줄 알겠지만	直知難共語
일부러 어긋나게 하는 것은 아니라네	不是故相違

114 「東欄梨花」(『東坡全集』)
115 원제는 「戲題巫山縣用杜子美韻」(『東坡全集』)이다.

동현에서부터 동전의 냄새를 맡고[116]	東縣聞銅臭
강릉에서는 겹옷을 바꿔 입는다네[117]	江陵換裌衣
부디 바라건대 무협巫峽의 비여	丁寧巫峽雨
제발 새벽빛 어둡게 하지 마소	愼莫暗朝暉

라고 하니, 두보의 시풍과 몹시 비슷하기에 진실로 역아易牙[118]의 입이 아니면 치수淄水인지 승수澠水인지를 분간하기 어렵다.

東坡詩文俱神境也, 世之學唐者常訾之, 若簡摘其艶麗, 略爲數卷書行于世, 何渠不若唐家時世粧耶? 只以家數甚大, 埳井之見, 有望洋之歎爾. 如四時詞, 置之唐集, 則溫·李未必爲前茅. 每詠其絶句 "梨花淡白柳深靑, 柳絮飛時花滿城. 惆悵東欄一株雪, 人生看得幾淸明." 其俛仰遷逝之意, 寓於風花煙柳之間, 可謂十分地位. 其過巫山用杜子美韻曰: "巴俗深留客, 吳儂但憶歸. 直知難共語, 不是故相違. 東縣聞銅臭, 江陵換裌衣. 丁寧巫峽雨, 愼莫暗朝暉." 太逼杜家, 苟非易牙之口, 難辨其爲淄爲澠.

20. 동파를 비판하는 사람들은 그가 고사를 너무 많이 쓴 것을 음식을 이것저것 늘어놓은 데에 비유한다. 이러한 논리도 타당하지만, 소동파의 고사 사용은 다만 재주가 너무 많아 내놓은 말이 저절로 이루어져

---

116 동현에서부터 …… 맡고: 무산(巫山) 강가에 동전퇴(銅錢堆)와 철전퇴(鐵錢堆)라는 바위 2개가 있는데, 형(荊)과 기(夔)의 경계가 여기에서부터 나뉜다고 한다. 또 촉나라 사람들은 철전(鐵錢)을 쓰는데 무산현(巫山縣)을 지나면 동전(銅錢)을 사용한다고 한다.

117 강릉에서는 …… 입는다네: 날씨가 점차 좋아진다는 의미이다.

118 역아(易牙): 춘추 시대 제나라 환공(桓公)의 총신(寵臣). 요리를 잘하여 환공의 신임을 얻었고, 자기 자식을 삶아 바쳐서 환공에게 아첨하였다. 산동성(山東省)에 있는 치수(淄水)와 승수(澠水)는 물맛이 전혀 다르나, 섞이면 그 맛을 구별해 내기가 어려운데도 역아는 섞인 두 물의 맛을 구별해 내었다고 한다.

스스로 깨달을 수 없었을 뿐이었다는 것을 문제점으로 생각하면 될 따름이니, 어찌 이를 허물로 여길 수 있으랴?

풀 무성한 못에서 서리는 매화를 전송하고　草滿池塘霜送梅
성긴 숲 들 경치는 누대에 가깝다네　疏林野色近樓臺
하늘은 옛 월나라 감싸 구름 끝까지 뻗쳤고　天圍故越侵雲盡
밀물은 외딴 성에 올라와 달빛 띠고 돈다네　潮上孤城帶月廻
나그네 꿈 싸늘히 단풍잎 따라 끊어지고　客夢冷隨楓葉斷
수심은 나직하게 기러기 소리 좇아오는구나　愁心低逐雁聲來
흐르는 시간 속에 또 기쁘게 중양절 만나니　流年又喜經重九
흡족하게도 국화가 여기에도 피어났구나　可意黃花是處開[119]

물시계 소리 푸른 비단 창 넘어 들리고　漏聲透入碧窓紗
인적 없는 그네의 그림자 반이 비꼈네　人靜鞦韆影半斜[120]
침향 사향 피우지 않아 금 오리 향로 차갑고　沈麝不燒金鴨冷
엷은 구름에 싸인 달빛 배꽃 비추네　淡雲籠月照梨花[121]

흐린 달 성긴 별 건장궁建章宮을 두르고　淡月疏星繞建章
신선 바람은 대궐 화로의 향기 불어 준다　仙風吹下御爐香
입시한 신하들 고니처럼 통명전에 섰고　侍臣鵠立通明殿
한 떨기 붉은 구름은 황제를 받든다네　一朶紅雲捧玉皇[122]

119 「秋晩客興」(『東坡全集』)
120 『청창연담』: 人靜秋千影半斜.
121 「寒食夜」(『東坡全集』)
122 「上元侍飮樓上, 三首呈同列.」(『東坡全集』)

고깃배 돌아갈 땐 창포잎에 비 내리고　釣艇歸時菖葉雨
물레 소리 울리는 곳에 연화풍[123] 불었지　繰車鳴處楝花風
옛날 장강에서 놀았던 곳인데　長江昔日經遊地
지금도 모두 꿈속에 있다오　盡在如今夢寐中[124]

가래나무 우듬지 꽃 하늘을 뚫으려 하고　楸樹高花欲插天
따스한 바람에 더딘 해는 같이 아득하다　暖風遲日共茫然
땅에 가득 떨어진 꽃 그대도 막 봤을 테니　落英滿地君方見
서글픈 봄 경치 또 일 년이 지나간다네　惆悵春光又一年[125]

봄밤의 일각은 천금 값어치가 있나니　春宵一刻直千金
꽃엔 맑은 향 있고 달엔 그림자 있네　花有淸香月有陰
음악 연주하던 누대엔 소리 가느다랗고　歌管樓臺聲細細
그네 타고 놀던 정원엔 밤이 이슥하다오　鞦韆院落夜沈沈[126]

연못가에서 주렴 걷고 저물녘 향기 대하니　塘上鉤簾對晩香
석양빛이 벌써 침상까지 들어온 줄도 몰랐네　不知斜日已侵床
강비江妃는 강물 위를 걷던 버선이 아까운지[127]　江妃自惜凌波韈[128]

123 연화풍: 24번 화신풍(花信風)의 하나로, 모춘(暮春)에 분다.
124 「僕年三十九, 在潤州道上, 過除夜, 作此詩, 又二十年, 在惠州, 錄之以付過.」(『東坡全集』)
125 「夢中絕句」(『東坡全集』)
126 「春夜」(『東坡全集』)
＊『청창연담』: 秋千院落夜沈沈.
127 강비(江妃)는 …… 아까운지: 중국 삼국 시대 위(魏)나라의 조식(曺植)이 낙수(洛水)의 신녀(神女) 복비(宓妃)를 두고 지은 「낙신부(洛神賦)」에서 “물결 위를 사뿐사뿐 걸으니, 비단 버선에 물안개 이네.[凌波微步, 羅襪生塵.]”라고 하였는데, 당나라 시인 온정균(溫庭筠)의 「연화(蓮花)」 시에서 “응당 낙수 신녀의 물결 위 버선일지니, 지금도 연꽃 술에 향진이 묻어 있네.[應爲洛神波上襪, 至今蓮蘂有香塵.]”라고 하였다.
128 『청창연담』: 江妃自借凌波襪.

높은 연잎에 오래 있으니 부채 그림자 서늘타　長在高荷扇影涼[129]

라고 하였으니, 이와 같은 것들을 어찌 다 기록할 수 있으랴? 허혼許渾이나 유창劉滄의 무리들로 하여금 속관屬官이 되게 하지 않을 수 있겠는가?

病東坡者, 以其用古事太多, 比之飣餖. 此論亦宜矣, 東坡之用古事, 只患才之太多, 出語天成而不自覺爾, 奚可以此而尤之耶? 如 "草滿池塘霜送梅, 疏林野色近樓臺. 天闉故越侵雲盡, 潮上孤城帶月廻. 客夢冷隨楓葉斷, 愁心低逐雁聲來. 流年又喜經重九, 可意黃花是處開." "漏聲透入碧窓紗, 人靜秋千影半斜. 沈麝不燒金鴨冷, 淡雲籠月照梨花." "淡月疏星繞建章, 仙風吹下御爐香. 侍臣鵠立通明殿, 一朶紅雲捧玉皇." "釣艇歸時菖葉雨, 繰車鳴處楝花風. 長江昔日經遊地, 盡在如今夢寐中." "楸樹高花欲挿天, 暖風遲日共茫然. 落英滿地君方見, 惆悵春光又一年." "春宵一刻直千金, 花有淸香月有陰. 歌管樓臺聲細細, 秋千院落夜沈沈." "塘上鉤簾對晩香, 不知斜日已侵床. 江妃自借淩波襪, 長在高荷扇影涼." 此等何可盡記? 可令許渾·劉滄輩, 不作衙官也耶?

21. 고려와 조선에서는 모두 소동파를 숭상했다. 그래서 심지어 고려 때에는 과거의 방이 붙을 때마다 "33인의 소동파가 나왔다."라는 말까지 있었다. 근년 이래로 점차 그를 좋아하지 않게 되어 시를 짓는 자들이 모두 당나라 시인을 배우는데, 그들의 조예를 헤아려 보면 수릉壽陵의 걸음[130]에 불과할 뿐이니, 어찌 "시는 좋아하는 사람이 아무도 없는

129 「同景文詠蓮塘」(『東坡全集』)

130 수릉(壽陵)의 걸음: 한단지보(邯鄲之步). 『장자』 〈추수(秋水)〉의 "수릉(壽陵) 지방의 젊은이가 조(趙)나라의 서울인 한단(邯鄲)에 가 그곳 사람들의 세련된 걸음걸이를 배우려다가 그것을 제대로 익히지도 못하고 예전의 걸음걸이마저 잃어버렸기에 기어서 돌아왔다."라는 이야기에서 유래하여, 남을 흉내 내

곳에 이르러서야 공교해진다."[131]라는 말을 들어보지 못하였는가?

麗朝及我朝, 皆尙東坡. 故麗朝大比, 至有三十三東坡之語. 近年以來, 稍稍不喜, 爲詩者皆學唐人, 而揆其造詣則不過壽陵步爾, 豈不聞詩到無人愛處工之語耶?

22. 두보의 시를 옛사람은 주공周公이 예악 등의 제도를 만든 것에 비유하였으니, 참으로 적실한 논의이다. 후세의 두보를 배우는 자들은 잘못하면 속된 데로 빠지거나 졸렬한 데로 흘러가 버리고 심한 경우는 억세서 읽을 수 없다. 한유의 문장도 마찬가지다.

杜詩, 古人比之周公制作, 誠的論也. 後之學杜者, 不善則陷於俗流於拙, 甚則木強不可讀. 韓文亦然.

23. 회암 선생晦菴先生[132]의 시가 매우 좋아 간혹 『문선文選』 시의 경지에 근접하므로 읽어 보면 여운이 있으니, 『시경』의 정음正音에서 터득한 것이 있건만, 근세에 왕감주王弇州[133]라는 자가 조롱에 책망까지 한 이유는 무

다 도리어 고유의 기능까지 잃어버림을 비유한다.

131 「明日復理夢中意作」(『劍南詩稾』)

132 회암 선생(晦菴先生): 남송의 사상가 주희[朱熹, 1130~1200]를 이른다. 자는 원회(元晦)·중회(仲晦), 호는 회암(晦庵)·회옹(晦翁)·운곡산인(雲谷山人)·둔옹(遯翁). 도학(道學)과 이학(理學)을 아우른 송학(宋學)을 집대성하였다.

133 왕감주(王弇州): 명나라의 문학가 왕세정[王世貞, 1526~1590]을 이른다. 자는 원미(元美), 호는 봉주(鳳洲)·감주산인(弇州山人). 가정칠재자(嘉靖七才子)의 일원으로, 학식은 그중에서도 최고였기에 명대 후기 고문사파(古文辭派)의 지도자가 되었다. 격조를 소중히 여기는 의고주의(擬古主義)를 주장했다. 주요 저서로 『감주산인사부고(弇州山人四部考)』 등이 있다.

엇인가? 회암 선생이 도잠陶潛이나 위응물韋應物을 본받아 지은 작품을 왕감주로 하여금 지어 보게 한다면 십가十駕의 노력[134]을 해도 따라가지 못하리니, 안목을 갖춘 자라면 스스로 알 것이다.

晦菴先生之詩極好, 間逼選詩, 讀之有餘味, 實有得於三百之正音爾, 近世王弇州者至加嘲誚, 何也? 其效陶·韋之作, 使王爲之, 十駕不及矣, 具眼者自知之.

24. 가정嘉靖[135] 연간의 왕세정王世貞은 일세一世의 출중한 사람으로 일컬어졌으며 스스로도 양웅·사마천·반고에 비견하였는데 늘그막에 소식의 시를 위주로 하면서 때로 아주 비슷한 것을 만들었으니, 만약 『감주속고弇州續稿』를 본다면 알 수 있으리라.

嘉靖年間, 王世貞稱爲一世雄才, 其自視蓋楊·馬·班也, 而晩境主蘇詩, 時有絶相類者, 若見弇州續稿可知也.

25. 잡스럽지 않은 자는 오직 이우린李于鱗[136]뿐이리라. 그리고 대복大復[137]의 시 같은 것은 거의 당시와 형식이 비슷하다. 이우린의

134 십가(十駕)의 노력: 『순자』 〈수신(修身)〉의 "천리마가 하루에 천 리를 달리지만, 노둔한 말도 열흘을 달리면 역시 그 거리를 따라잡을 수 있다.[夫驥一日而千里, 駑馬十駕, 則亦及之矣.]"라고 한 말에서 유래하여, 보통 사람이 재주 있는 사람보다 10배의 노력을 하는 것을 비유한다.

135 가정(嘉靖): 명나라 제11대 황제인 세종 주후총(朱厚熜)의 연호로, 1522년부터 1566년까지이다.

136 이우린(李于鱗): 명나라의 문학가 이반룡[李攀龍, 1514~1570]을 이른다. 자는 우린(于鱗), 호는 창명(滄溟). 전칠자(前七子)를 계승해 사진(謝榛)·왕세정(王世貞) 등과 문학복고운동을 창도하여 후칠자(後七子)의 영수가 되었다. 그는 종공거장(宗工巨匠)으로 추존되어 청나라 초기까지 영향을 끼쳤다.

137 대복(大復): 명나라의 문학가 하경명[何景明, 1483~1521]을 이른다. 자는 중묵(仲默), 호는 백파(白坡)·대복산인(大復山人). 전칠자(前七子)의 일원으로서 이몽양(李夢陽)과 함께 문단의 영수가 되었다. 그의 문학은 한나라·당나라의 것을 모범으로 삼았다.

술동이 앞에 두고 병이 나아 한식날 맞으니 樽前病起逢寒食
객지살이하며 꽃 피는데 친구와 이별한다네 客裏花開別故人[138]

라고 한 것과 대복의

장화대章華臺[139]에 날 저물고 봄놀이 다하니 章華日晩春遊盡[140]
운몽택雲夢澤은 추운데 밤 사냥 잦다네 雲夢天寒夜獵多[141]

라고 한 것은 비록 당나라 사람이라도 어찌 쉽게 미치겠는가?

不雜者, 其惟李于鱗乎. 若大復之詩, 幾乎唐樣. 于鱗之 "樽前病起逢寒食, 客裏花開別故人." 大復之 "章華日暮春遊盡, 雲夢天寒夜獵多."者, 雖唐人豈易及也?

26. 공동空同[142]의

십 년 동안 쫓겨나니 양원梁苑[143]과 같아 十年放逐同梁苑
한밤중에 슬피 노래하며 효종 위해 운다[144] 中夜悲歌泣孝宗[145]

---

138 「送郭子坤下第還濟南」(『滄溟集』, 明 李攀龍 撰)

139 장화대(章華臺): 초나라의 이궁(離宮)으로 천하제일대(天下第一臺)로 칭해졌는데, 호북성 잠강(潛江) 용만(龍灣) 부근에 있었다고 한다.

140 『청창연담』: 章華日暮春遊盡.

141 「華容弔楚宮」(『大復集』, 明 何景明 撰)

142 공동(空同): 명나라의 문학가 이몽양[李夢陽, 1473~1530]을 이른다. 자는 헌길(獻吉), 호는 공동(空同). 복고파 전칠자의 영수로 '문필진한(文必秦漢), 시필성당(詩必盛唐).'을 제창하였다.

143 양원(梁苑): 서한의 양효왕(梁孝王)이 지은 동원(東苑). 양효왕이 이곳에 빈객을 널리 맞아들였으니 당시의 명사인 사마상여(司馬相如)·매승(枚乘)·추양(鄒陽) 등이 초치되었다.

144 효종 위해 운다: 명 효종(孝宗)이 이몽양(李夢陽)을 총애하여 간신들의 공격으로부터 보호해 주며 "너희들이 몽양을 죽이려고 하지만, 내 어찌 곧은 신하를 죽여 너희들의 마음을 통쾌하게 하겠는가?"라고 하였다. 이에 이몽양이 시를 지어 명나라 효종을 송나라 효종에 비유하였다.(『明史』, 〈文苑列傳〉, 「李夢陽」)

145 「限韻贈黃子」(『空同集』, 明 李夢陽 撰)

라고 한 것은 격앙되고 돈좌하여 읊조리면 눈물이 흐르지만, 두소릉杜少陵[146] 보다는 못하다.

空同之 "十年放逐同梁苑, 中夜悲歌泣孝宗." 激昂頓挫, 詠之淚下, 後少陵也.

27. 안원헌晏元獻[147]은 가사歌詞를 잘 짓는데, 시 역시 아름다우니, 매양

유벽거와 향거[148]를 다시 만나지 못하니　　油壁香車不再逢[149]
무산의 신녀는 어디 있는지 종적이 없다　　峽雲無跡任西東
배꽃 핀 뜨락에는 휘영청 달빛이 밝고　　梨花院落溶溶月
버들개지 날리는 못 둑엔 산들바람 분다　　柳絮池塘澹澹風
며칠이나 적막히 술에 절어 보냈나　　幾日寂寥傷酒後[150]
또 한 번 쓸쓸히 한식을 지낸다오　　一番蕭瑟禁煙中[151]
편지 부치려 해도 어떻게 전달하나　　魚書欲寄何由達
물 멀고 산 길기는 어디나 같다네　　水遠山長處處同[152]

라는 시를 읊을 때마다 느끼지도 못하는 사이에 번남樊南[153]이 송나라에 다시 출현한 듯하다.

146 두소릉(杜少陵): 두보를 이른다.
147 안원헌(晏元獻): 북송의 문학가이자 정치가인 안수[晏殊, 991~1055]를 이른다. 자는 동숙(同叔), 시호는 원헌(元獻).
148 유벽거와 향거: 유벽거(油壁車)는 벽에 기름으로 장식한 수레, 향거(香車)는 향나무로 만든 화려한 수레로, 모두 미인의 수레를 의미한다.
149 『청창연담』: 油壁車輕不再逢.
150 『청창연담』: 幾日寂寥中酒後.
151 『청창연담』: 一番蕭索禁煙中.
152 「無題」(『元獻遺文』, 宋 晏殊 撰)
153 번남(樊南): 당나라의 시인 이상은(李商隱)을 이른다.

晏元獻長於歌詞, 詩亦媚斌, 每詠 “油壁車輕不再逢, 峽雲無跡任西東. 梨花院落溶溶月, 柳絮池塘澹澹風. 幾日寂寥中酒後? 一番蕭索禁煙中. 魚書欲寄何由達? 水遠山長處處同.” 之詩, 不覺樊南再見於宋世也.

28. 감주弇州[154]의 시는 매우 대단하여 읊을 만한 것을 다 기록할 수 없다.

여리여리한 아가씨의 집은 장강 가에 있는데	細娘家在大江頭
모두 솜씨 좋게 즐겁게 만드니 막수라 부르네	摠爲工歡字莫愁
달 밝은 밤 나지막이 관산곡關山曲[155] 부르면	月明低按關山曲[156]
어디선들 나그네가 눈물을 흘리지 않을까	何處行人不淚流[157]
그대 잡아 둘 꾀 없기에 한스러워 안절부절	留君無計恨悤悤
술자리 파했지만 곡은 아직 끝나지 않았네	盡酒停杯曲未終
배는 서흥西興[158]에 도착하고 조수도 이미 빠졌으니	船到西興潮已落
내일 아침에 또다시 석우풍石尤風[159]이나 불었으면	明朝還起石尤風[160]
곱게 단장한 미녀가 상앗대에 기댔는데	越女紅粧隱畫橈

154 감주(弇州): 왕세정(王世貞)을 이른다.
155 관산곡(關山曲): 한(漢)나라 악부(樂府)의 횡취곡(橫吹曲)인 관산월(關山月)을 이른다. 대부분 이별을 슬퍼하는 내용이다.
156 『청창연담』: 月明低按關山譜.
157 「莫愁樂」(『弇州四部稿』, 〈詩部〉, 明 王世貞 撰)
158 서흥(西興): 나루터의 이름. 절강성(浙江省) 소산시(蕭山市) 서북쪽에 있다. 춘추 시대 때 월나라의 범려(範蠡)가 이곳에 성을 쌓았다고 한다.
159 석우풍(石尤風): 상인 우(尤) 씨의 아내 석(石) 씨가 멀리 장사하러 가서 돌아오지 않는 남편을 그리워하다가 죽게 되자, 당시에 떠나는 배를 붙잡지 못한 것을 한스러워하며 “멀리 떠나는 배가 있으면 내가 마땅히 천하의 아내들을 위해 큰 바람을 일으켜 막겠다.”라고 하였다. 이로부터 역풍이나 회오리바람이라는 뜻으로 사용된다.
160 「西興詞」(『弇州四部稿』, 〈詩部〉)

놀란 파도는 끝없어 설산이 흔들리는 듯　　驚波無際雪山搖
서둘러 재회하자고 약속한 님 보러 가니　　貪趨破鏡西陵約
풍랑 이는 강물 팔월 조수도 두렵지 않네　　不怕風江八月潮[161]

강가의 사내는 자주 왔다 갔다 하며　　江上檀郎來往頻
너울너울 고운 춤으로 강신께 제사하네　　婆娑妙舞賽江神
올 때는 바람과 물이 배 뒤를 따르고　　來時風水隨船尾
가려고 하면 열흘쯤 사나운 파도 쳤으면　　欲往驚濤好涉旬[162]

열다섯 살 소녀 아리따운 얼굴로　　十五女兒好容顏
버들개지처럼 몹시도 까불거리네　　恰似楊花太劇顚
새로 물 불어난 오교를 빨리 건너려고　　貪過吳橋新水發
비단 저고리 젖어도 아까운 줄 모르네　　濕着羅襦不解憐[163]

기방의 아가씨가 아쟁을 타는데　　靑樓小婦熨瑤箏[164]
날리는 눈이 창을 때려 수많은 옥 소리 낸다　　飛雪敲窓萬玉聲
피리 소리는 날이 추워 끊어지고　　三十六簧寒不起
날이 새도록 금루곡金縷曲[165]을 부른다네　　自歌金縷到天明[166]

와 같은 작품은 모두 악부의 영향을 받은 것으로서, 그 자체로 사람들이 미칠 수 없게 한다.

---

161 「橫江詞 四首 其一」(『弇州四部稿』, 〈詩部〉)
162 「橫江詞 四首 其二」(『弇州四部稿』, 〈詩部〉)
163 「吳中迎春曲 八首」(『弇州四部稿』, 〈詩部〉)
164 『청창연담』: 靑樓少婦熨瑤箏.
165 금루곡(金縷曲): 사패(詞牌)의 이름. 「하신랑(賀新郞)」·「유연비(乳燕飛)」라고도 한다.
166 「燕京四時樂 四首 其四」(『弇州四部稿』, 〈詩部〉)

弇州之詩甚大, 其可詠者不可盡記. 如 "細娘家在大江頭, 摠爲工歡字莫愁. 月明低按關山譜, 何處行人不淚流." "留君無計恨悤悤, 盡酒停杯曲未終. 船到西興潮已落, 明朝還起石尤風." "越女紅粧隱畫橈, 驚波無際雪山搖. 貪趨破鏡西陵約, 不怕風江八月潮." "江上檀郎來往頻, 婆娑妙舞賽江神. 來時風水隨船尾, 欲往驚濤好涉旬." "十五女兒好容顏, 恰似楊花太劇顚. 貪過吳橋新水發, 濕着羅糯不解憐." "青樓少婦熨瑤箏, 飛雪敲窓萬玉聲. 三十六簧寒不起, 自歌金縷到天明." 皆是樂府遺響, 而自令人不可及.

29. 공동空同의 시

황학루 앞에는 석양이 저물려 하고　黃鶴樓前日欲低
한양성 나무에는 어지러이 까마귀 운다　漢陽城樹亂烏啼[167]
밤에 정박한 외딴 배엔 동쪽으로 유람 갈 객 있으니　孤舟夜泊東遊客
장강이 서쪽으로 흐르지 않아 한스럽다네　恨殺長江不向西[168]

이월에 조각배 절서浙西[169]를 지나니　二月扁舟過浙西
초운楚雲[170]은 언제 오계浯溪[171]를 건널까　楚雲何日渡浯溪
전남滇南[172]의 작은 성곽엔 푸른 산 둘렀는데　滇南小郭青山遶
꽃이 피고 꾀꼬리는 한결같이 우는구나　花發流鶯一樣啼[173]

---

167 『청창연담』: 漢陽城樹亂鴉啼.
168 「夏口夜泊別友人」(『空同集』)
169 절서(浙西): 양절서로(兩浙西路). 절강(浙江) 북부와 강소(江蘇)의 소남(蘇南) 지역을 포괄한다.
170 초운(楚雲): 초나라의 구름으로, 남쪽의 구름을 의미한다. 오랫동안 벗과 멀리 떨어져 있으면서 서로 그리워하는 정을 표현할 때 쓴다.
171 오계(浯溪): 호남성(湖南省) 기양현(祁陽縣) 서남쪽을 흐르는 하천.
172 전남(滇南): 운남성(雲南省)의 별칭.
173 「送王呈貢赴縣」(『空同集』)

는 한림翰林과 습유拾遺[174]의 작품 가운데 두어도 무슨 손색이 있겠는가?

空同之詩, "黃鶴樓前日欲低, 漢陽城樹亂鴉啼. 孤舟夜泊東遊客, 恨殺長江不向西." "二月扁舟過浙西, 楚雲何日渡浯溪. 滇南小郭青山遶, 花發流鶯一樣啼." 置之翰林·拾遺之間, 何讓焉?

30. 유장경劉長卿[175]이 가생賈生[176]을 읊은 시

한 문세는 노는 있어도 은혜는 오히려 박했네　漢文有道恩猶薄
상수湘水가 무정하니 조곡한들 어찌 알까[177]　湘水無情弔豈知[178]

는 완곡하게 하면서 다그치지 않았다 할 만하다. 한릉漢陵을 읊은 시에서

똑같이 무너진 언덕으로 가을 풀 속에 있건만　一種毁原秋草裏
행인들은 여전히 한 문제 능에 참배한다네　路人猶拜漢文陵[179]

라고 하니 신의新意라고 할 만하다.

劉長卿之詠賈生曰: "漢文有道恩猶薄, 湘水無情弔豈知?" 可謂婉而不迫. 詠

---

174 한림(翰林)과 습유(拾遺): 한림은 이백(李白)을, 습유는 두보(杜甫)를 이른다.
175 유장경(劉長卿): 당나라의 대신·시인[718~790]. 자는 문방(文房). 수주 자사(隨州刺史)를 지냈기에 유수주(劉隨州)라고 칭하며, 오언시를 잘 지었기에 오언장성(五言長城)이라고 자칭하였다.
176 가생(賈生): 서한의 저명한 정론가(政論家)이자 문학가인 가의[賈誼, B. C. 200~B. C. 168]를 이른다.
177 한 문제는 …… 어찌 알까: 한나라 가의(賈誼)가 문제(文帝) 때 중용되었다가 대신들의 질투 때문에 장사왕(長沙王) 태부(太傅)로 좌천되어 남쪽으로 가던 중 상수(湘水)를 건너다, 그곳에 빠져 죽은 굴원(屈原)을 조문하는 「조굴원부(弔屈原賦)」를 지어 상수에 던졌다.
178 「長沙過賈誼宅」(『劉隨州集』, 唐 劉長卿 撰)
179 허혼(許渾)의 '一種青山秋草裏, 路人唯拜漢文陵.'(『丁卯詩集』, 〈近體詩〉, 「途經秦始皇墓」)을 유장경(劉長卿)의 작품으로 착각한 것 같다.

漢陵曰: "一種毁原秋草裏, 路人猶拜漢文陵." 可謂新意.

31. 송나라의 절구로는 의당 개보介甫[180]를 최고로 쳐야 하니, 그의 「야직夜直」 시

금향로에 향 꺼지고 물시계 소리 가냘픈데	金爐香盡漏聲殘
선들선들 가벼운 바람에 점점 추워지네	翦翦輕風陣陣寒[181]
봄 경치 걱정케 해 잠 이루지 못하는데	春色惱人眠不得
달 이울어 꽃 그림자는 난간 위에 있다	月移花影上闌干[182]

는 정밀하고 뛰어나 비할 것이 없다.

宋之絶句介甫當爲之首, 其夜直詩曰: "金爐香盡漏聲殘, 剪剪輕風陣陣寒. 春色惱人眠不得, 月移花影上闌干." 精絶無比.

32. 조송설趙松雪[183]의 시

봄추위 썰렁해 덧문을 닫아걸었는데	春寒惻惻掩重門
향로엔 향 사그라져도 불엔 온기 남았네	金鴨香殘火尙溫[184]

180 개보(介甫): 왕안석(王安石)을 이른다.
181 『청창연담』: 剪剪輕風陣陣寒.
182 『臨川文集』, 〈律詩〉, 宋 王安石 撰.
183 조송설(趙松雪): 송말 원초의 서화가인 조맹부[趙孟頫, 1254~1322]를 이른다. 오흥(吳興) 사람. 자는 자앙(子昂), 호는 송설도인(松雪道人)·수정궁도인(水晶宮道人)·구파(鷗波), 시호는 문민(文敏). 해서사대가(楷書四大家)의 일인이다.
184 『청창연담』: 金屋無人火尙溫.

제비는 오지 않는데 꽃은 또 떨어지고　　燕子不來花又落
뜰 가득 비바람 치니 그대로 저물녘이네　　一庭風雨自黃昏[185]

는 왕안석의 「야직夜直」과 쌍벽을 이룰 만하다.

趙松雪之詩, "春寒惻惻掩重門, 金屋無人火尙溫. 燕子不來花又落, 一庭風雨自黃昏." 可與介甫夜直之作竝駕.

33. 구양공歐陽公[186]을 세상에서는 통달한 유학자로만 알 뿐 그에게 어느 정도의 호기豪氣가 있는지 알지 못한다. 일찍이 그의 가사歌詞를 보니 구름 위를 솟구칠 만한데,

그대에게 금 술잔에 술 가득가득 부어 권하니 勸君滿滿酌金甌
설령 꽃 필 때 늘 곤드레만드레 취해도　　縱使花時常病酒
이 또한 풍류라네　　也是風流[187]

와 같은 것은 비록 『화간집花間集』[188] 속의 시인들에게 짓게 하더라도 꼭 그 수준에 이르지는 못하리라.

歐陽公世知其爲通儒而已, 不知其有豪氣如許也. 嘗觀其歌詞, 足以凌雲, 如 "勸君滿滿酌金甌, 縱使花時常病酒, 也是風流." 雖使花間諸子爲之, 未必及之.

---

185 「絕句」(『松雪齋集』, 元 趙孟頫 撰)
186 구양공(歐陽公): 구양수(歐陽修)를 이른다.
187 「浪淘沙 五」(『文忠集』, 〈近體樂府〉, 宋 歐陽修 撰)
188 화간집(花間集): 오대(五代) 때의 사(詞) 선집(選集). 후촉(後蜀)의 조숭조(趙崇祚)가 18인의 작품 500수를 모아 전 10권으로 편찬하였다.

34. 산곡山谷과 간재簡齋[189]의 가사歌詞도 좋은데, 이 몇 사람은 문장의 격운格韻도 모두 넉넉하기에 이들을 추존해 짓는다면 아름답지 않을 것이 없으리라.

山谷·簡齋, 歌詞亦好, 玆數子輩, 其文章格韻, 皆有餘, 推而爲之, 無不佳也.

35. 송나라 정위丁謂[190]에게 방외方外의 친구 유둔劉遁[191]이라는 자가 있었다. 그가 일찍이 정위에게 준 시 한 구절에서

옛날에 학 타고 큰 바다에서 노닐다	他時駕鶴遊滄海
봉래 섬의 첫봄을 같이 보았다네	同看蓬萊島上春

라고 하였는데, 정위는 그 뜻을 깨닫지 못하였다. 그가 남쪽으로 좌천되었을 때 유둔이 애주崖州[192]로 자신을 만나러 오자, 정위는 그때서야 그 시의 뜻이 한상韓湘의 고사[193]와 대략 같다는 것을 깨달았으니, 진실로 인생의 영화와 몰락은 본래 미리 정해진 것이 있어 인위적으로 옮겨 바꿀 수 없다.[194]

---

189 산곡(山谷)과 간재(簡齋): 산곡은 황정견(黃庭堅)을, 간재는 진여의[陳與義, 1090~1139]를 이른다.
190 정위(丁謂): 북송 초기의 재상·간신(奸臣)·오귀(五鬼)의 일인[966~1037]. 자는 공언(公言), 소자(小字)는 위지(謂之). 봉호가 진국공(晉國公)이기에 정진공(丁晉公)이라고 부른다.
191 유둔(劉遁): 북송의 도사(道士).
192 애주(崖州): 현재의 해남성(海南省) 삼아시(三亞市) 서부 지역.
*『청창연담』: 厓州.
193 한상(韓湘)의 고사: 한상은 당나라 팔선(八仙) 가운데 한 사람으로, 숙부 한유에게 벼슬을 버리고 선도를 배우라고 권하였으나 한유는 이단이라며 배척하고 따르지 않았다. 그가 도술로 만든 꽃에 "구름이 진령(秦嶺)에 비꼈으니 집은 어디인가? 눈이 남관(藍關)을 둘러 말이 나가지 못하네.[雲橫秦嶺家何在? 雪擁藍關馬不前.]"라고 적혀 있었는데, 한유는 그 뜻을 깨닫지 못하였다. 그 뒤 한유가 불골(佛骨)을 맞아들이는 일을 반대하다 좌천되어 조주(潮州)로 가는 길에 남관을 지나다가 큰 눈을 만나 말이 힘들어하자 그 뜻을 비로소 깨달았다. 그때 홀연히 찾아온 한상에게 한유가 "자네의 말이 맞았다!"라고 했다.
194 宋丁謂與道士劉遁往來, 一時遁作詩贈謂曰: "他時駕鶴遊滄海, 同看蓬萊頂上春." 謂莫曉其意, 及南宋丁謂有一方外交劉適者, 嘗贈謂詩一句有曰: “他時駕鶴遊滄海, 同看蓬萊島上春.” 謂莫曉其意. 及南遷, 適見於崖州, 謂方悟其詩意與韓湘事略同, 信乎人生榮落, 自有前定, 不可以人爲移易也.

36. 감주弇州의 시

저녁 별은 가는 나를 전송하고　　昏星送儂去
새벽 별은 돌아가는 나를 전송하니　　晨星送儂歸
창 앞의 여러 새들은　　窓前百種鳥
누구 때문에 편히 깃들지 못하나　　爲誰不安棲[195]

궁중 소녀들 튼 머리 까마귀처럼 까맣고　　宮中小女髻如鴉
손에 손 잡고 발 구르며 양백화[196] 부르네　　連臂蹋足唱楊花
눈보다 완전히 더 흰 버들꽃을 노래하니　　唱得楊花渾勝雪[197]
회오리바람이 뉘 집에 부는지 모르겠네　　不知飄向阿誰家
북쪽 변경과 강남을 바라보니 어찌 그리 끝없나　　塞北江南望何極
형도에 숨은 까마귀 백문白門[198]의 색이라네　　衡道藏鴉白門色

遷, 適見之於崖山, 謂方悟其詩意, 乃知適異人也. 與之泛舟海上而飮且曰: “成子之詩意也.”(『山堂肆考』, 「作詩贈丁謂」, 明 彭大翼 撰)

195 「夜度娘」(『弇州四部稿』)
*『청창연담』: 誰爲不安棲.

196 양백화: 악부 잡곡가사 중의 하나. 양백화(楊白花)는 본래 위(魏)나라 명장 양대안(楊大眼)의 아들인데, 젊어서부터 용력이 있고 외모가 출중하며 건장하였다. 위나라 호 태후(胡太后)가 그에게 반해 강제로 간통하려고 하자 양백화는 화가 미칠까 두려워 부하들을 이끌고 양나라에 투항하고, 이름을 화(華)로 바꾸었다. 양백화가 양나라로 달아난 뒤에도 여전히 그를 그리워하던 호 태후가 노래를 지어 궁인들로 하여금 밤낮으로 손을 잡고 발을 구르며 노래 부르게 한 것이 「양백화(楊白花)」라고 한다.

197 『청창연담』: 唱得楊花渾似雪.

198 백문(白門): 남조 송나라의 도성 건강[建康, 현재의 남경] 선양문(宣陽門)의 속칭.

모래 쌓이고 날이 추워 파랗게 되지 못해　沙深日冷不得青
홀로 긴 가지 안고 세 번 탄식한다네　獨抱長條三歎息[199]

작은 뜰에서 생황 연주하고　小院熨瑤笙[200]
미녀들 줄 맞춰 인사드리네　紅粧按隊呈
모두들 향기로운 입으로　都將蘭麝口
불어 봉황의 울음소리 만드네　吹作鳳凰鳴
곡조 끝나자 그대로 춤추게 하니　曲終仍教舞
늘어뜨린 손이 짐짓 곱디곱네　垂手故盈盈
어찌 그리 오래 춤을 추어　詎是長持履
바람결에 높게 원망하는 소리 내나　臨風驕怨聲[201]

가을 물처럼 맑은 눈동자　秋水剪明眸[202]
꼿꼿이 화려한 누각으로 나오네　亭亭出畫樓
손님 맞아 대수수大垂手[203] 춤 추니　邀他大垂手
금전두錦纏頭[204] 아까워하지 않네　不惜錦纏頭
춤 파하자 향기는 자취 없고　舞罷香無跡[205]
노래 잦아들었어도 비취 거둬들이지 않네　歌殘翠未收

---

199 「楊白花」(『弇州四部稿』)
　*『청창연담』: 獨把長條三歎息.
200 『청창연담』: 小院熨瑤箏.
201 「小垂手」(『弇州四部稿』)
　*『청창연담』: 臨風嬌怨聲.
202 『청창연담』: 秋水翦明眸.
203 대수수(大垂手): 춤의 이름.
204 금전두(錦纏頭): 기녀에게 주는 재물.
205 『청창연담』: 舞罷香無迹.

순우곤淳于髡만 남겨 두고[206] 촛불 다 꺼지니　　留髡燭盡滅
다시 더불어 이주가伊州歌[207] 연주하네　　更與按伊州[208]

오중吳中의 아가씨가 하얀 모시옷 입고　　吳中女兒白紵衣
저물녘 횡당橫塘[209]에서 상앗대 저어 돌아가네　　薄暮橫塘蕩槳歸[210]
연꽃 핀 나루에는 사람이 보이지 않는데　　荷花港裏無人見
놀라 일어난 가마우지 떼 지어 날아간다　　驚起鸕鷀隊隊飛[211]

는 진陳나라와 수나라 시기 사이의 음률이다.

弇州之詩, "昏星送儂去, 晨星送儂歸. 窓前百種鳥, 誰爲不安棲?" "宮中小女髻如鴉, 連臂蹋足唱楊花. 唱得楊花渾似雪, 不知飄向阿誰家. 塞北江南望何極? 衡道藏鴉白門色. 沙深日冷不得靑, 獨把長條三歎息." "小院熨瑤箏, 紅粧按隊呈. 都將蘭麝口, 吹作鳳凰鳴. 曲終仍敎舞, 垂手故盈盈. 詎是長持履? 臨風嬌怨聲." "秋水翦明眸, 亭亭出畫樓. 邀他大垂手, 不惜錦纏頭. 舞罷香無

---

206 순우곤(淳于髡)만 남겨 두고: 순우곤을 술자리에 동석하게 한다는 뜻으로, 술자리에서 각별히 대접하는 것을 비유한다. 전국 시대 제나라 위왕이 술자리를 마련하고 순우곤에게 "그대는 얼마나 마시면 취하는가?"라고 묻자, "신은 한 말을 마셔도 취하고 한 섬을 마셔도 취합니다."라고 대답하였다. 위왕이 "한 말을 마셔도 취하는 사람이 어찌 한 섬을 마실 수 있단 말인가?"라고 반문하자, 순우곤이 "만약 고관대작들이 지켜보는 자리에서 마신다면 두려워 한 말도 못 마시고 취할 것이며, 또 근엄한 친척 어른들을 모시고 마신다면 자주 일어서서 술잔을 올려야 하기에 두 말도 못 마시고 취합니다. 그런데 옛 벗을 만나 회포를 풀면서 마신다면 대여섯 말쯤 마실 수 있습니다. 그러나 동네 남녀들과 어울려 쌍륙이나 투호를 하면서 마신다면 여덟 되쯤 마셔야 취기가 돕니다. 해가 지고 취흥이 일어 남녀가 무릎을 맞대고 신발이 뒤섞이며 술잔과 접시가 낭자하고 집 안에 등불이 꺼질 무렵 안주인이 손님들을 돌려보낸 뒤 신의 곁에서 엷은 속적삼의 옷깃을 헤치며 색정의 향내를 풍기면 한 말이라도 마십니다."라고 대답하고, 주색을 좋아하는 위왕에게 간하기를 "'술이 극도에 이르면 어지러워지고 즐거움이 극도에 이르면 슬픈 일이 생긴다.'고 했으니 깊이 통촉하소서."라고 하였다. 이에 위왕은 감동하고 그 후로 술을 마실 때에는 반드시 순우곤을 옆에 앉혔다고 한다.
207 이주가(伊州歌): 악곡의 이름.
208 「大垂手」(『弇州四部稿』)
209 횡당(橫塘): 제방의 이름. 강소성 오현(吳縣) 서남쪽에 있다.
210 『청창연담』: 日暮橫塘蕩槳歸.
211 「白紵曲」(『空同集』, 明 李夢陽 撰)
*신흠이 이몽양(李夢陽)의 작품을 왕세정의 작품으로 착각한 것 같다.

迹, 歌殘翠未收. 留髡燭盡滅, 更與按伊州." "吳中女兒白紵衣, 日暮橫塘蕩槳歸. 荷花港裏無人見, 驚起鸕鶿隊隊飛." 陳隋間音也.

37. 철애鐵厓 양염부楊廉夫[212]의 「서호죽지사西湖竹枝詞」는 격조가 연약한 듯하면서도 맑고 예뻐 사랑할 만하다. 그러나 쇠망한 세상의 음률이니 원나라가 장차 망하려던 것인가?

楊鐵厓廉夫西湖竹枝詞, 調似嫩弱而亦淸婉可愛. 然衰世之音也, 豈元之將亡歟?

38. 살천석薩天錫[213]의 「서호절구西湖絶句」는 화려하여 비길 것이 없으니, 이는 대개 염체奩體[214]로 『문선』에 들어갈 만하다.

용금문湧金門[215] 밖 호수 배에 올라	湧金門外上湖船
광객狂客의 풍류 과거를 회상하는데	狂客風流憶往年
열여덟 살 아가씨가 배를 저어 오자	十八女兒搖艇子
배 너머로 웃으며 매화전買花錢[216] 던졌지	隔船笑擲買花錢[217]

212 양염부(楊廉夫): 원나라의 문학가이자 서법가인 양유정[楊維楨, 1296~1370]을 이른다. 호는 철애(鐵厓), 자는 염부(廉夫).

213 살천석(薩天錫): 회족(回族) 출신의 원나라 시인·화가·서법가인 살도라[薩都剌, 약1272~1355]. 자는 천석(天錫), 호는 직재(直齋).

214 염체(奩體): 부녀자 신변의 일을 소재로 삼아 짓는 시체(詩體)로, 육조의 궁체(宮體)에서 유래하였다. 향염체(香奩體)·염체(艶體)라고도 한다.

215 용금문(湧金門): 남송의 행도(行都) 임안[臨安, 지금의 항주시]의 서성문(西城門).

216 매화전(買花錢): 기녀를 희롱하는 돈.

217 「西湖絶句 六首」(『元詩選初集』)

소년 진탕 마시고 취해 돌아갈 줄 모르는데　少年豪飮醉忘歸
모르는 사이에 호수 배 천천히 움직이네　不覺湖船旋旋移[218]
서늘한 밤 수면엔 은 촛불 자그만데　水面夜涼銀燭小
미녀 나직이 노래하니 초생달 솟네　越娘低唱月生眉

자류紫騮[219]가 멋대로 밟아 낙화가 진탕 되니　紫騮驕踏落花泥
이월 강가의 성시에 비가 지나간 때라네　二月江城雨過時
동틀 무렵 성시 하천엔 봄물이 가득한데　拂曉市河春水滿
자그만 배에 태반은 오 미녀를 대웠다네　小船多半載吳姬[220]

봄날 아까워 호수 배에서 유숙하는데　惜春曾向湖船宿[221]
미녀가 술 취해 갈증 나 밤에 귤 쪼개다　酒渴吳姬夜破橙
낭군이 아명 부르는 소리를 급히 듣고　驀聽郎君呼小字
고개 돌려 미소 머금고 등불을 등지네　轉頭含笑背銀燈

낭군이 반쯤 취하길 기다렸다가　待得郎君半醉時
웃으며 부채 가져와 시 써 달라 조르네　笑將紈扇索題詩
담홍색 주렴 걷히니 봄 물결 푸르고　小紅簾卷春波綠[222]
물 건너온 버들꽃 연지硯池에 떨어지네　渡水楊花落硯池

수양버들 어두운 소소소蘇小小[223]네 집　垂柳陰陰蘇小家

218 『청창연담』: 隔岸湖船旋旋移.
219 자류(紫騮): 갈기가 검고 몸의 색이 붉은 명마.
220 『청창연담』: 小舡多半載吳姬.
221 『청창연담』: 惜春曾向湖邊宿.
222 『청창연담』: 小紅簾捲春波急.
223 소소소(蘇小小): 남조 제나라 때 전당(錢塘)의 명기(名妓) 또는 남송 때 전당의 명기로, 용모가 아름답고 시사(詩詞)에 능했다. 기생의 범칭으로 쓰인다.

호수 가득 날아온 제비는 버들 꽃 좇네　　滿湖飛燕趁楊花
청춘이 한번 가니 풍류도 줄어들고　　繁華一去風流減
오늘 비낀 제방 위 몇 그루에서 까마귀 울까　今日橫堤幾樹鴉

薩天錫西湖絶句, 藻麗無比, 蓋奩體之選也. "湧金門外上湖船, 狂客風流憶往年, 十八女兒搖艇子, 隔船笑擲買花錢. 少年豪飮醉忘歸, 隔岸湖船旋旋移. 水面夜涼銀燭小, 越娘低唱月生眉. 紫騮驕踏落花泥, 二月江城雨過時. 拂曉市河春水滿, 小舡多半載吳姬. 惜春曾向湖邊宿, 酒渴吳姬夜破橙, 驀聽郎君呼小字, 轉頭含笑背銀燈. 待得郎君半醉時, 笑將紈扇索題詩. 小紅簾捲春波急, 渡水楊花落硯池. 垂柳陰陰蘇小家, 滿湖飛燕趁楊花. 繁華一去風流減, 今日橫堤幾樹鴉?"

39. 구우瞿佑의 「청명淸明」 시에서

바람에 배꽃 떨어져 뜰에 눈 가득하니　　風落梨花雪滿庭
올해에 또 한 번 청명 절기 맞는구나　　今年又是一淸明
아지랑이 땅에서 피어올라 전혀 생각이 없고 遊絲倒地終無意
꽃다운 풀은 하늘과 이어져 정이 있는 듯　　芳草連天若有情
뜰 가득한 새벽안개 속에 제비 소리 들리고　滿院曉煙聞燕語[224]
반쪽 창문의 맑은 햇살에 누에 실을 잣네　　半窓晴日瞭蠶生[225]
그네 하나 유명한 정원에 매달려 있으니　　鞦韆一架名園裏[226]

224 『청창연담』: 半院曉煙聞燕語.
225 『청창연담』: 小窓晴日瞭蠶生.
226 『청창연담』: 秋千架在名園裏.

사람들 수양버들 너머로 웃는 소리 듣네　　人隔垂楊聽笑聲[227]

라고 하였으니, 참으로 문학적 재능이 있는 사람의 작품이다.

瞿佑清明詩曰: "風落梨花雪滿庭, 今年又是一清明. 遊絲倒地終無意, 芳草連天若有情. 半院曉煙間燕語, 小窓晴日瞰蠶生. 秋千架在名園裏, 人隔垂楊聽笑聲." 眞才子之作也.

40. 유태劉泰[228]의 「만흥漫興」[229] 시에서

홑 비단옷 처음 입어 보니 봄바람이 겁나고　單羅初試怯春風
향로엔 향 꺼지고 비취 이불 비었네　金鴨香銷翠被空
강 제비 낮게 날며 뒤집으니 세치 몸 검고　江燕低翻三寸黑
해당화는 색이 약간 바래 조금 붉네　海棠微褪一分紅
술은 설핏 자서 숙취가 깨지 않고　酒因睡淺酲難解
시는 근심 많아 시구가 시원치 않네　詩爲愁多句未工
맑은 날 점점 길어져 아녀자들 게으르고　晴日漸長兒女懶
그네는 한가로이 구부러진 난간 동쪽에 있네　鞦韆閑在曲闌東[230]

라고 하니, 이 역시 구우의 유파이다.

227 원제는 「清明卽事」(『西湖遊覽志餘』)이다.
228 유태(劉泰): 명나라의 문학가[1422~1459]. 자는 세형(世亨), 호는 국장(菊莊)이고 절강(浙江) 해염(海鹽) 사람이다.
229 원제는 「晩春漫興」(『蟫精雋』, 明 徐伯齡 撰)이다.
230 『청창연담』: 秋千閑在曲欄東.

劉泰漫興詩曰: "單羅初試怯春風, 金鴨香銷翠被空. 江燕低翻三寸黑, 海棠微褪一分紅. 酒因睡淺醒難解, 詩爲愁多句未工. 晴日漸長兒女懶, 秋千閑在曲欄東." 此亦佑之流也.

41. 이진李進의 「서호야숙西湖夜宿」[231] 시

저는 말 타고 눈보라 속에서 오사모 벗겨질 듯 蹇騎衝雪岸烏紗
서호西湖의 술집에서 밤새 술 취했다네 夜醉西湖賣酒家
열여섯 살 오나라 미녀 피리를 잘 부니 十六吳姬吹鳳管
주렴 걷고 촛불 밝혀 매화를 보네 捲簾燒燭看梅花[232]

는 아름답고 세련되어 사랑할 만하나 아쉽게도 화장한 기운이 너무 많다.

姚允言看梅詩曰: "蹇騎衝雪岸烏紗, 夜醉西湖賣酒家. 十六吳姬吹鳳管, 捲簾燒燭看梅花." 艶冶可愛而惜其脂粉之氣太多.

42. 방주方洲[233] 장녕張寧[234]의 시는 당나라 시에 매우 근접하였으니

반은 마을 반은 성곽인 오산吳山 길 半村半郭吳山路
조금은 따듯하고 조금은 추운 삼월 삼짓날 봄 輕暖輕寒上巳天

231 『청창연담』에는 '요윤언(姚允言)의 看梅'로 오기되어 있다.
232 「西湖夜宿」(『西湖遊覽志餘』)
233 『청창연담』: 芳洲.
234 장녕(張寧): 명나라의 관료·문학가. 해녕(海寧) 사람. 자는 정지(靖之), 호는 방주(方洲).

매화 그림자 성곽 넘어가니 호수 구비의 절이요　梅影過城湖曲寺
노 젓는 소리 포구로 돌아오니 절동浙東의 배라네　櫓聲歸浦浙東船
예전 시 짓고 술 마시고 놀 때 새 손님이 끼더니　舊遊詩酒添新客
오늘의 풍광風光도 지난해와 비슷하다네　今日風光似去年
맑은 완상 채 무르익지 않아도 그윽한 생각 이니　淸賞未闌幽思發
어지러운 봉우리 석양에 푸른 연기 일어나네　亂峯斜日起蒼煙[235]

와 같은 작품은 중당 여러 시인의 반열에 둘 만하다.

張方洲寧詩極逼唐, 如"半村半郭吳山路, 輕暖輕寒上巳天. 梅影過城湖曲寺, 櫓聲歸浦浙東船. 舊遊詩酒添新客, 今日風光似去年. 淸賞未闌幽思發, 亂峯斜日起蒼煙." 可置之中唐諸子之列.

235 『西湖遊覽志餘』, 〈才情雅致〉.

晴窓軟談

청창연담

- 하 -

1. 신묘년[1591] 여름에 내가 하관夏官[1]의 낭관郎官으로 대궐에서 입직入直하였는데, 그때 이 상국李相國 백사공白沙公[2]이 지신사知申事[3]로서 역시 은대銀臺[4]에서 입직하다가 절구 한 수를 보내

깊숙한 방 찌는 더위에 기분이 답답해　深室蒸炎氣鬱紆[5]
꿈에 갈매기 백로 되어 맑은 못에 목욕했네　夢爲鷗鷺浴晴湖[6]
비록 몸이야 저 허깨비를 따를지언정　縱然外體從他幻
안개비 속 한가한 정취가 바로 나라오　煙雨閑情却是吾[7]

---

1 하관(夏官): 병조를 달리 이르는 말이다.
2 이 상국(李相國) 백사공(白沙公): 이항복[李恒福, 1556~1618]을 가리킨다. 본관은 경주, 자는 자상(子常), 호는 필운(弼雲)·백사(白沙)·동강(東岡). 저서로 『백사집』이 있다.
3 지신사(知申事): 승정원의 최고위직인 정3품 도승지를 달리 이르는 말이다.
4 은대(銀臺): 승정원을 달리 이르는 말이다.
5 『白沙集』에는 '深室蒸炎氣鬱紆.'로 되어 있다.
6 『白沙集』에는 '夢爲鷗鷺浴清湖.'로 되어 있다.
7 「銀臺, 示朴内翰子龍」(『白沙集』)

라고 하니, 기상이 매우 좋다.

辛卯夏, 余以夏官郎入直內省, 時李相國白沙公以知申事, 亦直銀臺, 寄一絶曰: "深室靇炎氣鬱紆, 夢爲鷗鷺浴晴湖. 縱然外體從他幻, 煙雨閑情却是吾." 氣象甚好.

2. 신축년[1601] 봄에 백사공이 병으로 정승의 지위를 사직하기에, 내가 출사出仕를 권했더니, 근체시 한 수를 써서 대답하기를

중흥中興은 일어선 자들이 충분히 꾀할 수 있나니	中興作者足謀謨
이 늙은이가 어떻게 태평성대의 쓰임 될 수 있을까	老子何堪聖世需
공군孔君[8]은 원래 세상살이 순조롭지 않은 줄 알았고	自識孔君元齟齬
여상呂相[9]은 호도하지 않는다고 그 누가 말했던가	誰言呂相不糊塗
한때의 명성과 졸렬한 식견에는 관심이 없다만	時名短拙關心少
생계는 차질이 생겨 손에 들어오는 것이 없구나	身計差池入手殊
괴이하다 진晉나라의 왕 태부王太傅[10]는	却怪晉家王太傅[11]
백발에도 오히려 벼슬할 마음 없다 말했네	白頭猶道宦情無[12]

* 자룡(子龍)은 박동량(朴東亮)의 자이다.

8 공군(孔君): 후한 때의 고사(高士)인 공융(孔融)을 가리킨다. 공융은 북해상(北海相)과 태중대부(太中大夫) 등을 역임하였는데, 조조(曹操)와 사이가 좋지 않아 끝내 조조에게 처형되었다.

9 여상(呂相): 송 태종 때의 재상 여단(呂端)을 가리킨다. 송 태종이 여단을 재상으로 삼으려 하였는데, 어떤 이가 "여단은 사람됨이 호도(糊塗)합니다."라고 말하자, 태종이 "여단이 작은 일에는 호도하나 큰 일을 당해서는 호도하지 않는다."라고 대답하였다고 한다.

10 왕 태부(王太傅): 진(晉)나라의 왕연(王衍)을 가리킨다. 그가 원수(元帥)로 추대되자, 구적(寇賊)의 토벌을 감당치 못할까 염려한 나머지 사양하며 "나는 조금도 벼슬할 뜻은 없었으나 직첩(職牒)에 따라 옮기다가 마침내 이 지위에 이르게 되었는데, 오늘날의 일을 어떻게 나 같은 비재(非才)로 처리할 수 있겠는가?"라고 말했다고 한다.

11 『白沙集』에는 '却笑晉家王太尉.'로 되어 있다.

12 「呈告乞解, 申敬叔貽書, 起之書示.」(『白沙集』)

라고 하니, 대개 당시의 형세를 어떻게 할 수 없다는 것을 말한 듯하다.

辛丑春, 白沙公以疾辭相位, 余勉出之, 則寫近體一首以答曰: "中興作者足謀謨, 老子何堪聖世需? 自識孔君元齟齬, 誰言呂相不糊塗? 時名短拙關心少, 身計差池入手殊. 却怪晉家王太傅, 白頭猶道宦情無." 蓋言時勢之不可爲也.

3. 태헌苔軒 고경명高敬命[13]은 임진왜란 때 의를 세웠는데, 태헌의 아들 고종후高從厚[14]가 복수하기 위해 군사를 일으켰다가 또 진주성이 함락되던 날에 죽으니, 부자가 함께 순절殉節한 것은 진晉나라 변씨卞氏 가문[15]과 아름다움을 짝한다. 고종후 또한 문장에 능했는데 말 위에서 초를 잡은 격문檄文은 아름다워 사람을 놀라게 한다. 그가 제주에서 말을 모을 때

소매를 떨치고 일어나는 자	投袂而起者
나는 바다 밖에 그런 사람 있는 줄 아네	吾知海外有人
채찍을 잡고 임하여	執策而臨之
'천하에 좋은 말이 없다' 말하지 마라	莫曰天下無馬

라고 하니 말의 의미가 몹시 놀랍고 절묘하며 대우對偶가 저절로 이루어졌기에, 일시에 전해지며 암송되었다. 애석하게도 이런 인재가 불우하

13 고경명(高敬命): 조선의 문인·의병장[1533~1592]. 본관은 장흥, 자는 이순(而順), 호는 제봉(霽峯)·태헌(苔軒), 시호는 충렬(忠烈). 1558년 문과에 급제한 뒤 교리·동래 부사 등을 지냈다. 임진왜란이 일어나자 의병을 이끌고 금산(錦山)에서 왜군과 싸우다 전사하였다. 저서에 『제봉집』, 『유서석록(遊瑞石錄)』 등이 있다.

14 고종후(高從厚): 조선의 문신·의병장[1554~1593]. 자는 도충(道沖), 호는 준봉(隼峰), 시호는 효열(孝烈).

15 변씨(卞氏) 가문: 진(晉)나라 때 소준(蘇峻)의 반란에 맞서 싸우다 전사한 변호[卞壼, 281~328]와 아버지의 죽음을 목격하고 적진 속으로 뛰어들어 함께 전사한 두 아들 변진(卞眕)·변우(卞盱)를 가리킨다.

게 생을 마치고 말았다. 신묘년[1591] 봄에 지제고知製誥[16]에 선발되었다가 곧바로 대간의 탄핵을 받았다. 아! 진용進用하고 출척黜陟하며 상과 벌을 주는 것이 이와 같으니, 어떻게 왜구倭寇를 불러들이지 않겠는가?

임진왜란 때 동래 부사 송상현宋象賢[17]이 성을 지키다 죽었는데, 죽을 때 가친家親에게 글을 남겨

외로운 성은 달무리처럼 포위되었건만	孤城月暈
여러 진영은 베개 높이 하고 태평합니다	列鎭高枕
임금과 신하의 의리는 무겁고	君臣義重
아비와 자식의 은혜는 가볍습니다	父子恩輕

라고 하였다. 말이 늠연凜然하니, 비록 옛날의 열장부烈丈夫라도 어찌 이보다 나을 수 있겠는가?

高苔軒敬命樹義於壬辰之亂, 苔軒之子從厚以復讎起兵, 又死於晉陽城陷之日, 父子同節, 媲美於晉之卞門. 從厚亦能文章, 倚馬草檄, 華藻驚人. 其募馬於濟州也, 有曰: "投袂而起者, 吾知海外有人. 執策而臨之, 莫曰天下無馬." 語意警絶, 對偶天成, 一時傳誦. 惜乎有此人才而終於落拓也. 辛卯春, 被製誥之選, 而旋被臺評. 噫! 進退予奪如此, 如之何其不召寇也? 壬辰之亂, 宋東萊象賢守城死, 將死貽書其家親曰: "孤城月暈, 列鎭高枕. 君臣義重, 父子恩輕." 辭語凜然, 雖古之烈丈夫, 何以加焉?

---

16 지제고(知製誥): 지제교(知製敎), 국왕의 교서 등을 작성하는 일을 담당하는 관직.
17 송상현(宋象賢): 조선의 문신[1551~1592]. 본관은 여산(礪山), 자는 덕구(德求), 호는 천곡(泉谷), 시호는 충렬(忠烈). 동래 부사로 임진왜란 때 남문에 올라가 싸움을 독려하고 순절하였다.

4. 우리나라의 서경西京[18]은 강호江湖 누관樓觀의 명승과 사녀士女들이 악기를 타는 즐거움이 있기에 중국으로 사신 갔던 고관 중에 이곳에 이르러 계속 눌러앉아 돌아가기를 잊어 거의 주색에 빠지는 지경인 자도 있었다. 고려조의 학사學士 정지상鄭知常의 시에

비 갠 뒤 긴 둑길의 풀빛은 더욱 푸른데	雨歇長堤草色多
그대 보내는 남포에는 슬픈 노래 울리네	送君南浦動悲歌
대동강의 물은 어느 때에나 다 마르겠나	大同江水何時盡
이별의 눈물 해마다 푸른 물결에 더하니	別淚年年添綠波[19]

라고 하니, 온 세상에서 다투어 전하였고 지금까지도 절창絕唱으로 받들고 있다. 만력 경진년[1580]에 최경창崔慶昌[20] 가운嘉運이 대동 찰방大同察訪[21]이 되고 서익徐益[22] 군수君受가 평양 서윤平壤庶尹[23]이 되었는데, 그들은 모두 시인이기에 정지상 시의 운을 따라 「채련곡採蓮曲」을 지었다.

최경창의 시에

길고 긴 강 언덕에 버들 색 더욱 푸른데	水岸悠悠楊柳多
조각배 멀리서 채릉가採菱歌를 부르네	小船遙唱採菱歌[24]

---

18 서경(西京): 평양을 가리킨다.

19 「送人」(『東文選』)

20 최경창(崔慶昌): 조선의 시인[1539~1583]. 본관은 해주, 자는 가운(嘉雲), 호는 고죽(孤竹). 종성 부사를 지냈다. 인품과 학문이 뛰어났고, 특히 시에 뛰어나 백광훈·이달과 함께 삼당시인으로 불린다. 저서로 『고죽유고(孤竹遺稿)』가 있다.

21 대동 찰방(大同察訪): 대동역의 찰방. 대동역은 성종 때 평안도 지역에 대동도(大同道)가 만들어지면서 설치한 역이다. 찰방은 각 도의 역참을 관리하는 일을 맡아보던 종육품의 외직 문관 벼슬이다.

22 서익(徐益): 조선의 문신[1542~1587]. 본관은 부여, 자는 군수(君受), 호는 만죽헌(萬竹軒). 의주 목사로 있을 때 이이를 변호하다가 파직당하였다. 저서로 『만죽헌집』이 있다.

23 평양 서윤(平壤庶尹): 평양의 서윤. 서윤은 한성부와 평양부에 두었던 종4품 벼슬이다.

24 최경창(崔慶昌)의 『孤竹遺稿』에는 '小舡遙唱采蓮歌.'로 되어 있다.

붉은 꽃잎은 모두 지고 가을바람 이니　　紅衣落盡西風起[25]
저물녘 빈 강에 저녁 물결이 일어나네　　日暮空江生夕波[26]

라고 하였고, 서익의 시에

남호南湖의 사녀들 많이들 연밥 따는데　　南湖士女採蓮多[27]
새벽부터 단장하고 서로 노래하네　　曉日靚粧相應歌[28]
치마에 차지 않으면 배 돌리지 않는데　　不到盈裳不回棹[29]
때때로 먼 물가에 험한 풍랑 일어나네　　有時遙渚阻風波[30]

라 하였다. 그 뒤에 고경명高敬命 이순而順과 이달李達[31] 익지益之가 뒤따라 화운하니, 고경명의 시에

맑은 물결의 복사꽃 돛단배 가에 많은데　　桃花晴浪席邊多
연 따는 배 흔들리며 뱃노래로 전송하네　　搖蕩蓮舟送棹歌[32]
취하여 기댄 미인 응당 잊지 못할 테니　　醉倚紅粧應不忘
산들바람 가볍게 불어 뜸 장막에 물결 이네　　小風輕颺幕生波[33]

라고 하였고, 이달의 시에

---

25 『孤竹遺稿』에는 '紅衣落盡秋風起.'로 되어 있다.
26 「浿江樓舡題詠」(『孤竹遺稿』)
＊『孤竹遺稿』에는 '日暮芳洲生白波.'로 되어 있다.
27 서익(徐益)의 『萬竹軒集』에는 '南湖兒女採蓮多.'로 되어 있다.
28 『萬竹軒集』에는 '曉日明粧相應歌.'로 되어 있다.
29 『萬竹軒集』에는 '不到盈裳不廻楫.'으로 되어 있다.
30 「採蓮曲. 次大同江樓船韻」(『萬竹軒集』)
31 이달(李達): 조선의 시인[1539~1612]. 본관은 홍주, 자는 익지(益之), 호는 손곡(蓀谷)·서담(西潭)·동리(東里). 시집으로 『손곡집』이 있다.
32 『孤竹遺稿』에는 '搖蕩蘭舟送棹歌.'로 되어 있다.
33 「浿江樓舡題詠」(『孤竹遺稿』)

들쭉날쭉 연잎에 연밥도 많은데　　蓮葉參差蓮子多
연꽃 너머로 아가씨 노래 부르네　　蓮花相間女郎歌
돌아올 때 물목에서 벗과 약속했기에　　來時約伴橫塘浦[34]
힘들게 배 저어 물결 거슬러 올라가네　　辛苦移舟逆上波[35]

라고 하였으니, 모두 일대一代의 가작들인데, 논하는 자들은 이달의 시를 가장 우수하다고 평가한다.[36]

我國西京, 有江湖樓觀之勝, 士女絃管之娛, 使華冠蓋之到此者, 必留連忘返, 幾至於沈溺荒亂者有之. 麗朝學士鄭知常詩曰: "雨歇長堤草色多, 送君南浦動悲歌. 大同江水何時盡? 別淚年年添綠波." 一世爭傳, 至今推爲絶唱. 萬曆庚辰年間, 崔慶昌嘉運爲大同察訪, 徐益君受爲平壤庶尹, 皆詩人也, 步其韻, 爲採蓮曲. 崔詩曰: "水岸悠悠楊柳多, 小船遙唱採菱歌. 紅衣落盡西風起, 日暮空江生夕波." 徐詩曰: "南湖士女採蓮多, 曉日靚粧相應歌. 不到盈裳不回棹, 有時遙渚阻風波." 其後, 高敬命而順·李達益之追和之, 高詩曰: "桃花晴浪席邊多, 搖蕩蓮舟送棹歌. 醉倚紅粧應不忘, 小風輕颺暮生波." 李詩曰: "蓮葉參差蓮子多, 蓮花相間女郎歌. 來時約伴橫塘浦, 辛苦移舟逆上波." 俱是一代佳作, 而論者以李爲最優.

---

34 『蓀谷詩集』에는 '來時約伴橫塘口.'로 되어 있다.
35 「采蓮曲. 次大同樓船韻」(『蓀谷詩集』)
36 허균(許筠)의 『성소부부고』에 다음과 같은 관련 내용이 있어 참고할 만하다.
鄭大諫西京詩曰: "雨歇長堤草色多, 送君南浦動悲歌. 大同江水何時盡? 別淚年年添綠波." 至今稱爲絕倡. 樓船題詠, 値詔使之來, 悉撤去之, 而只留此詩. 其後崔孤竹和之曰: "水岸悠悠楊柳多, 小船爭唱采菱歌. 紅衣落盡西風冷, 日暮芳洲生白波." 李益之和曰: "蓮葉參差蓮子多, 蓮花相間女郎歌. 歸時約伴橫塘口, 辛苦移船逆上波." 二詩殊好. 有王少伯·李君虞餘韻. 然自是采蓮曲, 非西京送別詩本意也.(『惺所覆瓿藁』, 「鄭知常西京詩人多和之」)

5. 만력 신축년[1601] 겨울 내가 옥당玉堂으로 있을 때 선조대왕께서 우리나라 사람들의 시부詩賦를 초록해 올리라고 명하셨다. 내가 진작 그것들을 모아 두었지만 미처 탈고하지 못하고 일 때문에 휴가를 얻어 집에 있게 되어 마침내 문형文衡에게 돌려보냈다. 문형은 바로 오봉五峯 이공【호민好閔】이었는데, 그 역시 오래도록 시일을 끌다가 완성하지 못하였다. 을사년[1605] 봄에 오봉도 문형에서 체직되고 서경西坰 유공柳公【근根】이 대신하였고, 내가 또 납언納言[37]에 임명되어 은대銀臺에 들어가자 선조대왕께서 담당 관청을 개설해 정선精選하라고 거듭 명하여 오봉과 서경과 나로 하여금 그 일을 관장케 하셨는데, 해평海平 윤공【근수根壽】·월사月沙 이공【정구廷龜】·유천柳川 한공【준겸浚謙】·만취晩翠 오공【억령億齡】·홍부학【경신慶臣】·정 첨추鄭僉樞【협協】·김 정正[38]【현성玄成】이 참여하였다. 차례는 모두 네 가지로 분류하였고 서경이 서문을 썼다.

『동문선東文選』이 나온 이후로 지금까지 80여 년이 되었는데, 그동안 걸출한 작가들을 이루 손꼽을 수 없고 그들이 저술한 것도 또한 한우충동汗牛充棟이니, 의당 위로 옛사람들의 풍아風雅와 필적할 만하겠으나, 음향音響과 격력格力[39]이 끝내 미치지 못하는 바가 있으니, 변두리의 풍기風氣에 국한되어 그렇게 된 것일까? 수록된 것도 각자의 소견에서 나왔기에, 선별된 작품이라고 다 선별될 만한 것이 아니고 제외된 작품이라고 다 제외될 만한 것이 아니다. 참으로 시 짓기가 어려운 것이 아니라 시를 선별하기가 어렵다.

---

37 납언(納言): 승지를 달리 이르는 말. 「행장」에 따르면 신흠은 1605년에 승정원 도승지에 임명되었다.
38 정(正): 교서관(校書館) 정자(正子).
39 격력(格力): 시문(詩文)의 격조(格調)와 기세(氣勢).

萬曆辛丑冬, 余爲玉堂, 宣祖大王命抄東方人詩賦以進. 余旣彙集, 未脫稿, 因事丐閑家居, 遂歸之文衡. 文衡乃五峯李公【好閔】也, 亦久而遷延未就. 乙巳春, 五峯已遞文衡, 而西坰柳公【根】代之, 余又拜納言入銀臺, 宣祖大王復申命開局釐選, 使五峯·西坰及余, 掌其事, 而海平尹公【根壽】·月沙李公【廷龜】·柳川韓公【浚謙】·晩翠吳公【億齡】·洪副學【慶臣】·鄭僉樞【協】·金正【玄成】與焉. 秩凡四簡, 西坰序之. 自東文選以後, 至今迨八十年餘, 其間巨擘鴻匠, 指不勝屈, 其所著述且充棟矣, 宜其上媲古人風雅, 而音響格力, 終有所不逮, 豈局於偏方風氣而然歟? 其所裒輯, 亦出於各人所見, 選者, 未必皆可選, 棄者, 未必皆可棄. 信乎作詩非難, 而選詩爲難也.

6. 선조대왕께서 옥당玉堂에 명하여 『주역고경周易古經』을 교열하고,[40] 『춘추春秋』 좌씨左氏 · 정씨程氏 · 호씨胡氏[41]의 전傳을 모아 『사전춘추四傳春秋』[42]의 예를 본받아 선사繕寫하여 올리도록 명하시니, 내가 부제학으로서 실제로 그 일을 관장하였다.[43] 두 종류의 경전이 이미 완성되자 또 유신儒臣들에게 『주역』을 번역 풀이하라고 명하시니, 당시의 유명한 관료로서 『주역』에 능통한지 능통하지 않은지 따지지 않았기에 팔괘방위八卦方位조차

40 『주역고경(周易古經)』을 교열하고: 신흠은 "신축년에 홍문관 부제학에 임명되었는데, 이때 『주역고경(周易古經)』을 바친 자가 있었기에, 임금이 홍문관에 명해 교정해 베껴 올리라고 하니, 공이 인하여 상차(上箚)하였다.[辛丑, 拜弘文館副提學, 時有進周易古經者, 上命本館繕寫以進, 公因上箚.]"라고 한다.

41 좌씨(左氏)·정씨(程氏)·호씨(胡氏): 좌씨(左氏)는 좌구명(左丘明), 정씨(程氏)는 정이(程頤), 호씨(胡氏)는 호안국(胡安國)으로, 각각 『춘추좌전』, 『춘추전』, 『춘추호씨전』을 저술하였다.

42 사전춘추(四傳春秋): 원제는 『춘추사전(春秋四傳)』으로 모두 38권이다. 맨 처음에 두예(杜預)·하휴(何休)·범녕(范甯)·호안국(胡安國)의 4서(序)가 실려 있고, 다음으로 강령(綱領)·제요(提要)·열국도설(列國圖說)·이십국연표(二十國年表)·춘추제국흥폐설(春秋諸國興廢說)이 실려 있다. 경문 아래에 모두 좌씨(左氏)·공양(公羊)·곡량(穀梁) 3전(傳)의 주를 내고 호전(胡傳)은 따로 표출(標出)하였다.

43 신흠의 『주역고경(古經周易)』 교열에 대한 일은 「進古經周易箚」에, 『춘추전』 합찬에 대한 일은 「進春秋左氏程氏胡氏三家傳註箚」에 잘 나타나 있다.

모르는 자까지도 모두 참여하였다. 각자 견해를 가지고 당동벌이黨同伐異[44]하여 분란이 끊이지 않아 마침내 중요한 곳을 찾아 드러내지도 못하다가 몇 년이 지나서야 비로소 책을 완성하여 올렸다. 책이 완성된 뒤에 보니, 고칠 필요 없는 것을 고치고 고쳐야 하는데 고치지 않은 것을 일일이 들기 어려웠다. 『주역』이 어떤 책인데 지팡이로 땅을 두드려 더듬어 가는 소경으로 하여금 즉흥적으로 제멋대로 단정케 하는가? 백호관白虎觀과 석거각石渠閣[45]에서 논의하고 저술한 여러 경전들도 오히려 후세의 준칙이 되지 못하거늘, 하물며 변두리 나라의 후학임에랴? 담당 관청[46]을 닫으려 할 때 특별히 일등의 선온宣醞[47]을 하사하셔서 몹시 기뻐하다가 자리를 파하였는데, 연회에 참석했던 사람들은 사전謝箋[48]을 올리고 또 그림을 두루마리로 만들어 성대했던 일을 기록하였다.[49] 내가 우연히 절구 한 수를 써서

성인의 마음을 보지 못하는데	未見聖人心
성인의 일을 어떻게 알겠는가	焉知聖人事
어떻게 사람들의 마음을 씻어	安得洗心人
시의時義를 같이 논할런가	與之論時義

---

44 당동벌이(黨同伐異): 자신과 관점이 같으면 무리 짓고 자신과 관점이 다르면 공격한다는 의미.

45 백호관(白虎觀)과 석거각(石渠閣): 백호관(白虎觀)은 한나라의 궁중인 미앙궁(未央宮) 안에 있던 전각의 이름이다. 후한의 장제(章帝)가 학자들을 백호관(白虎觀)에 모아 오경(五經)의 동이(同異)에 대해서 강론케 하였는데, 그 결과를 반고가 찬집(撰集)하여 『백호통의(白虎通義)』를 편찬하였다. 석거각(石渠閣)은 전한 고조 때 승상 소하(蕭何)가 세운 장서각(藏書閣)으로, 미앙궁(未央宮) 북쪽에 위치하며 황실의 서책을 보관하였다. 이곳에서 선비들이 모여 여러 서적을 강론하였으며, 선제(宣帝) 때는 위현성(韋玄成)·양구하(梁丘賀) 등이 이곳에서 오경(五經)을 논정하였다.

46 담당 관청: 교정청(校正廳)을 이른다.

47 선온(宣醞): 임금이 신하에게 궁중의 사온서(司醞署)에서 빚은 술을 내리는 일 또는 그 술을 말한다.

48 사전(謝箋): 임금에게 사은하는 글.

49 그림을 …… 기록하였다: 이 일은 이익(李瀷)의 「周易校正廳宣醞圖記」(『星湖全集』)를 참고할 만하다.

라고 하니, 감히 한 시대를 가볍게 본 것이 아니라, 애오라지 내 가슴속에 품은 생각을 적은 것이다.

宣祖大王命玉堂校周易古經, 彙集春秋左氏程氏胡氏, 倣四傳春秋之例, 繕寫以進, 余以副學, 實掌其事. 二經旣完, 又命諸儒臣譯解周易, 一時名官, 不問能通不能通, 或有不識八卦方位者皆與焉. 各持見解, 黨伐同異, 不勝其紛挐, 終無以啓發肯綮, 閱數年, 始成書投進. 旣成見之, 則其不必改而改, 當改而不改者, 難以縷擧. 易是何等書, 而乃令擿埴冥行者, 擅定於立談耶? 白虎·石渠之所論著諸經, 猶不得爲後世則, 況偏方後學耶? 局將輟, 特賜一等宣醞, 極歡而罷, 諸與筵者, 上謝箋, 且圖繪爲軸, 以記盛事. 余偶占一絶曰: "未見聖人心, 焉知聖人事? 安得洗心人, 與之論時義?" 非敢輕一世, 聊識余所存也.

7. 의주義州의 통군정統軍亭은 세 나라의 경계에 있는데 산천이 기이한 장관으로 천하에서 찾아보아도 필적할 만한 곳이 드물기에, 예로부터 시인들의 제영題詠이 많지 않은 것이 아니지만 그 모양과 기상을 잘 말한 자는 없다. 송강松江 정철鄭澈이 젊을 적에 원접사遠接使의 종사관從事官이 되어 절구 한 수를 짓기를

나는 강을 건너가서	我欲過江去
바로 송골산에 오르고 싶네	直登松鶻山
서쪽에서 화표주華表柱의 학을 불러	西招華表鶴
구름 속에서 같이 놀았으면	相與戲雲間[50]

50 「統軍亭」(『松江集』)

이라고 하니, 비록 대작大作은 아니지만 그런대로 기발하여 전할 만하다. 그 뒤로 시인들이 와서 읊은 시 가운데 그 수준에 미치는 작품을 보지 못했다.

義州統軍亭, 臨三國之界, 山川奇壯, 求之天下, 亦鮮其儷, 自古韻人題詠非不多, 無能道其形容氣象者. 鄭松江澈少年時爲遠接使從事官, 有一絶曰: "我欲過江去, 直登松鶻山. 西招華表鶴, 相與戲雲間." 雖非大作, 亦自奇拔可傳. 其後詞客之來詠者, 未見有及之者.

8. 송강공松江公이 만력 임진년에 삼도체찰사三道體察使[51]의 명을 받고 서로西路[52]에서부터 배를 타고 남쪽으로 내려오다가 장연長淵[53]을 경유해 금사사金沙寺에 주차駐箚[54]하며 지은 시가 있으니

금사사에 머문 열흘이	十日金沙寺
고국 생각에 삼 년 같다	三秋故國心
한밤의 조수 산뜻한 기운 흩고	夜潮分爽氣
돌아가는 기러기 슬피 운다	歸雁有哀音
오랑캐 남았기에 자주 칼을 보고	虜在頻看劍
사람이 죽으니 거문고 줄 끊고 싶네	人亡欲斷琴

【당시 태헌苔軒이 전사했기 때문에 한 말이다.】

---

51 삼도체찰사(三道體察使): 충청도·전라도·경상도 삼도의 체찰사. 체찰사는 전란이 있을 때 임금을 대신하여 지방에 나아가 군무(軍務)를 총찰하던 군직으로, 재상이 겸임하였다.
52 서로(西路): 황해도와 평안도를 이른다.
53 장연(長淵): 황해도 장연군에 있는 읍.
54 주차(駐箚): 군대를 주둔시켜 변란 등을 막는 것.

평소 읽던 「출사표」를　　平生出師表
국난을 당해 다시 길게 읊조린다　　臨難更長吟[55]

라고 하였다. 그 시는 청완淸惋하며 격앙激昂케 한다.

松江公萬曆壬辰, 授三道體察之命, 自西路, 浮海南下, 路經長淵, 駐箚於金沙寺, 有詩曰: "十日金沙寺, 三秋故國心. 夜潮分爽氣, 歸雁有哀音. 虜在頻看劍, 人亡欲斷琴.【時苔軒戰死故云.】平生出師表, 臨難更長吟." 其詩淸惋激昂.

9. 조선에 문장의 대가가 많이 배출되지 않은 것은 아니지만 일가를 만드는 데만 힘쓰고 당나라에서 법을 취한 데까지 이른 자는 매우 적은데, 충암沖庵[56]과 망헌忘軒[57] 이후로 최경창·백광훈·이달 등 몇 사람이 가장 저명하다. 충암의 시는 사람들의 입으로 전송傳誦되는 것이 참으로 많은데,

강남에서 설핏 꿈을 꾸니 한낮이 무료하고　江南殘夢晝厭厭
시름은 아름다운 봄 풍경 따라 날로 더해 가네　愁逐年芳日日添
꾀꼬리와 제비는 오지 않고 봄이 또 저무는데　鶯燕不來春又暮[58]
이슬비 속 살구꽃이 겹발 너머로 떨어지네　杏花微雨下重簾[59]

---

55 「金沙寺」(『松江集』)
56 충암(沖庵): 조선 전기의 문신 김정[金淨, 1486~1521]을 이른다. 자는 원충(元沖), 시호는 문정(文貞). 1507년[중종 2]에 문과에 장원하고, 부제학과 도승지를 거쳐 대사성·예문관 제학을 지냈다. 신사무옥 때 사사(賜死)되었다.
57 망헌(忘軒): 조선 전기의 문신 이주[李胄, 1468~1504]를 이른다. 자는 주지(胄之), 시호는 충원(忠元). 갑자사화 때 사사되었다.
58 『沖庵集』에는 '雙燕來時春欲暮.'로 되어 있다.
59 「江南」(『沖庵集』)
* 이유원(李裕元)은 『임하필기』 〈華東玉糝編〉에서 이 시를 '충암의 최고 득의작이며 당조(唐調)가 시작된 것'이라고 평가하였다.

서풍에 낙엽 지는 금강錦江의 가을　西風木落錦江秋
연무 속 마름 물가 보기만 해도 시름겹네　煙霧蘋洲一望愁
저물녘에 술 깨면 사람이 멀리 떠나가리니　日暮酒醒人去遠
강 누각 가득한 이별 생각 떨치기 어려워라　不堪離思滿江樓[60]

와 같은 시는 더욱 회자膾炙되는 것으로, 당나라 사람들의 시집 속에 두어도 분간하기가 쉽지 않다. 망헌의 시

통주通州는 천하의 승경으로　通州天下勝
누관樓觀이 하늘로 솟았다네　樓觀出雲霄
저자엔 금릉의 물건이 쌓였고　市積金陵貨
강물은 양자강으로 들어가네　江通揚子潮
주린 까마귀는 가을에 물가로 내려오고　飢鴉秋落渚[61]
외로운 새는 저물녘에 요동으로 돌아간다　獨鳥暮歸遼
말 탄 신세는 천 리 길 가는 나그네　鞍馬身千里
정자에 올라 보니 고국은 멀기도 하네　登臨故國遙[62]

역시 충암에 버금간다고 할 만하다. 최경창의 시

지난해에는 절 언덕에 배를 대 놓고　去歲維舟蕭寺岸[63]
물가에서 꽃 꺾어 길 떠나는 이 전송했지　折花臨水送行人
산사의 중은 이별의 슬픔엔 관심 없기에　山僧不管傷離別

60 「錦江樓」(『沖庵集』)
61 이주(李胄)의 『忘軒遺稿』에는 '層雲【層一作寒. 又作寒煙.】秋落渚.'로 되어 있다.
62 「通州」(『忘軒遺稿』)
63 최경창(崔慶昌)의 『孤竹遺稿』에는 '去歲維舟蕭寺雨.'로 되어 있다.

무단히 문 닫으니 또 한 번 봄이 지나가네　　閉戶無端又一春[64]

와 백광훈의 시

하나의 못에 연꽃이 붉은데 바람이 뜰에 가득하고　紅藕一池風滿院
천 그루 나무에 매미 소리 어지러운데 비가 마을로 가네　亂蟬千樹雨歸村[65]

와 이달의 시

병객病客의 외로운 배엔 밝은 달이 있고　　病客孤舟明月在
노승老僧의 깊숙한 절엔 떨어진 꽃이 많다　　老僧深院落花多[66]

는 부분만으로도 그 맛을 알 수 있다.

我朝文章巨公, 非不蔚然輩出, 務爲專家, 至於取法李唐者, 絶少, 沖庵·忘軒之後, 崔慶昌·白光勳·李達數人最著. 沖庵詩所傳誦人口者固多, 如 "江南殘夢晝厭厭, 愁逐年芳日日添. 鶯燕不來春又暮, 杏花微雨下重簾." "西風木落錦江秋, 煙霧蘋洲一望愁. 日暮酒醒人去遠, 不堪離思滿江樓." 尤爲膾炙者也, 置之唐人集中, 辨之不易. 忘軒詩曰: "通州天下勝, 樓觀出雲霄. 市積金陵貨, 江通揚子潮. 飢鴉秋落渚, 獨鳥暮歸遼. 鞍馬身千里, 登臨故國遙." 亦可謂亞於沖庵矣. 崔之詩 "去歲維舟蕭寺岸, 折花臨水送行人. 山僧不管傷離別, 閉戶無端又一春." 白之詩 "紅藕一池風滿院, 亂蟬千樹雨歸村." 李之詩 "病客孤舟明月在, 老僧深院落花多."之語, 一臠可知其味.

64 『孤竹遺稿』에는 '閉戶無心又一春.'으로 되어 있다.
65 「奉恩寺蓮亭, 次李校理伯生見示之作.」(『玉峯集』)
＊'李校理伯'은 이순인(李純仁)을 이른다.
66 「題衍上人軸」(『蓀谷詩集』)

10. 참판 신종호申從濩[67]는 성종 때의 사신詞臣[68]으로, 일찍이 기생 상림춘上林春을 사랑하였는데, 그의 집을 찾아가 지은 시에서

서울 거리 봄바람에 보슬비 내리니 紫陌東風細雨過
먼지 일지 않고 버들가지 비꼈네 輕塵不動柳絲斜
열두 줄 담황색 발 친 곳에 옥 같은 사람 있어 緗簾十二人如玉
대궐의 사신詞臣이 말 가는 대로 찾아가네 靑瑣詞臣信馬過[69]

라고 하니, 당대에 전송되었고 이로 말미암아 상림춘의 이름 값이 배로 올라갔다. 참판공이 일찍 죽고 상림춘도 여항을 떠돌았는데, 노년이 되자 공의 시를 첩貼으로 만들어 현달한 사람들에게 가지고 가서 제영題詠을 청하였다. 명공거경名公巨卿치고 시를 지어 달라고 애원을 받지 않은 이가 없었는데, 그중에서 모재慕齋 김안국金安國[70]의 시가 으뜸이었다. 그의 시에

용모 시들었어도 경국의 솜씨는 여전하니 容謝尙存傾國手
서글픈 거문고 줄 야심사[71] 퉁겨 내누나 哀絃彈出夜深詞
소리마다 호시절 지났다고 원망하는 듯 聲聲似怨年華暮

---

67 신종호(申從濩): 조선 전기의 문신[1456~1497]. 본관은 고령(高靈), 자는 차소(次韶), 호는 삼괴당(三魁堂). 1488년에 홍문관 직제학을 거쳐 부제학이 되었다. 이후 도승지·대사헌·이조참판·경기도 관찰사 등을 역임하였다. 저서로 『삼괴당집』이 있다.

68 사신(詞臣): 홍문관 관원 등 문학을 관장하는 신하를 이른다.

69 정지상(鄭知常)이 지은 「西都」의 "紫陌春風細雨過, 輕塵不動柳絲斜. 綠窓朱戶笙歌咽, 盡是梨園弟子家."(『東文選』)와 두 구가 동일하다.

70 김안국(金安國): 조선 전기의 문신·학자[1478~1543]. 자는 국경(國卿), 호는 모재(慕齋). 예조판서, 대제학 등을 역임하였다. 박학하고 문장에 능하였으며, 저서로 『모재집』·『모재가훈(慕齋家訓)』, 편서로 『이륜행실도(二倫行實圖)』·『동몽선습(童蒙先習)』 등이 있다.

71 야심사: 고려 가요의 일종.

네 부화한 인생에 맞은 노년을 어찌하랴　　奈爾浮生與老期[72]

라고 하니 슬픔과 원망이 격렬하고 절실하다. 모재가 바야흐로 시골에 있었는데,[73] 스스로 붙인 심정이 있었기 때문에 그러했을까? 깊이 음미해 보면 그가 가탁한 바를 볼 수 있다.

申參判從濩, 成廟朝詞臣也, 嘗眄妓上林春, 過其家有詩曰: "紫陌東風細雨過, 輕塵不動柳絲斜. 緗簾十二人如玉, 青瑣詞臣信馬過." 一時傳誦, 由是上林春之名, 亦高一倍價矣. 參判公早卒, 上林春者, 淪落閭巷, 年旣老, 以公詩作貼, 持詣貴游, 倩題詠. 名公巨卿, 莫不乞贈, 而金慕齋安國詩爲冠. 其詩曰: "容謝尙存傾國手, 哀絃彈出夜深詞. 聲聲似怨年華暮, 奈爾浮生與老期." 哀怨激切. 慕齋方在田間, 豈亦有自寓之情故然耶? 深味之, 可見其所托也.

11. 봄꿈은 진나라 이세二世[74]보다 어지럽고　　春夢亂於秦二世
나그네 시름은 노나라 삼가三家[75]처럼 강하다　羈愁强似魯三家

는 누구의 작품인지 모르겠으나 시어의 뜻이 모두 새롭고 구절 역시 굳세니 심상한 시인의 작품이 아니다. 어떤 이는 문관文官 박란朴蘭의 시라고도 한다.[76]

---

72 「聽老妓上林春彈琴, 有感, 次前韻」(『慕齋集』)
73 모재가 …… 있었는데: 김안국은 1519년 기묘사화 때, 겨우 화를 면하고 파직되어 경기도 이천으로 낙향하였다.
74 진나라 이세(二世): 진시황의 아들 호해(胡亥)로, 진(秦)나라의 2대 황제이다. 이때 진나라는 각처에서 반란이 일어나는 등 정세가 매우 어지러웠다.
75 노나라 삼가(三家): 노나라 대부인 맹손(孟孫)·숙손(叔孫)·계손(季孫)의 세 집안으로, 이들은 노나라 국정을 장악하여 막강한 권세를 휘둘렀다.
76 권응인(權應仁)의 『송계만록(松溪漫錄)』과 이덕무(李德懋)의 『청장관전서(靑莊館全書)』에는 어무적(魚

"春夢亂於秦二世, 羈愁強似魯三家." 未知誰氏作, 而語意俱新, 句亦峭勁, 非等閑觚墨者之作. 或言文官朴蘭詩云.

12. 원천석元天錫[77]은 고려 사람이다. 공민왕恭愍王[78] 때 벼슬하지 않고 원주原州에 살면서 목은牧隱[79] 등 노재상들과 교유하였다. 그의 유고遺稿에서 당시의 사적을 직접적으로 싣고 있는데, 후세에는 알 수 없는 것으로, 신우辛禑를 공민왕의 아들이라고 한 것[80]이 직필直筆의 두드러진 경우이다. 「주상 전하가 강화도로 파천播遷하시고 원자元子가 즉위하신 것을 엎드려 듣고 감회가 있어서」라는 제목의 시 두 수에서

마침한 때에 성군과 현신이 만나니	聖賢相遇適當時
천운이 순환되는 줄 이로써 알았네	天運循環自此知
초야라고 나라 걱정하는 뜻 없을까	田畝豈無憂國意[81]
더욱 충성심 다하여 안위 염려하네	更殫忠懇念安危
새 임금 등극하고 옛 임금 파천하시니[82]	新主臨朝舊主遷

無迹)의 시로 되어 있다.

77 원천석(元天錫): 고려 후기의 은사[1330~?]. 본관은 원주(原州), 자는 자정(子正), 호는 운곡(耘谷). 진사가 되었으나 고려 말의 혼란한 정계를 개탄하여 치악산에 들어가 은둔하였다. 저서로 『운곡행록(耘谷行錄)』이 있다.

78 공민왕(恭愍王): 고려의 제31대 왕[1330~1374]. 원나라 배척운동을 통해 몽골풍과 몽골 연호·관제를 폐지하였으며, 쌍성총관부를 폐지하고 영토를 회복하였다. 그러나 함께 개혁 정치를 추구하던 신돈(辛旽)이 실각한 이후에, 정치와 풍기를 문란하게 하고 향락에 빠져서 지내다가 시해되었다.

79 목은(牧隱): 고려 후기의 문신이자 학자인 이색[李穡, 1328년(충숙왕 15)~1396년(태조 5)]을 이른다. 본관은 한산(韓山), 자는 영숙(穎叔), 호는 목은(牧隱). 포은(圃隱) 정몽주(鄭夢周), 야은(冶隱) 길재(吉再)와 함께 삼은(三隱)의 한 사람이다. 아버지는 찬성사 이곡(李穀)이며 이제현(李齊賢)의 문인이다.

80 신우(辛禑)를 …… 한 것: 조선의 정통성을 확보하기 위하여 『고려사』에서는 공민왕의 아들인 우왕(禑王)을 신돈의 자식으로 보고 신우(辛禑)라고 하였는데, 원천석은 그렇게 보지 않았다는 것을 의미한다.

81 『耘谷行錄』에는 '畎畝豈無憂國意.'로 되어 있다.

82 새 임금 …… 파천하시니: 1388년 5월에 이성계가 위화도에서 회군하여 개경을 함락시킨 뒤에 우왕

쓸쓸한 바닷가 고을에 그저 풍연 일겠네	蕭條海郡但風煙
하늘 문 바른 길을 누가 열고 닫는가	天關正路誰開閉
앞에 있는 밝디 밝은 거울을 보아야 하리	要見明明鑑在前[83]

라고 하였다. 「도통사都統使 최영崔瑩[84]이 형을 받다」[85]라는 제목의 시 세 수에

밝은 거울 빛을 잃고 주춧돌 허물어져	水鏡埋光柱石頹
사방 백성의 풍속 모두 슬픔에 잠겼네	四方民俗盡悲哀[86]
빛나는 공업 끝내 썩어 없어진다 해도	赫然功業終歸朽
굳건한 충성은 죽어도 사라지지 않으리	確爾忠誠死不灰
역사에 실린 기사가 책 가득 채웠는데	紀事靑編曾滿秩[87]
가련한 황천의 흙 벌써 언덕 이루었네	可憐黃壤已成堆
생각건대 아득한 저 구천 아래에서는	想應杳杳重泉下
동문에 눈알 걸어도 분 풀리지 않으리[88]	掛眼東門憤未開[89]

조정에 우뚝 서 감히 범접하는 자 없고	獨立朝端無敢干
굳세게 충의로 많은 난리를 평정했네	直將忠義試諸難

(禑王)을 사로잡아 강화도로 유배하고 그의 맏아들인 당시 9세 창(昌)을 옹립한 것을 이른다.

83 「伏聞主上殿下遷于江華, 元子卽位, 有感. 二首.」(『耘谷行錄』)

84 최영(崔瑩): 고려 후기의 무신[1316~1388]. 수차례 홍건적과 왜구의 침입을 격파하는 공을 세웠다. 1388년 명나라가 철령위를 설치하려 하자, 요동정벌을 계획하고 출정을 명했으나 이성계의 위화도 회군으로 좌절되었다. 후에 이성계의 군대가 개성에 난입하자 맞서 싸우다 체포되어 참형되었다.

85 『耘谷行錄』에는 「聞都統使崔公被刑, 寓歎. 三首.」라는 제목으로 실려 있다.

86 『耘谷行錄』에는 '四方民物盡悲哀.'로 되어 있다.

87 『耘谷行錄』에는 '紀事靑篇曾滿帙.'로 되어 있다.

88 동문에 …… 않으리: 춘추 시대 초나라 사람인 오자서(伍子胥)가 오나라의 왕 부차(夫差)에게 충성을 바쳤는데, 부차가 참소를 듣고 그를 자결케 하였다. 이에 오자서가 "나의 눈알을 빼서 오나라의 동문(東門)에 걸어 두고 월나라 사람들이 쳐들어와 오나라를 멸망시키는 것을 볼 수 있게 하라."라고 유언하였다. 이 말을 들은 부차는 노하여 오자서의 시신을 말가죽 부대에 담아 오강(吳江)에 던져 버렸는데, 그로부터 9년 뒤에 과연 월나라가 오나라를 멸망시켰다.

89 『耘谷行錄』에는 '抉眼東門憤未開.'로 되어 있다.

온 나라 육도 백성의 바람을 따라서　為從六道黔黎望
삼한 사직의 안정을 이룰 수 있었네　能致三韓社稷安
동료 영웅의 얼굴 더욱 부끄럽게 하고　同列英雄顏更厚
죽지 않는 악인의 골수 아직 서늘하리　未亡邪佞骨猶寒
다시 난리 만나면 누가 계책을 낼까　更逢亂日誰為計
가소롭게 지금 사람들 간교히 일 꾸미네　可笑時人用事奸[90]

내가 지금 부고 듣고 애달픈 시 지으니　我今聞訃作哀詩
공이 아니라 나라 위해서 슬퍼한다네　不為公悲為國悲
하늘 운수 그 누가 막히고 통함을 알랴　天運誰能知否泰[91]
나라의 기틀은 안위가 정해지지 않았네　邦基未了定安危[92]
칼날 끝이 이미 꺾이니 탄식한들 어쩌랴　銛鋒已折嗟何及
충심 늘 외로우니 원통함 견딜 수 없네　忠膽常孤恨不支
홀로 산하 마주하고 이 노래 부르니　獨對山河歌此曲
흰 구름 흐르는 물 모두 탄식하누나　白雲流水摠噫噫[93]

라고 하였다. 「이달 15일에 나라에서 정창군定昌君[94]을 왕위에 세우고 전왕前王 부자父子는 신돈의 자손이라 하여 폐하여 서인庶人으로 만들었다는 소식을 듣고」라는 제목의 시 두 수에서

전왕 부자가 뿔뿔이 흩어졌으니　前王父子各分離

---

90 『耘谷行錄』에는 '可笑時人用事姦.'으로 되어 있다.
91 『耘谷行錄』에는 '天運難能知否泰.'로 되어 있다.
92 『耘谷行錄』에는 '邦基未可定安危.'로 되어 있다.
93 『耘谷行錄』에는 '白雲流水摠噫嘻.'로 되어 있다.
94 정창군(定昌君): 고려의 마지막 왕인 공양왕(恭讓王)을 이른다. 1389년 이성계 일파에 의해 왕으로 추대되었으나 1392년 폐위되어 공양군(恭讓君)으로 강등되었다가 2년 뒤 살해되었다.

하늘 끝 동서로 만 리나 떨어졌네[95] 萬里東西天一涯
설사 그 몸은 평민이 되었다 해도 可使一身爲庶類
천고에 일편단심은 변할 수 없네 寸心千古不遷移[96]

태조의 신실한 맹세 하늘에서 응답해 祖王信誓應于天
남은 은택이 수백 년 동안 전해졌네 餘澤流傳數百年
진위를 어찌 일찍 분간하지 못했던가 分揀假眞何不早
저 푸르른 하늘이 밝게 비추고 있다네 彼蒼之鑑照明然[97]

라고 하였다. 「나라에서 전왕 부자를 사사賜死하라는 명을 내리다」라는 제목의 시 한 수에서

높은 지위 부귀영화는 임금의 은혜인데 位高鍾鼎是君恩
반목하고 원한 품어 이미 가문 멸했구나 反目含讎已滅門
일국에 어떻게 크나큰 복 전할 수 있을까 一國豈能流景祚[98]
구천에서 그윽한 원한 씻어 내기 어렵네 九原難可雪幽冤
고풍 사라져도 시대는 다시 태평해졌고 古風淪喪時還泰
신법 맑고 공평해서 도가 더욱 높다네 新法淸平道益尊
짐짓 대궐을 향하여 만세를 외치니 且向玉墀呼萬歲[99]
넉넉한 은혜가 산촌까지 베풀어졌으면 願施優渥及山村[100]

95 전왕 …… 떨어졌네: 전왕 부자는 고려의 제32대와 제33대 왕인 우왕(禑王)과 창왕(昌王)을 이른다. 이성계(李成桂)는 1389년 자신을 암살하려 했다는 혐의로 우왕을 강릉부(江陵府)로 옮기고, 창왕을 폐위시켜 강화도(江華道)로 유배한 뒤, 공양왕(恭讓王)을 왕으로 세웠다.
96 『耘谷行錄』에는 '正名千古不遷移.'로 되어 있다.
97 「聞今月十五日, 國家以定昌君立王位, 前王父子, 以爲辛旽子孫, 廢爲庶人.」(『耘谷行錄』)
98 『耘谷行錄』에는 '一國必應流景祚.'로 되어 있다.
99 『耘谷行錄』에는 '專向玉墀呼萬歲.'로 되어 있다.
100 「國有令, 以前王父子賜死.」(『耘谷行錄』)

이라고 하였다. 「한산군韓山君[101]이 참소를 당해 장단長湍에 귀양을 가다」[102]라는 제목의 시 두 수에서

귀한 보배 빛을 감추고 정치 가혹하니 天寶韜光政令苛[103]
그 누가 깎은 듯하고 또 다듬은 듯하리오 有誰如琢復如磨
요사이 꿈속에서 연사흘 밤이나 뵈었기에 邇來夢謁連三夜[104]
넋의 유람 기록해 노래 한 곡조 짓노라 記取魂遊作一歌
국가의 경륜 화택火澤[105]으로 돌아가고 邦國經綸歸火澤
강하의 배와 노는 풍파에 곤란해졌네 江河舟楫困風波
하늘이 사문을 없애려 하지 않는다면 天如未喪斯文也
광匡 사람이라도 그분을 어찌하리[106] 縱有匡人奈我何[107]

옥玉에 흠 없어도 일이 이미 틀어졌으니 玉自無瑕事已訛
초인이 양쪽 발 잘린 것 다른 이유 아니네[108] 荊人兩刖定非佗[109]

101 한산군(韓山君): 고려 후기의 문신 이색(李穡)을 이른다. 한산부원군(韓山府院君)에 봉해졌다. 이성계 일파가 세력을 잡은 뒤 장단(長湍)에 유배되었다. 이성계가 출사(出仕)를 종용하였으나 끝내 고사하였다.
102 『耘谷行錄』에는 「記夢」이라는 제목으로 실려 있고, 한산군과 관련된 내용은 서(序)의 형태로 기록되어 있다.
103 『耘谷行錄』에는 '至寶韜光政令苛.'로 되어 있다.
104 『耘谷行錄』에는 '邇來夢謁連二夜.'로 되어 있다.
105 화택(火澤): 『주역』 〈규괘(睽卦)〉를 가리킨다. 물과 불이 서로 용납하지 않듯이 일이 어그러지는 것을 이른다.
106 하늘이 …… 어찌하리: 이색이 무사할 것이라는 의미이다. 노나라 계손씨(季孫氏)의 가신인 양호(陽虎)가 광(匡) 땅에서 포악한 짓을 자행하였는데, 공자의 모습이 양호와 비슷하여 광 땅 사람들이 양호로 오인하여 포위하였다. 이때 공자가 "하늘이 장차 사문(斯文)을 없애려 하셨다면 내가 사문에 참여하지 못하였을 것이나, 하늘이 사문을 없애려 하지 않으신다면 광 땅 사람들이 나를 어찌하겠는가?"라고 한 『논어』 〈자한(子罕)〉의 내용에서 연유한 말이다.
107 『耘谷行錄』에는 '縱有匡人乃我何.'로 되어 있다.
108 옥(玉)에 …… 아니네: 훌륭한 보배를 세상이 알아주지 못하였기 때문에 결국 자신의 몸이 상하게 된 화씨지벽(和氏之璧)의 고사를 통해 장단에 귀양을 가게 된 이색의 무고함을 드러내었다. 초 땅 사람 변화(卞和)가 초산(楚山)에서 박옥(璞玉)을 얻어 여왕(厲王)에게 바쳤더니, 가짜 옥이라며 왼발 뒤꿈치를 잘리는 월형(刖刑)을 당하였고, 무왕(武王)에게 다시 바쳤으나 역시 가짜 옥이라며 오른발 뒤꿈치를 잘렸다. 훗날 문왕(文王)에게 바치자 옥인(玉人)이 가공하여 그 박옥은 천하에 둘도 없는 보배가 되었다.(『韓非子』, 「和氏」)
109 『耘谷行錄』에는 '荊人兩刖定非他.'로 되어 있다.

해동의 풍월은 응당 분기를 품고	海東風月應含憤
천하의 영웅이 함께 탄식한다네	天下英雄所共嗟
만백성 함께 새 일월 우러르는데	萬姓同瞻新日月
삼한은 저대로 옛 산하 그대로라네	三韓自固舊山河
푸른 하늘이 옳고 그름 분명히 아니	明知枉正蒼蒼在[110]
몸 보전하시기를 자나 깨나 기원하네	寤寐祈傾體氣和

라고 하였다. 시어가 비록 질박하여 말이 되지 않는 곳이 많지만 사실에 대해서는 바로 써서 숨김이 없으니, 정인지鄭麟趾[111]의 『고려사』와 비교해 보면, 해·별·무지개가 서로 현격할 뿐만이 아니기에, 읽노라면 몇 줄기 눈물이 흘러내린다.

대저 고려의 멸망은 무진년[1388]에 왕[112]을 폐위한 데서 말미암았는데 왕을 폐위한 뒤에도 목은과 같은 여러 명류名流가 여전히 남아 있어 한 줄기 공의公議가 사라지지 않았다. 그래서 당시에 정도전鄭道傳·윤소종尹紹宗[113] 등의 무리가 "우왕을 왕씨王氏가 아니라 신씨辛氏라고 하는 사람은 충신이고, 왕씨라고 하는 사람은 역적이다."라는 논리를 앞장서 주장하여 조정을 선동하고 인심을 현혹하여 마침내 선비들을 몰살하고 입에 재갈을 물려 겨우 5년 만에 고려가 망하게 되었으니, 그 당시를 살아

---

110 『耘谷行錄』에는 '明分枉正蒼蒼在.'로 되어 있다.

111 정인지(鄭麟趾): 조선 전기의 문신[1396년(태조 5)~1478년(성종 9)]. 본관은 하동(河東), 자는 백저(伯睢), 호는 학역재(學易齋), 시호는 문성(文成). 병조판서·좌의정·영의정부사 등을 역임하였다. 1451년에 김종서(金宗瑞) 등과 함께 『고려사』를 개찬(改撰)하였고 이듬해 다시 『고려사절요』를 편찬하였다.

112 왕: 우왕(禑王)을 이른다.

113 정도전(鄭道傳)·윤소종(尹紹宗): 정도전은 조선 전기의 문신[1342년(충혜왕 복위 3)~1398년(태조 7)]으로 본관은 봉화(奉化), 자는 종지(宗之), 호는 삼봉(三峰), 시호는 문헌(文憲)이다. 윤소종은 고려 말 조선 초의 문신[1345년(충목왕 1)~1393년(태조 2)]으로 본관은 무송(茂松), 자는 헌숙(憲叔), 호는 동정(桐亭)이다.

가면서 바르고 올곧게 자신을 세우려는 사람은 그 삶의 괴로움과 혼란함이 어떠했겠는가? 그러나 사람의 마음이 다 현혹되지 않고 사람의 입에 다 재갈이 물려지지 않으며 초야에 이러한 동호董狐의 직필[114]이 있었으니, 어찌 바위가 짓눌러도 죽순이 곁으로 자라 나오는 격이 아니겠는가?

元天錫者, 高麗人. 恭愍時不仕, 居原州, 與牧隱諸老相往來. 其遺稿中有直載當時事迹, 後世所不能知者, 以辛禑爲恭愍子者, 此其直筆之尤者. 其詩以伏聞主上殿下遷于江華元子卽位有感, 爲題者二首曰: "聖賢相遇適當時, 天運循環自此知. 田畝豈無憂國意? 更殫忠懇念安危." "新主臨朝舊主遷, 蕭條海郡但風煙. 天關正路誰開閉? 要見明明鑑在前." 以都統使崔瑩被刑, 爲題者三首曰: "水鏡埋光柱石頹, 四方民俗盡悲哀. 赫然功業終歸朽, 確爾忠誠死不灰. 紀事靑編曾滿秩, 可憐黃壤已成堆. 想應杳杳重泉下, 掛眼東門憤未開." "獨立朝端無敢干, 直將忠義試諸難. 爲從六道黔黎望, 能致三韓社稷安. 同列英雄顔更厚, 未亡邪佞骨猶寒. 更逢亂日誰爲計? 可笑時人用事奸." "我今聞訃作哀詩, 不爲公悲爲國悲. 天運誰能知否泰? 邦基未了定安危. 銛鋒已折嗟何及? 忠膽常孤恨不支. 獨對山河歌此曲, 白雲流水摠噫噫." 以聞今月十五日, 國家以定昌君立王位, 前王父子以爲辛旽子孫, 廢爲庶人, 爲題者二首曰: "前王父子各分離, 萬里東西天一涯. 可使一身爲庶類, 寸心千古不遷移." "祖王信誓應于天, 餘澤流傳數百年. 分揀假眞何不早? 彼蒼之鑑照明然." 以國有令前王父子賜死, 爲題者一首曰: "位高鍾鼎是君恩, 反目含讎已滅門. 一國豈能流景祚? 九原難可雪幽冤. 古風淪喪時還泰, 新法淸平道益尊. 且向玉墀呼萬歲, 願施優渥及山村." 以韓山君被讒謫長湍, 爲題者二首曰: "天寶韜光政令苛, 有誰如琢復如磨? 邇來夢謁連三夜, 記取魂遊作一歌.

114 동호(董狐)의 직필: 동호(董狐)는 춘추 시대 진(晉)나라의 사관(史官)으로, 공자가 "그의 서법은 숨기는 일이 없었다."라고 찬양하였다.

邦國經綸歸火澤, 江河舟楫困風波. 天如未喪斯文也, 縱有匡人奈我何?" "玉自無瑕事已訛, 荊人兩刖定非佗. 海東風月應含憤, 天下英雄所共嗟. 萬姓同瞻新日月, 三韓自固舊山河. 明知枉正蒼蒼在, 寤寐祈傾體氣和." 詩語雖質朴, 多不成語, 而事則直書無隱, 比之麟趾之麗史, 不啻日星蝃蝀之相懸, 讀之淚數行下. 大抵麗之亡, 由於戊辰之廢主, 廢主之後, 如牧隱儕流尙存, 一脈公議未泯. 故其時道傳·紹宗等輩, 倡爲非王氏者爲忠, 謂王氏者爲逆之論, 簧鼓朝廷, 眩惑人心, 遂得以魚肉士流, 箝制口舌, 僅五年而國亡矣, 生乎其時而正直自樹者, 其爲生辛苦顚沛, 當如何也? 然而人心未盡眩, 人口未盡箝, 草野之間, 有此董狐之筆, 豈非石壓笋斜出者耶?

13. 평사評事 백광홍白光弘[115]은 호가 기봉岐峯이니 백광훈白光勳[116]의 형이다. 관서關西에 있을 때 주색에 빠졌고 결국 이 때문에 죽었다. 그의 작품 「관서별곡關西別曲」이 세상에 유행한다. 뒤에 고죽孤竹 최경창崔慶昌이 관서에서 벼슬할 때 백광홍이 돌보던 기생에게 준 시[117]에서

대동강의 봄 경치는 옛 경색 그대로이고	浿水煙花依舊色[118]
능라도[119] 향기로운 풀은 지금도 봄이네	綾羅芳草至今春
선랑仙郎이 떠나신 뒤 아무 소식 없으니	仙郎去後無消息

115 백광홍(白光弘): 조선의 시인[1522~1556]. 본관은 해미(海美), 자는 대유(大裕), 호는 기봉(岐峯). 1552년에 문과에 급제하였다. 1555년 평안도 평사(評事)가 되어 기행가사(紀行歌辭)인 「관서별곡(關西別曲)」을 지었다. 저서로 『고죽유고(孤竹遺稿)』가 있다.

116 백광훈(白光勳): 조선 선조 때의 시인[1537~1582]. 자는 창경(彰卿), 호는 옥봉(玉峯). 시재(詩才)가 뛰어나 최경창·이달과 함께 '삼당(三唐)'이라 불렸고, 이산해·최립(崔岦) 등과 함께 '팔문장(八文章)'의 일원이다. 문집으로 『옥봉집』이 있다.

117 『孤竹遺稿』에는 「箕城, 聞白評事別曲.」이라는 제목으로 실려 있다.

118 『孤竹遺稿』에는 '錦繡煙花依舊色.'으로 되어 있다.

119 능라도: 대동강 가운데 있는 섬이다.

관서곡 한 가락에 수건 가득 눈물 젖네　　一曲關西淚滿巾

라고 하였으니, 한때 전송傳誦되었다.

白評事光弘, 號岐峯, 光勳兄也. 在西關, 溺於花酒, 竟以此死. 所作關西曲, 行于世. 其後崔孤竹慶昌宦遊西路, 贈白所眄妓詩曰: "浿水煙花依舊色, 綾羅芳草至今春. 仙郎去後無消息, 一曲關西淚滿巾." 一時傳誦.

14. 상국相國 홍섬洪暹[120]은 자가 퇴지退之이고 호는 인재忍齋이니 의정議政 홍언필洪彦弼[121]의 아들이다. 젊었을 때 김안로金安老[122]에게 무함誣陷을 받아 정형庭刑을 받고 흥양興陽에 유배되었다가 김안로가 사사賜死된 뒤 마침내 크게 현달하였다. 형벌을 받을 적에, 어떤 사람이 찬성贊成 소세양蘇世讓[123]에게 "안타깝구려! 퇴지退之가 여기에서 끝나고 말겠군요."라고 하자 소세양이 "이 사람은 분명 앞길이 있을 터이니, 어찌 갑자기 죽겠소?"라고 하였다. 그 사람이 "어떻게 아십니까?"라고 묻자, 소세양이 "지난날 과

120 홍섬(洪暹): 조선 중기의 문신[1504~1585]. 본관은 남양(南陽). 1531년 문과에 급제하였고, 1535년 김안로(金安老)의 전횡을 탄핵하다가 그 일당인 허항(許沆)의 무고로 흥양(興陽)에 유배되었으며, 1537년 김안로가 사사(賜死)된 뒤 풀려나왔다. 그 뒤 세 번에 걸쳐 영의정을 중임하였다. 저서로 『인재집(忍齋集)』이 있다.

121 홍언필(洪彦弼): 조선 전기의 문신[1476~1549]. 자는 자미(子美), 호는 묵재(默齋). 갑자사화 때에 유배당하였다가 중종반정으로 풀려났으며, 기묘사화 때에 다시 투옥되었으나 조광필(趙光弼)의 변호로 풀려나 영의정 등을 역임하였다.

122 김안로(金安老): 조선 전기의 문신[1481~1537]. 자는 이숙(頤叔), 호는 희락당(希樂堂)·퇴재(退齋)·용천(龍泉). 기묘사화 때 조광조와 함께 유배되기도 하였으며, 그 후 우의정·좌의정 등을 지냈다. 공포 정치를 단행하였으며, 문정왕후의 폐위를 도모하다가 사사되었다. 저서에 『용천담적기(龍泉淡寂記)』가 있다.

123 소세양(蘇世讓): 조선 전기의 문신[1486~1562]. 자는 언겸(彦謙), 호는 양곡(陽谷)·퇴휴당(退休堂)·퇴재(退齋). 1545년[인종 1] 윤임(尹任) 일파의 탄핵으로 사직하였고, 명종이 즉위한 뒤 을사사화로 윤임 등이 몰락하자 재기용되어 좌찬성을 지내다가 사직하고 익산(益山)에 은거했다. 저서에 『양곡집』이 있다.

제課製였던 「염여퇴灩滪堆」[124] 시 결구에서 '원숭이 끝없이 울어 대면서, 험한 여울 오르는 나를 전송하네.[淸猿啼不盡, 送我上危灘]'라고 하였으니, 이러한 시구에서 사람의 화복禍福을 알 수 있소."라고 대답하였다. 홍섬은 마침내 의정부에서 20년 동안 재상을 지내다가 82세에 죽었다. 이처럼 시로도 사람의 궁달窮達을 점칠 수 있나 보다!

洪相國暹, 字退之, 號忍齋, 議政彦弼之子也. 少時爲金安老所陷, 受庭刑竄興陽, 安老敗, 遂光顯. 其刑也, 有人言於蘇贊成世讓曰: "惜夫! 退之之止於斯也." 贊成曰: "此人必有前程, 豈遽死耶?" 其人曰: "何以知之?" 贊成曰: "曩日課製灩滪堆詩結句曰: '淸猿啼不盡, 送我上危灘.' 如此詩句, 可知人休咎."云. 竟入相黃閣二十年, 年八十二卒. 詩亦可以占人窮達, 如是哉!

15. 상국相國 박순朴淳[125]은 자가 화숙和叔이고 박우朴祐[126]의 아들이며, 눌재訥齋 박상朴祥[127]의 조카이다. 그의 맑은 행실과 굳센 절개는 다른 사람들이 미칠 수 없었고, 재상이 된 지 10년 동안 허물이 없었다. 계미년[1583]에 정직한 사람을 미워하는 자들에게 배척되어 왕에게 수십 가지 죄목으로 박순을 출척黜斥하라고 요청하였지만, 선조대왕이 무죄를 통촉

---

124 염여퇴(灩滪堆): 양자강 상류의 험준한 협곡인 구당협(瞿塘峽)의 입구에 우뚝 솟아 있는 큰 암석이다. *『忍齋集』에는 「上三峽 應製」라는 제목으로 실려 있다.

125 박순(朴淳): 조선의 문신[1523~1589]. 본관은 충주, 자는 화숙(和叔), 호는 사암(思菴). 1553년 문과에 장원급제한 후, 성균관 사성·이조판서·예조판서·영의정 등을 지냈다. 1583년 이이(李珥)가 탄핵되었을 때 옹호하다가 도리어 양사(兩司)의 탄핵을 받고 스스로 관직에서 물러나 영평(永平) 백운산(白雲山)에 암자를 짓고 은거하였다. 저서로 『사암집(思菴集)』이 있다.

126 박우(朴祐): 조선 전기의 문신[1476~1547]. 자는 창방(昌邦), 호는 육봉(六峰). 강원도 관찰사·이조참의·전주 부윤 등을 역임하였다.

127 박상(朴祥): 조선 중종 때의 문신[1474~1530]. 자는 창세(昌世), 호는 눌재(訥齋). 1501년[연산군 7]에 문과에 급제하였으며, 중종의 폐비 신씨(愼氏)의 복위를 상소하다가 삭탈관직을 당하였으나, 학행이 뛰어나 이조판서에 추증되었다. 저서로 『눌재집』이 있다.

해 주신 덕분에 화를 면하였다. 마침내 병을 핑계로 영평永平에 물러나 은거하였다. 이곳은 산수 경치가 훌륭해서 유유자적 지내면서 병 없이 생을 마쳤다. 그가 배척당하여 서호西湖에 있을 때 지은 시에서

거문고와 책에 골몰하다 용산을 내려와	琴書顚倒下龍山
훌쩍 노를 저어 목란주木蘭舟 의지하네	一棹飄然倚木蘭
노을은 석양을 띠어 붉은빛이 조각조각	霞帶夕暉紅片片
비는 가을 물에 더해져 푸른빛이 찰랑찰랑	雨增秋浪碧漫漫
강리잎 생기 잃어 시인의 마음 슬프고	江蘺葉悴騷人怨
여뀌꽃 시들어 잠자는 백로가 춥겠네	水蓼花殘宿鷺寒
백발로 또다시 강한의 길손이 되어	頭白又爲江漢客
서리 젖은 옷으로 험한 물살 거슬러 가네	滿衣霜露泝危灘[128]

라고 하였으니, 한때 전송되었다. 「승축僧軸에 쓰다」라는 시에서

퇴청하여 작은 집에서 한가한 틈에	小齋朝退偶乘閑
쓸쓸히 안석에 기대 먼 산 바라보네	隱几蕭然看遠山[129]
예로부터 세상의 분란은 끝이 없고	終古世紛無盡了[130]
오늘날 사람일은 점점 더 어려워지네	秖今人事轉多艱
먼 하늘에 지나는 새는 원래 아득하고	長空過鳥元超忽
석양에 외로운 구름은 절로 오고 가네	落日孤雲自往還
예전 노닐던 머나먼 절을 생각하니	遙想舊遊天外寺

128 「自龍山歸漢江, 舟中口號.」(『思菴集』)
129 『思菴集』에는 '隱几悠悠望遠山.'으로 되어 있다.
130 『思菴集』에는 '從古世紛誰盡解.'로 되어 있다.

목련꽃 피고 물 졸졸 흐르고 있었지 木蓮花發水潺潺

라고 하였으니, 역시 매우 뛰어난 작품으로 칭송되었다. 박순은 호가 사암思庵이니, 사암은 영평永平[131]에 있다. 절구시에서

골짝의 새소리 때로 한마디씩 들리고 谷鳥時時聞一箇
책상에는 한적하게 서책 흩어져 있네 匡床寂寂散群書
매양 가련하구나 백학대 앞의 시냇물 每憐白鶴臺前水
산문山門 나가자마자 진흙 섞이고 마니 纔出山門便帶淤[132]

라고 하였으니, 한가로이 자적하며 얽매인 데 없는 뜻과 고상히 세속을 초월한 기상이 모두 갖추어졌다고 할 만하다.

朴相國淳, 字和叔, 祐之子, 訥齋祥之姪也. 淸修苦節, 人莫能及, 作相十年, 無闕失. 癸未, 爲醜正者所擠, 數十罪請斥之, 賴宣祖大王洞燭其無他, 免於禍. 竟引疾退居于永平地. 有水石之勝, 優游自適, 無疾而終. 其被斥在西湖也, 有詩曰: "琴書顚倒下龍山, 一棹飄然倚木蘭. 霞帶夕暉紅片片, 雨增秋浪碧漫漫. 江蘺葉悴騷人怨, 水蓼花殘宿鷺寒. 頭白又爲江漢客, 滿衣霜露泝危灘." 一時傳誦. 其題僧軸詩曰: "小齋朝退偶乘閑, 隱几蕭然看遠山. 終古世紛無盡了, 秖今人事轉多艱. 長空過鳥元超忽, 落日孤雲自往還. 遙想舊遊天外寺, 木蓮花發水潺潺." 亦稱警絶. 號思庵, 思庵在永平. 有一小絶曰: "谷鳥時時聞一箇, 匡床寂寂散群書. 每憐白鶴臺前水, 纔出山門便帶淤." 其閑適自在之意, 孤高拔俗之標, 可謂兩備.

131 영평(永平): 경기도 포천시 영중면(永中面)·일동면(一東面)·이동면(二東面)·영북면(永北面) 지역을 관할한 조선 시대의 행정구역.
132 「題二養亭壁」(『思菴集』)

16. 상국相國 노수신盧守愼[133]은 자가 과회寡悔이고, 호가 소재蘇齋이니, 을사사화乙巳士禍[134]의 저명한 인물이다. 진도珍島에 20년 동안 유배되었는데 명종 말년에 양이量移[135]되었다가 선조가 등극하자 바로 부름을 받아 관각館閣에 들어가게 되었고, 10년이 못 되어 재상의 지위에 올라 임금의 총애가 매우 지극하였다. 문장이 기이하고 힘이 있어 당대의 으뜸이었다. 진도에서 지은 시 중에 매우 뛰어난 작품이 많아서 인구人口에 회자膾炙된다. 예를 들어, 아우와 이별하며 지은 시[136] 한 구에서

해 저물녘 숲속 까마귀 피 토하며 울고　　日暮林烏啼有血
추운 하늘 서글픈 기러기는 친구 없네　　天寒哀雁影無隣[137]

라고 하였다. 효릉孝陵[138]을 참배하면서 지은 시 한 구에서

실상에 맞게 효릉이라 이름했고　　有實陵名孝
사심이 없어 인종이라 시호했네　　無私謚曰仁

라고 하였다. 어떤 일을 읊은 시[139] 한 구에서

---

133 노수신(盧守愼): 조선의 문신[1515～1590]. 본관은 광주(光州). 을사사화에 연루되어 1547년 순천(順天)에 유배되었고, 양재역 벽서 사건(良才驛壁書事件)으로 가중 처벌되어 진도(珍島)로 이배된 후 19년 동안 귀양살이하였다. 1565년 괴산(槐山)으로 옮겼다가, 선조가 즉위하자 교리·대사간·이조판서를 거쳐 영의정에까지 이르렀다. 저서로 『소재집(蘇齋集)』이 있다.

134 을사사화(乙巳士禍): 조선 명종 즉위년[1545]에 일어난 사화. 인종이 죽자 새로 즉위한 명종의 외숙인 소윤(小尹)의 거두 윤원형(尹元衡)이 인종의 외숙인 대윤(大尹)의 거두 윤임(尹任) 일파를 몰아내는 과정에서 대윤파(大尹派)에 가담했던 사림(士林)이 크게 화를 입었다.

135 양이(量移): 섬이나 변지로 멀리 귀양 보냈던 사람의 죄를 참량(參量)하여 내지나 가까운 곳으로 옮기는 일을 말한다.

136 『穌齋集』에는 「寄尹李二故人」이라는 제목으로 실려 있다.

137 『穌齋集』에는 '天寒沙雁影無隣.'으로 되어 있다.

138 효릉(孝陵): 인종의 능. 경기도 고양시 덕양구에 있다.

139 『穌齋集』에는 「用前韻寄淸牧」이라는 제목으로 실려 있다.

공론은 당시에 결정되지만　　物議當年定[140]
인심은 후세에 공정해지네　　人心後世公[141]

라고 하였으니, 이러한 작품에서 그 전체를 볼 수 있다.

盧相國守愼, 字寡悔, 號蘇齋, 乙巳名流也. 謫珍島二十年, 明廟末年量移, 宣祖踐位, 卽徵入館閣, 未十年, 置之端揆, 眷遇極盛. 爲文章奇健, 爲一時領袖. 其在海島所作詩多警絶, 膾炙人口. 如別其弟詩一句曰: "日暮林烏啼有血, 天寒哀雁影無隣." 謁孝陵詩一句曰: "有實陵名孝, 無私謚曰仁." 詠事一句曰: "物議當年定, 人心後世公." 等作, 可見其全體矣.

17. 성수종成守琮[142]은 바로 청송 선생聽松先生[143]의 아우이다. 기묘사화[144]의 유명한 인물이니, 일찍 대과에 급제하였으나 삭적削籍되어 한가로이 거처하였다. 절구시에서

첩첩 청산이 저잣거리 막고 있는데　　數疊青山落市邊
저물녘 층층 성곽에 풍연이 흩어지네　　層城日暮散風煙

140 『穌齋集』에는 '天意當年定.'으로 되어 있다.
141 『穌齋集』에는 '人情後世公.'으로 되어 있다.
142 성수종(成守琮): 조선 전기의 문신[1495~1533]. 본관은 창녕(昌寧), 자는 숙옥(叔玉), 시호는 절효(節孝). 조광조(趙光祖)의 문인. 1519년 문과에 급제하였는데, 그해 기묘사화가 일어나서 조광조가 물러나자, 그의 문인이라 하여 과방(科榜)에서 삭제되었다. 벼슬에 뜻을 버리고 평생을 청빈하게 살았다.
143 청송 선생(聽松先生): 조선 전기의 문신 성수침[成守琛, 1493~1564]을 이른다. 본관은 창녕, 자는 중옥(仲玉), 호는 청송. 1519년에 현량과에 천거되었는데, 기묘사화가 일어나 조광조와 그를 추종하던 많은 사림들이 처형 또는 유배당하자 벼슬을 단념하고 청송이라는 편액을 내걸고 두문불출하면서 학문에 힘썼다. 저서로 『청송집(聽松集)』이 있다.
144 기묘사화: 1519년[중종 14] 남곤(南袞)·홍경주(洪景舟) 등의 훈구파(勳舊派)에 의해 조광조(趙光祖) 등의 신진 사류(新進士類)들이 숙청된 사건.

고요한 집 골짝에 가까워 인적 드무니　　幽居近壑人來少
홀로 국화 따다가 돌밭에 앉았다네　　獨採黃花坐石田

라고 하였으니, 읊조려 보면 그 인품을 상상할 수 있다.

成守琮, 卽聽松先生之弟也. 己卯名人, 早擢巍科, 被削閑居. 有一小絶曰: "數疊靑山落市邊, 層城日暮散風煙. 幽居近壑人來少, 獨採黃花坐石田." 詠之可想其人.

18. 서화담徐花潭[145]은 이름이 경덕敬德이고, 자는 가구可久이다. 타고난 자질이 상지上知에 가까워 어려운 환경에서 입신立身하여 스스로 학문을 할 줄 알았고, 소옹邵雍[146]의 역학易學에 더욱 정통하여 『황극경세서皇極經世書』의 수를 뽑아내면 하나의 오류도 없었으니, 매우 기이하였다. 만약 중국에서 태어나 대유大儒 선생들 사이에서 연찬하였다면 고명하고 투철하기가 지금의 경지보다 더 뛰어났으리라. 『주역』의 첩경을 알고 있는 사람은 우리나라에서 서화담 한 사람이다. 그의 시에서

독서하던 당시엔 경륜에 뜻 두었더니　　讀書當日志經綸
늘그막에 안씨[147]의 가난 도리어 즐기네　　歲暮還甘顔氏貧[148]

145 서화담(徐花潭): 조선 전기의 학자 서경덕[徐敬德, 1489~1546]을 이른다. 본관은 당성(唐城), 자는 가구(可久), 호는 화담, 시호는 문강(文康). 산림에서 지내다가 1519년에 조광조(趙光祖)에 의해 현량과에 추천되었으나 사퇴하였다. 1531년에 모친의 요청으로 생원시에 응시하여 합격했으나 벼슬을 단념하고 개성의 동문 밖 화담에 은거하여 학문에 전념하였다. 저서로 『화담집』이 있다.
146 소옹(邵雍): 송나라의 학자[1011~1077]. 자는 요부(堯夫), 시호는 강절(康節). 『주역』의 상수학(象數學)에 밝았다. 저서로 역리(易理)를 응용하여 수리(數理)로써 천지만물의 생성변화를 관찰, 설명한 『황극경세서(皇極經世書)』와 『이천격양집(伊川擊壤集)』이 있다.
147 안씨: 안빈낙도(安貧樂道)하였던 공자의 제자 안연(顔淵)을 이른다.
148 『花潭集』에는 '晩歲還甘顔氏貧.'으로 되어 있다.

부귀는 사람들 다투니 손대기 어렵고	富貴有爭難下手
자연은 금하지 않으니 편안할 수 있네	林泉無禁可安身
나물 캐고 고기 잡아 배 채울 만하고	採山釣水堪充腹
달 읊고 시 노래해 마음 후련히 하네	詠月吟風足暢神
학문이 의심 없게 되니 참 기분 좋아	學到不疑眞快活
평생 헛되이 사는 사람은 되지 않으리	免教虛作百年人[149]

라고 하였으니, 그가 뜻을 둔 바를 상상해 볼 수 있다.

徐花潭, 名敬德, 字可久. 生質近於上知, 起自草萊, 自知爲學, 於邵易尤邃, 其推出經世之數, 無一謬誤, 奇哉! 使生於中國, 薰染大儒函丈之間, 則其高明透徹, 不啻其所造而已. 知義易蹊逕者, 我朝一人. 有詩曰: "讀書當日志經綸, 歲暮還甘顔氏貧. 富貴有爭難下手, 林泉無禁可安身. 採山釣水堪充腹, 詠月吟風足暢神. 學到不疑眞快活, 免教虛作百年人." 其志之所存, 可想見矣.

19. 성대곡成大谷[150]은 이름이 운運이니, 나면서부터 아름다운 자질이 있었고 일찍부터 세상의 그물을 벗어났다. 그의 형 성우成遇가 을사사화를 당해 비명횡사하니, 이때부터 더욱 세속적 명성에 뜻을 두지 않고, 보은 속리산 아래 은거하여 80여 세에 죽었다. 그의 시는 그의 인품과 같아 충담沖澹 한아閑雅하여 서호처사西湖處士[151]의 운치가 있었다. 그의 시구 중

149 「述懷」(『花潭集』)

150 성대곡(成大谷): 조선의 학자 성운[成運, 1497~1579]을 이른다. 본관은 창녕, 자는 건숙(健叔), 호는 대곡(大谷). 을사사화로 형이 화를 입은 뒤 속리산에 은거하면서, 선조가 몇 차례 불렀으나 나아가지 않았고 오직 학문에만 정진하였으며 서경덕(徐敬德), 조식(曺植) 등 명현들과 교유하였다. 저서로 『대곡집』이 있다.

151 서호처사(西湖處士): 송나라의 은자 임포[林逋, 967~1028]를 이른다. 자는 군복(君復). 명리를 구하

에 아름다운 것 중에서 예를 들면

몸에 잘 맞는 봄옷은 양쪽 소매가 짧고　　春服稱身雙袖短[152]
손에 익은 옛 거문고는 일곱 줄이 기네　　古琴便手七絃長
십 년 동안 산속의 약초는 모두 맛보니　　十年嘗盡山中藥
객이 와서 때로 입속의 향을 맡아 보네　　客到時聞口齒香[153]

라고 하였고, 남명南冥 조식曺植을 전송한 시[154]에서

아득한 저 기러기 홀로 남해로 날아가니　　冥鴻獨向海南飛
바로 가을바람 불어와 낙엽 질 때라네　　正値秋風落木時
땅 가득한 곡식을 닭과 오리 쪼아 대지만　　滿地稻粱鷄鶩啄[155]
푸른 구름 하늘 너머에서 절로 기심 잊네　　碧雲天外自忘機[156]

라고 하였으니, 이러한 작품이 매우 많다.

成大谷, 名運, 生有美質, 早脫世網. 其兄遇遭乙巳之難, 死於非命, 自此益無意於時名, 遯居報恩俗離山下, 年八十餘卒. 詩如其人, 沖澹閑雅, 有西湖處士之遺韻. 其詩句之佳者, 如 "春服稱身雙袖短, 古琴便手七絃長. 十年嘗盡山中藥, 客到時聞口齒香." 其送曺南冥植詩曰: "冥鴻獨向海南飛, 正値秋風

지 않고 서호(西湖)의 고산(孤山)에 은거하여 20년 동안 성시(城市)에 발을 들여놓지 않았다. 서화에 능하고 시를 잘 지었으며, 특히 매화 시가 유명하다. 장가들지 않아 자식이 없었으며 매화를 심고 학을 길렀기에, 당시에 '매처학자(梅妻鶴子)'라고 하였다.

152 『大谷集』에는 '新服稱身雙袖短.'으로 되어 있다.
153 『大谷集』에는 '客至時聞口齒香.'으로 되어 있다.
『大谷集』에는 「村居書事」라는 제목으로 실려 있다.
154 『大谷集』에는 「寄楗仲」이라는 제목으로 실려 있다.
155 『청창연담』: 滿地稻粱鷄鶩啄.
156 『大谷集』에는 '冥鴻矯翼向南飛, 正値秋風木落時. 滿地稻粱鷄鶩啄, 碧雲天外自忘飢.'로 되어 있다.

落木時. 滿地稻粱鷄鶩啄, 碧雲天外自忘機." 如此者甚多.

20. 조남명曹南冥[157]은 이름이 식植이고, 자는 건중楗中이다. 절의를 숭상하여 천 길 높이로 깎아지른 벼랑과 같은 기상이 있었으며, 은거하여 벼슬하지 않았다. 문장 역시 기위奇偉하여 평범하지 않았다. 예를 들어

저 천 석들이 종을 보게나	請看千石鍾
크게 치지 않으면 소리 안 나지	非大叩無聲
만고의 천왕봉天王峯은	萬古天王峯[158]
하늘이 울어도 오히려 울지 않네	天鳴猶不鳴[159]

라고 하였으니, 시의 운치가 씩씩하고 굳셀 뿐만 아니라 자부심도 적지 않다. 다만 괴이하게도 그의 제자인 정인홍鄭仁弘[160]이 수많은 옥사獄死를 자행하여 백년의 강상綱常을 무너뜨렸다. 그러나 구산龜山이 육당陸棠에 대해서 어찌하겠는가?[161]

曹南冥, 名植, 字楗中. 尙節義, 有壁立千仞之氣, 隱遯不仕. 爲文章, 亦奇偉

157 조남명(曹南冥): 조선의 학자 조식[曹植, 1501~1572]을 이른다. 본관은 창녕(昌寧), 자는 건중(楗仲), 호는 남명(南冥), 시호는 문정(文貞). 경상남도 산청(山淸)의 덕천서원(德川書院)에 제향되었다. 저서로 『남명집』이 있다.

158 『南冥集』에는 '爭似頭流山.'이라고 되어 있다.

159 「題德山溪亭柱」(『南冥集』)

160 정인홍(鄭仁弘): 조선 중기의 문신[1535~1623]. 자는 덕원(德遠), 호는 내암(萊庵). 조식의 수제자이며 대북(大北)의 영수로, 광해군 즉위 후에 영의정에 올랐다. 1613년[광해군 5] 영창대군(永昌大君) 및 반대파 세력을 제거하기 위해 옥사를 일으켰으니, 이를 계축옥사(癸丑獄事)라 칭한다.

161 구산(龜山)이 …… 어찌하겠는가: 스승을 저버린 제자에 대해서 어찌할 수 없다는 의미이다. 정인홍이 조식의 수제자이기 때문에 이렇게 말하였다. 구산은 송나라 학자 양시(楊時)이고, 육당(陸棠)은 양시의 사위로, 육당의 용모가 매우 단정하고 앉은 자세에 조금도 흐트러짐이 없는 것을 보고 사위로 삼았는데 후에 난리를 일으킨 범여위(范汝爲)의 무리가 되었다가 범여위가 패하자 극약을 먹고 자결하였다.

不凡. 如 "請看千石鍾, 非大叩無聲. 萬古天王峯, 天鳴猶不鳴." 不徒其詩韻豪壯, 亦自負不淺也. 獨怪其一傳而仁弘做得許多刑殺, 壞了百年倫紀爾. 然龜山之於陸棠, 奈何乎哉?

21. 남명의 시에서

사람들 바른 선비 좋아하는 것	人之好正士[162]
호랑이 가죽 좋아함과 비슷하지	好虎皮相似
살았을 때는 죽이려고 하다가	生則欲殺之
죽은 뒤에 아름답다 칭송하네	死後稱其美[163]

라고 하였으니, 당시 세태에 깊숙이 관련되어 잘 형용하였다고 할 만하다.

南冥詩曰: "人之好正士, 好虎皮相似. 生則欲殺之, 死後稱其美." 可謂慣涉世間情態而善形容之矣.

22. 남추강南秋江[164]의 「현금부玄琴賦」는 우리나라 사부詞賦의 으뜸이라 하기에 충분하다. 문사文辭가 아름다울 뿐만 아니라 끝에 오음五音을 논한 대목에 지극히 은미한 뜻이 있으니, 어쩌면 느낀 점이 있어서 드러낸 것

162 『南冥集』에는 '人之愛正士.'라고 되어 있다.

163 「偶吟」(『南冥集』)
＊『南冥集』에는 '死後方稱美.'라고 되어 있다.

164 남추강(南秋江): 조선 전기의 학자 남효온[南孝溫, 1454~1492]을 이른다. 본관은 의령(宜寧), 자는 백공(伯恭), 호는 추강(秋江). 점필재(佔畢齋) 김종직(金宗直)의 문인이고 생육신(生六臣)의 한 사람이다. 저서로 『추강집』이 있다.

인가? 나는 읽으면서 눈물을 흘리지 않은 적이 없다.

南秋江玄琴賦, 足爲國朝詞賦之冠. 不特文藻爲然, 其終論五音, 極有微意, 豈有所感而發耶? 余讀之, 未嘗不潸然.

23. 근래 규수閨秀의 작품 중에 승지 조원趙瑗[165]의 첩 이씨[166]의 시가 제일이니, 눈앞의 경물을 읊은 시 한 구절에서

강에 잠긴 갈매기는 꿈이 광활하고　　江涵鷗夢闊
하늘 들어간 기러기는 시름이 장구하네　　天入雁愁長

라고 하였으니, 고금의 시인 중에 이러한 경지에 도달한 이가 없었다.

近來閨秀之作, 如趙承旨瑗之妾李氏爲第一, 其卽景詩一句曰: "江涵鷗夢闊, 天入雁愁長." 古今詩人, 未有及此者.

24. 허초당許草堂[167]의 딸이자 정자正字 김성립金誠立[168]의 처는 자호自號가

165 조원(趙瑗): 조선 중기의 문신[1544~1595]. 본관은 임천(林川), 자는 백옥(伯玉), 호는 운강(雲江). 이조좌랑·삼척 부사·승지를 역임하였다.

166 이씨: 이옥봉(李玉峰)을 이른다. 옥천(沃川) 군수를 지낸 이봉(李逢)의 서녀(庶女).

167 허초당(許草堂): 조선 중기의 문신 허엽[許曄, 1517~1580]을 이른다. 본관은 양천(陽川), 자는 태휘(太輝), 호는 초당(草堂). 허창(許菖)의 증손으로, 할아버지는 허담(許聃)이고, 아버지는 허한(許瀚)이며, 어머니는 성희(成喜)의 딸이다. 허봉(許篈)·허균(許筠)의 아버지이다.

168 김성립(金誠立): 조선 중기의 문신[1562~1593]. 본관은 안동(安東), 자는 여견(汝見) 또는 여현(汝賢), 호는 서당(西堂). 할아버지는 김홍도(金弘道)이고, 아버지는 교리 김첨(金瞻)이며, 어머니는 판서 송기수(宋麒壽)의 딸이다. 관직이 홍문관저작에 이르렀으나, 임진왜란 때 죽었다. 당대에 문명이 높았다.

경번당景樊堂[169]으로, 시집이 세상에 간행되니, 편마다 놀랍고 뛰어나다. 전해지는 「광한전廣寒殿 상량문」[170]은 독특하고 아름다우며 맑고 웅건하여 사걸四傑[171]의 작품과 비슷한 점이 있다. 다만 시집에 실려 있는 작품 중 「유선사遊仙詞」 같은 것은 태반이 옛사람의 시 그대로이다. 일찍이 그의 근체시 2구를 보니,

새 화장 꼼꼼히 한 얼굴을 또 거울에 비춰 보고　新粧滿面猶看鏡
설핏 꾼 꿈 마음에 걸려 나른히 누각 내려오네　殘夢關心懶下樓[172]

라고 하였는데, 이것은 바로 옛사람의 시다.[173] 어떤 이는 "그녀의 남동생 허균許筠[174]이 세간에서 보지 못한 시편을 표절해 몰래 끼워 넣어 그녀의 이름을 드날리게 하였다."라고 하니, 이 말이 그럴듯하다.

許草堂之女金正字誠立之妻, 自號景樊堂, 詩集刊行于世, 篇篇警絶. 所傳廣寒殿上樑文, 瑰麗淸健, 有似四傑之作, 而但集中所載, 如游仙詩, 太半古人全篇. 嘗見其近體二句, "新粧滿面猶看鏡, 殘夢關心懶下樓." 此乃古人詩. 或言: "其男弟筠剽竊世間未見詩篇, 竄入以揚其名."云, 近之矣.

---

169 경번당(景樊堂): 조선 중기 선조 때의 시인 허난설헌[許蘭雪軒, 1563~1589]을 이른다. 본관은 양천, 호는 난설헌(蘭雪軒), 경번(景樊)은 별호, 본명은 초희(楚姬). 강원도 강릉에서 출생하였으며, 허균(許筠)의 누나이다. 이달(李達)에게 시를 배워 8세 때 이미 시를 지었으며 천재적인 시재(詩才)를 발휘하였다. 27세로 요절하였으며 유고집으로 『난설헌시집』이 있다.

170 「廣寒殿白玉樓上樑文」(『蘭雪軒詩集』)

171 사걸(四傑): 당나라의 왕발(王勃)·양형(楊炯)·노조린(盧照鄰)·낙빈왕(駱賓王)을 이른다.

172 「次孫內翰北里韻」(『蘭雪軒詩集』)

173 원나라 장욱(張昱)의 「무제(無題)」 중 "新妝滿面猶看鏡, 殘夢關心嬾下樓."라는 구절이 있다.

174 허균(許筠): 조선 중기의 문신[1569~1618]. 본관은 양천, 자는 단보(端甫), 호는 교산(蛟山)·학산(鶴山)·성소(惺所)·백월거사(白月居士). 첨지중추부사·형조참의·좌참찬 등을 역임하였다.

25. 차천로車天輅[175]라는 자가 있었는데 그 아비 차식車軾[176] 때부터 대대로 문재文才가 있었다. 차천로는 더욱 비범하여 장편 대작을 끊임없이 지어 사단詞壇의 우두머리가 되기에 충분하였다.

> 바람 너머 성난 소리는 발해渤海에서 들려오고　風外怒聲聞渤海[177]
> 눈 속 근심스런 빛은 음산陰山에서 보이누나　雪中愁色見陰山[178]

와 같은 구절은 널리 사람들의 입에 회자되었지만, 사람됨이 경박하고 불량하여 과거 응시생으로부터 뇌물을 받고 시험장에서 답안지를 대신 작성해 줘 합격시켜 준 사람들이 매우 많았다.[179] 만년에는 이재영李再榮[180]과 함께 권간權奸에 빌붙어 그 아들의 글을 대신 지어 주었다. 또 상소를 올려 시의時議에 부화뇌동하니 사람들이 모두 분개하였는데, 얼마 있다가 병으로 죽었다. 이처럼 재주란 논할 것이 못 되기에, 옛사람이 이른바 "문장은 하나의 조그마한 기예다."라고 한 말이 믿을 만하다!

---

175 차천로(車天輅): 조선 중기의 문신[1556~1615]. 본관은 연안(延安), 자는 복원(復元), 호는 오산(五山)·귤실(橘室)·청묘거사(淸妙居士). 송도(松都) 출신. 아버지는 차식(車軾)이며, 어머니는 이계천(李繼天)의 딸이다. 서경덕(徐敬德)의 문인이다. 특히 시에 능해 한호의 글씨, 최립(崔岦)의 문장과 함께 '송도삼절(松都三絕)'이라 일컬어졌다. 저서로 『오산집(五山集)』·『오산설림(五山說林)』 등이 있다.

176 차식(車軾): 조선 중기의 문신[1517년(중종 12)~1575년(선조 8)]. 본관은 연안, 자는 경숙(敬叔), 호는 이재(頤齋). 교리·교감·평해 군수 등을 역임하였다. 아들인 천로·운로(雲輅)와 더불어 송나라의 삼소[三蘇: 蘇洵·蘇軾·蘇轍]에 비유된다. 문집은 병화로 소실되었다고 한다.

177 허균의 『학산초담(鶴山樵談)』에는 '天外怒聲聞渤海.'로 되어 있다.

178 황위(黃暐)는 차천로가 과거에서 답안지를 대리 작성한 죄로 온성(穩城)에 귀양 가서 지은 시라고 하였다.(『塘村集』, 「北關日記」)

179 과거 …… 많았다: 차천로는 1586년 정자(正字)로서 고향 사람 여계선(呂繼先)이 과거를 볼 때 표문(表文)을 대신 지어 주어 장원급제시킨 일이 발각되어 명천에 유배되었다가 1588년 문재가 있다는 이유로 사면되었다.

180 이재영(李再榮): 조선 중기의 문신[1553~1623]. 본관은 영천(永川), 자는 여인(汝仁). 아버지는 증이조판서 이선(李選)이다. 서얼 출신으로, 임진왜란 중에 제정한 군공절목(軍功節目)에 따라 참급(斬級) 군공으로 허통(許通)되어, 1599년[선조 32] 정시문과에 장원하였다. 변려문에 뛰어나 오랫동안 명나라 사신이 오면 필찰(筆札)을 맡았다. 과거 때마다 남의 글을 대신 지어 주었으며, 특히 이이첨의 여러 아들을 부정하게 합격시킨 혐의로 국문을 받다가 죽었다.

有車天輅者, 自其父軾, 世有文才. 天輅尤絶倫, 長篇大作, 衮衮不渴, 足爲詞壇之雄. 如 "風外怒聲聞渤海, 雪中愁色見陰山." 之句, 膾炙人口, 而爲人輕佻無賴, 受擧子賄物, 借述場屋, 得第者甚多. 晩與李再榮灥附權奸, 代其子製作. 且上疏, 傅會時議, 人皆憤之, 未幾病死. 才之不足論如此, 古人所謂文章一小技者, 其信哉!

26. 임제林悌[181] 자순子順은 호탕한 기개가 있고 시에도 능하였다. 일찍이 「패강곡浿江曲」[182] 10수를 지었는데, 그중 한 수에서

대동강의 아녀자들 봄볕을 밟나니	浿江兒女踏春陽[183]
어디 봄볕인들 애간장 끊지 않으랴	何處春陽不斷腸[184]
무수한 실버들로 천을 짤 수 있다면	無限煙絲若可織
님 위해 춤옷을 만들어 드리련만	爲君裁作舞衣裳[185]

이라고 하였다. 시어가 매우 고우니, 대개 번천樊川[186]을 배운 자이리라.

林悌子順, 有豪氣能詩. 嘗著浿江曲十首, 其一曰: "浿江兒女踏春陽, 何處春

---

181 임제(林悌): 조선 전기의 문인[1549~1587]. 본관은 나주(羅州), 자는 자순(子順), 호는 백호(白湖)·풍강(楓江)·소치(嘯癡)·벽산(碧山)·겸재(謙齋). 아버지는 절도사를 지낸 임진(林晋)이다. 흥양 현감·서북도 병마평사·관서 도사·예조정랑을 거쳐 홍문관 지제교를 지냈으나, 성격이 호방하고 얽매임을 싫어해 환로에 대한 마음이 차차 없어졌으며 관리들이 서로 비방 질시하며 편을 가르는 현실에 깊은 환멸을 느꼈다고 한다. 「수성지(愁城誌)」·「화사(花史)」·「원생몽유록(元生夢遊錄)」 등 한문소설을 남겼으며 문집으로는 『임백호집(林白湖集)』이 있다.

182 『林白湖集』에는 「浿江歌」라는 제목으로 실려 있다.

183 당나라 장안미인(長安美人)의 「춘양곡(春陽曲)」에는 '長安少女踏春陽.'으로 되어 있다.

184 『林白湖集』에는 '江上垂楊政斷腸.'으로 되어 있다.

* '何處春陽不斷腸.'은 당나라 장안미인(長安美人)의 「춘양곡(春陽曲)」 중 둘째 구이다.

185 「浿江歌」 10수 중 여섯 번째 수이다.

186 번천(樊川): 당나라 시인 두목(杜牧)을 이른다.

陽不斷腸. 無限煙絲若可織, 爲君裁作舞衣裳." 語甚艶麗, 蓋學樊川者也.

27. 고려 정지상鄭知常의

복사꽃 붉은 비에 새들은 재잘거리고　　桃花紅雨鳥喃喃
집을 두른 청산 너머로 푸른 이내 어리네　　繞屋青山間翠嵐
머리의 삐딱한 오사모는 게을러 바로 쓰지 않고　一頂烏紗慵不整
꽃동산에서 취해 잠자며 강남 꿈을 꾼다네　醉眠花塢夢江南[187]

는 놀랍고 기발하며 아름다워, 우리나라의 시 중에서 비견할 작품이 드물다.

高麗鄭知常之 "桃花紅雨鳥喃喃, 繞屋青山間翠嵐. 一頂烏紗慵不整, 醉眠花塢夢江南." 警拔藻麗, 我東之詩, 鮮有其比.

28. 목은牧隱[188]의

한 점 군산君山[189]에 저녁노을 붉은데　　一點君山夕照紅
드넓게 오·초를 삼켜 형세가 무궁하다　　闊呑吳楚勢無窮
긴 바람 불어 황혼의 달이 뜨니　　長風吹上黃昏月

187 「醉後」(『東文選』)
188 목은(牧隱): 이색(李穡)을 이른다.
189 군산(君山): 동정호(洞庭湖) 어귀에 있는 산 이름. 상군(湘君)이 노닐던 곳이기에 그와 같은 이름이 붙었다. 일명 상산(湘山).

어둠 속 비단 등롱의 촛불 같네　　　銀燭紗籠暗淡中[190]

는 기상이 광활하고 심원하여 다른 사람들을 삼켜 버릴 만하다.

牧隱之 "一點君山夕照紅, 闊呑吳楚勢無窮. 長風吹上黃昏月, 銀燭紗籠暗淡中." 氣像闊遠, 可呑餘子.

29. 석천石川 임억령林億齡[191]은 시인이다. 또한 기이하고 거룩한 기상이 있어 고고하게 시속을 따라 처신하지 않았다. 시는 청련靑蓮[192]을 배워 일가의 기법이 매우 대단하였다. 일찍이 오언절구 한 수를 읊어

사람이 물가 난간에 기대서니　　　人方憑水檻[193]
해오라기도 여울 가에 섰다네　　　鷺亦立沙灘
백발은 비록 서로 비슷하건만　　　白髮雖相似
나는 한가하나 해오라긴 바쁘다　　　吾閑鷺未閑[194]

라고 하니 세상을 흘겨보는 호방한 뜻을 볼 수가 있다.

林石川億齡, 詩人也. 且有奇偉氣, 落落不隨時俯仰. 詩學靑蓮, 而家數甚大.

---

190 「東吳八詠, 沈休文之作也, 宋復古畫之, 載於東坡集. 予少也讀之而忘之矣, 今病餘悶甚, 偶閱東坡詩註, 因起東吳之興, 作八詠絕句.」(『牧隱集』) 중 첫 수인 「洞庭晩靄」이다.

191 임억령(林億齡): 조선 중기의 문신[1496~1568]. 본관은 선산(善山), 자는 대수(大樹), 호는 석천(石川). 박상(朴祥)의 문인이다. 그는 도량이 넓고 청렴결백하며, 시문을 좋아하여 사장(詞章)에 탁월하였기에 당시의 현인들이 존경하였으나 이직(吏職)에는 적당하지 않았던 것으로 사신(史臣)들이 평하였다. 저서로는 『석천집』이 있다.

192 청련(靑蓮): 당나라의 시인 이백(李白)을 이른다.

193 『石川詩集』에는 '吾方憑水檻.'으로 되어 있다.

194 「息影亭, 水檻觀魚」(『石川詩集』)
　*『石川詩集』에는 '吾閑鷺不閑.'으로 되어 있다.

嘗詠其一少絶曰: "人方憑水檻, 鷺亦立沙灘. 白髮雖相似, 吾閑鷺未閑." 其睥睨豪橫之意可見.

30. 동파東坡의 시에서

주공周公과 관숙管叔·채숙蔡叔[195]은　　周公與管蔡
한스럽게도 초가삼간에서 같이 살지 않았네　　恨不茅三間[196]

라고 하니, 나는 매양 이 시를 읊을 때면 문득 길게 탄식하곤 했다. 만약 희단姬旦[197]이 다시 태어난다면 무슨 생각을 할까? 옛날에 내가 백이伯夷·숙제叔齊의 사당을 참배하고 지은 시에서

군신의 의리 없어진 상·주나라 즈음이요　　君臣義廢商周際
형제의 우애 무너진 관숙管叔·채숙蔡叔 때라네　　兄弟恩壞管蔡時
우습다 소보와 허유[198]는 무슨 일을 하는 자이기에　　却笑巢由何事者
일생을 맑은 영수潁水에서 요임금만 피해 다녔던고　　一生淸潁避堯爲[199]

라고 하였다. 이 시를 본 자 중에 어떤 이는 이 시가 지나치게 고고하다

---

195 관숙(管叔)·채숙(蔡叔): 주 무왕(周武王)의 동생인 관숙선(管叔鮮)과 채숙도(蔡叔度)를 이른다. 무왕이 죽고 어린 성왕(成王)이 즉위하자 무왕의 동생인 주공(周公)이 섭정을 하였는데, 관숙선과 채숙도가 "주공이 어린 왕에게 나쁜 일을 저지를 것이다."라는 유언비어를 퍼뜨렸다. 주공이 동도(東都)로 피하였으나 성왕이 주공을 돌아오도록 하자, 관숙선과 채숙도는 상나라 주왕(紂王)의 아들 무경(武庚)을 끼고 반란을 일으켰다. 주공은 성왕의 명을 받아 무경과 관숙선을 죽이고 채숙도를 유배 보냈다.

196 「和歸園田居 六首」(『東坡全集』)

197 희단(姬旦): 주공을 이른다.

198 소보와 허유: 요(堯)임금 때의 은사(隱士). 요임금이 허유(許由)에게 제위(帝位)를 물려주려 하자 허유는 더러운 말을 들었다며 영수(潁水)에서 귀를 씻었고, 소보(巢父)는 소에게 물을 먹이러 왔다가 그 말을 듣고, 상류로 올라가 물을 먹였다고 한다.

199 『청창연담』: 一生淸潁避堯爲.

고 말하기도 하지만 기실 지나치게 고고한 의론은 아니다.

東坡有詩曰: "周公與管蔡, 恨不茅三間." 余每詠之, 輒長嘆. 使姬旦復生, 當作何如懷也? 昔年余嘗拜夷齊廟有詩曰: "君臣義廢商周際, 兄弟恩壞管蔡時. 却笑巢由何事者, 一生淸潁避堯爲?" 見者或言其過高, 而實非過高之論也.

31. 정송강鄭松江[200]이 해직되어 남쪽 지방에 있을 때 지은 시에서

궁궐 남쪽의 밭두둑에 나무 짙푸른데	掖垣南畔樹蒼蒼
아득히 귀향하는 꿈 옥당에 올라가네	歸夢迢迢上玉堂
두견새 한 소리에 산 대나무 찢어지니	杜宇一聲山竹裂
외로운 신하 백발이 이때 길어진다오	孤臣白髮此時長[201]

라고 하니, 시어가 몹시 사람을 놀라게 해 정신이 번쩍 들게 만든다.

鄭松江解職在南中時, 有詩曰: "掖垣南畔樹蒼蒼, 歸夢迢迢上玉堂. 杜宇一聲山竹裂, 孤臣白髮此時長." 語甚警策.

32. 또 어떤 이에게 준 시의 말구에서

어떻게 하면 돌로 변하여	何當化爲石
저물녘 강가에 우뚝 설까	屹立暮江頭[202]

200 정송강(鄭松江): 조선 중기의 문신 정철[鄭澈, 1536~1593]을 이른다.
201 「夜坐聞鵑」(『松江集』)
202 정철의 『松江續集』에는 제목을 「失題」라 하고, 출전을 『상촌고』 〈청창연담〉이라고 밝히고 있다.

라고 하니, 역시 수려하고 기발하며 의취 자체가 좋다.

又有贈人詩末句曰: "何當化爲石, 屹立暮江頭." 亦秀拔, 意致自好.

33. 지천芝川 황정욱黃廷彧[203]은 문장에 깊이가 있다. 그의 시구에

평소 귀거래歸去來[204]가 좋다 허랑하게 말하더니 平生漫說歸田好[205]
반평생 오히려 행로난行路難[206]을 부르네 半世猶歌行路難[207]

라고 하니 의미가 매우 격렬하다.

黃芝川廷彧深於文章. 其詩句曰: "平生漫說歸田好, 半世猶歌行路難." 意甚激烈.

34. 간이簡易 최립崔岦[208]은 문장을 지을 때 옛날의 작자를 힘써 따랐고 시를 여사餘事로 여겼지만 시도 출중하게 기이하고 강건한 구절이 있다. 내가 그와 함께 북경으로 가면서 길 위에서 주고받은 시가 매우 많았으

203 황정욱(黃廷彧): 조선 중기의 문신[1532~1607]. 본관은 장수, 자는 경문(景文), 호는 지천(芝川). 대제학·예조판서·병조판서를 지냈다. 임진왜란 때, 왕자 순화군(順和君)을 수행하여 강원도와 함경도 지방에서 의병을 모집하다가 왜장에게 붙잡힌 일이 있는데, 후에 이 일 때문에 탄핵을 받고 유배되었다. 문장·시·서예에 능하였다. 저서로는 『지천집』이 있다.

204 귀거래(歸去來): 「귀거래사(歸去來辭)」. 진(晉)나라 때 도연명(陶淵明)이 벼슬을 그만두고 전원(田園)으로 돌아가 유유자적할 생각을 붙인 작품.

205 『芝川集』에는 '紅塵謾說歸田好.'로 되어 있다.

206 행로난(行路難): 악부(樂府)의 이름. 세상살이의 어려움을 내용으로 한다.

207 「罷官向芝上, 午坐樓院」(『芝川集』)
*『芝川集』에는 '白首猶歌行路難.'으로 되어 있다.

208 최립(崔岦): 조선 중기의 문신[1539~1612]. 본관은 통천(通川), 자는 입지(立之), 호는 간이(簡易)·동고(東皐). 전주 부윤·승문원제조·강릉 부사를 지내고 형조참판에 이르러 사직했다. 그는 당대 일류의 문장가로 인정을 받아 중국과의 외교문서를 많이 작성했다. 저서로 『간이집』이 있다.

니, 일찍이 그의 시구들을 좋아했다.[209]

칼은 두우斗牛를 쏘지만 누가 그 기운 볼 수 있나 劍能射斗誰看氣
옷은 황제를 뵙기도 전에 벌써 향기가 난다네 衣未朝天已有香[210]

까마귀는 상림원上林苑[211]을 돌아도 앉을 나무 없고 烏繞上林無樹着[212]
기러기는 남포 따라가지만 옛 모래섬 아니라네 雁遵南浦故洲非

종남산과 위수[213]를 항상 볼 수만 있다면 終南渭水如常見[214]
무덕과 개원[215]을 다시 당겨 올 수 있으리 武德開元得再攀[216]

라고 하니, 사어詞語가 정밀하고 절실하며 굳세고 힘차다.

崔簡易岦爲文, 力追古作者, 餘事於詩, 詩亦有奇健出人之句. 余同赴京師, 沿路唱酬甚多, 嘗喜其詩句, 曰: "劍能射斗誰看氣, 衣未朝天已有香." 曰: "烏繞上林無樹着, 雁遵南浦故洲非." 曰: "終南渭水如常見, 武德開元得再攀." 詞語精切矯健.

---

209 내가 …… 좋아했다: 선조 26년[1593]에 광해군의 세자 책봉을 명나라에 주청(奏請)하러 갈 때, 윤근수(尹根壽)가 주청사였고 최립이 부사(副使)였으며 신흠은 서장관(書狀官)이었다. 『간이집』 〈갑오행록(甲午行錄)〉에 상촌과 수창(酬唱)한 시 몇 수가 나온다.

210 「龍川, 伏蒙台章下酬, 不得無謝.」(『簡易文集』, 〈甲午行錄〉)

211 상림원(上林苑): 중국의 옛 궁중 이름.

212 한국고전번역원 영인본 『청창연담』에는 '烏統上林無樹着.'으로 오기되어 있다.

213 종남산과 위수: 종남산(終南山)과 위수(渭水)는 원래 중국 장안에 있는 산과 강의 이름이지만, 서울의 남산과 한강을 비유하는 말로 쓰였다.

214 『簡易文集』에는 '終南淸渭如常見.'으로 되어 있다.

215 무덕과 개원: 무덕(武德)은 당 고조의 연호이고, 개원(開元)은 당 현종의 연호로, 태평 시대를 비유하는 말이다.

216 「次台韻通錄 六首」(『簡易文集』, 〈甲午行錄〉)

35. 우계牛溪 성혼成渾[217]이 사암思庵[218]을 애도한 시에

세상 밖 운산雲山이 깊고 또 깊어	世外雲山深復深
시냇가 초가집은 이미 찾기 어렵네	溪邊草屋已難尋
배견와拜鵑窩 위 삼경의 달은	拜鵑窩上三更月
일찍이 선생의 일편단심 비췄었지	曾照先生一片心[219]

라고 하니 사암을 잘 애도하였다고 이를 만하다.[220] 배견와拜鵑窩는 바로 사암의 별장 이름이다.

成牛溪渾哭思庵詩曰: "世外雲山深復深, 溪邊草屋已難尋. 拜鵑窩上三更月, 曾照先生一片心." 可謂善哭思庵矣. 拜鵑窩, 卽思庵窩名也.

36. 송강松江 정철鄭澈이 중봉重峯 조헌趙憲[221]을 애도하여

아, 여식이여	吁嗟乎汝式

217 성혼(成渾): 조선 중기의 학자[1535~1598]. 본관은 창녕, 자는 호원(浩原), 호는 우계(牛溪)·묵암(默庵). 동서 분당기 때 서인과 정치 노선을 함께했고 이이와 함께 서인의 학문적 원류를 형성했다. 그의 학문은 이황과 이이의 학문을 절충했다는 평가가 있으며 소론학파의 사상적 원류가 되었다는 견해도 있다. 저서에 『우계집』 등이 있다.

218 사암(思庵): 박순(朴淳)을 이른다.

219 「挽思菴朴相公 淳」(『牛溪集』)
*『牛溪集』에는 '應照先生一片心.'으로 되어 있다.

220 허균은 『성수시화(惺叟詩話)』에서, 수백 편에 달하는 박순(朴淳)을 위한 만시 중에서 위의 시를 최고의 작품으로 꼽으면서 "무한한 감상(感傷)의 뜻이 말의 밖으로 드러나지 않으니 서로 깊이 아는 사이가 아니라면 어떻게 이런 작품이 있겠는가?"라고 평하였다.

221 조헌(趙憲): 조선 중기의 문신·의병장·학자[1544~1592]. 본관은 배천(白川), 자는 여식(汝式), 호는 중봉(重峯)·도원(陶原)·후율(後栗). 이이의 문인. 공조좌랑·보은 현감을 지냈다. 임진왜란 때 옥천·홍성 등지에서 의병을 일으켜 활약하였으나 금산에서 7백 의병과 함께 전사하였다. 저서에 『중봉집』이 있다.

공자와 안자를 배우고 가의와 굴원을 흠모했네 學孔顔而慕誼原
바르게 죽기를 원하더니 끝내 절의 위해 죽었네 欲死於直而竟死於節
아, 여식이여 吁嗟乎汝式[222]

라 하니, 세상에서 '말을 잘 안다[知言]'고 하였다.

鄭松江澈哭趙重峯憲曰: "吁嗟乎汝式, 學孔顔而慕誼原. 欲死於直而竟死於節, 吁嗟乎汝式." 世以爲知言.

37. 진간재陳簡齋[223]의 시에서

나그네의 세월은 시권詩卷 속에 있고 客子光陰詩卷裏
살구꽃의 소식은 빗소리 안에 있네 杏花消息雨聲中[224]

라고 하였고 우리나라의 박사 김질충金質沖[225]의 시에서

삼 년간 약 먹는 중에도 사람은 여전히 앓고 三年藥裏人猶病[226]
하룻밤 빗소리에 꽃이 모두 활짝 피었다네 一夜雨聲花盡開

라고 하니, 대개 시어詩語가 서로 비슷하다. 박사의 작품도 당시 사람들이

222 『松江集』의 「祭趙汝式文」에는 '吾友汝式, 學孔顔而慕誼原, 欲死於直, 終死於節, 吁嗟乎汝式.'으로 되어 있다.
223 진간재(陳簡齋): 송나라의 시인 진여의[陳與義, 1090~1139]를 이른다. 자는 거비(去非), 호는 간재(簡齋).
224 「懷天經·智老, 因訪之.」(『簡齋集』)
225 김질충(金質沖): 『학산초담(鶴山樵談)』에서 "김질충은 자가 직부(直夫)이고 광주인(光州人)이며 벼슬은 호조좌랑이다."라고 하였다.
226 『鶴山樵談』에는 '三年藥力人猶病.'으로, 『海東繹史』에는 '三年藥物人猶病.'으로 되어 있다.

전해 가며 암송하였다.

陳簡齋有詩曰: "客子光陰詩卷裏, 杏花消息雨聲中." 我國金博士質沖有詩曰: "三年藥裏人猶病, 一夜雨聲花盡開." 蓋詩語相似. 博士之作, 亦爲時人傳誦.

38. 최간이崔簡易가 백이·숙제의 사당을 읊은 시에서

그 당시에는 삼강三綱만을 중요하게 여겼을 뿐 只爲三綱當日重[227]
훗날 오등五等[228]의 영화를 기대하지 않았네 非期五等後時榮
청운지사가 열전을 지어 문자를 구하면서[229] 靑雲作傳馳文字[230]
줄곧 명성에 대해서만 논하니 식견이 경박하다 一味論名見卽輕[231]

라고 하니, 이전 사람들이 생각하지 못했던 말이다. 칠언근체시인데 이것은 그중 아래의 두 연이다.

崔簡易詠夷齊廟曰: "只爲三綱當日重, 非期五等後時榮. 靑雲作傳馳文字, 一味論名見卽輕." 前人所未發也. 七言近體而此其下二句也.

---

227 『簡易文集』에는 '但識三綱當日重.'으로 되어 있다.
228 오등(五等): 공·후·백·자·남(公·侯·伯·子·男) 등 다섯 작위를 이른다.
229 청운지사가 …… 구하면서: 『史記』「伯夷列傳」의 마지막 부분에서 "백이·숙제가 비록 어질지만, 공자의 좋은 평가를 얻었기에 명성이 더욱 드러났다. …… 청운의 선비에게 의지하지 않았다면, 어떻게 후세에까지 이름이 전해질 수 있었겠는가?[伯夷叔齊雖賢, 得夫子而名益彰 …… 非附靑雲之士, 惡能施于後世哉?]"라고 하였다.
230 『簡易文集』에는 '靑雲傳作馳文字.'로 되어 있다.
231 「永平, 次台韻夷齊廟. 二首.」(『簡易集』, 〈甲午行錄〉)

39. 간이공簡易公이 전주 부윤으로 있다가 부름을 받고 서추西樞[232]가 되어 사대事大 문서를 전담하였는데,[233] 괴원槐院[234]에 제조提調[235]가 매우 많아 각자 소견을 고집하였다. 그래서 하나의 문서를 낼 때마다 이어 붙이는 것이 태반이기에 간이는 마음속으로 고달프게 여겼다. 어떤 이에게 준 시 한 연聯에서

> 난세에 쓰는 글이란 고삐 풀린 망아지이고 亂世用文方釋馬
> 사람 따라 글자 놓으니 도리어 파리가 되네 從人安字轉成蠅[236]

라고 하니 말이 해학을 잘한 것에 가까우면서도 율려律侶가 자연스럽다.

簡易公以全州府尹, 徵入爲西樞, 專任事大文書, 而槐院提調甚多, 各持所見. 每出一文書, 點綴者太半, 簡易心苦之. 贈人詩一聯曰: "亂世用文方釋馬, 從人安字轉成蠅." 語近善謔, 而侶律天成.

40. 운장雲長 송익필宋翼弼[237]은 비록 한미한 출신이라는 제약이 있었지만 천품이 매우 고매했고 문장도 고매하였다.

---

232 서추(西樞): 서반(西班)의 정1품 아문(衙門)인 중추부(中樞府)의 별칭이다.
233 최립은 1592년[선조 25]에 장단(長湍) 부사로 있다가 전주 부윤이 되었으며 이듬해에 서추(西樞)로 행재에 소환되어 자문(咨文)과 주문(奏文)을 맡아 지었다.
234 괴원(槐院): 승문원(承文院)의 별칭이다.
235 제조(提調): 승문원은 사대(事大)·교린(交隣)의 문서를 맡은 정3품 아문(衙門)으로 예조의 관할에 속하는데, 타관(他官)이 겸직하는 제조를 두어 이 아문의 일을 다스리게 하였다. 승문원에는 정1품인 의정(議政)들이 겸직하는 도제조(都提調)와 종1품·정2품·종2품인 타관이 겸직하는 정수(定數)가 없는 제조와 정3품 당상이 겸직하는 정수가 없는 부제조(副提調)가 있었다.
236 「次宋靈老韻 二首」(『簡易集』, 〈扈行錄〉)
237 송익필(宋翼弼): 조선 중기의 학자[1534~1599]. 본관은 여산(礪山), 자는 운장(雲長), 호는 구봉(龜峯). 할머니 감정(甘丁)이 안돈후(安敦厚)의 천첩 소생이었으므로 신분이 미천하였다. 성리학과 예학에 능하였다. 저서에 『구봉집』이 있다.

버들이 짙푸르니 연무 떨어지려 하고　　柳深煙欲滴
못이 고요하니 해오라기 날기를 잊네　　池淨鷺忘飛[238]

와 같은 구절은 사람들을 초월하여, 맑고 아름답기가 귀하게 여겨질 뿐 아니라 이치도 절로 이른다.

宋翼弼雲長, 雖繫寒微, 天稟甚高, 文章亦高. 如 "柳深煙欲滴, 池淨鷺忘飛." 之句, 度越諸人, 非徒淸葩可貴, 理亦自到.

41. 백사白沙 이 상국李相國[239]이 무오년[1618, 광해군 10] 봄에 대비大妃의 폐위에 대해 간언하자, 당시의 여론은 장차 그를 극형에 처해야 한다며, 주구走狗를 사주해 참형에 처하라는 상소를 하루에도 서너 번씩 올렸으며, 대사헌 이영李覮[240]과 대사간 윤인尹訒[241] 등은 그를 절도絕島에 위리안치圍籬安置하라고 청하였다. 왕이 그를 멀리 유배하도록 명하여 처음에는 관서로 귀양 보내자, 주구를 사주해 먼 변방에 안치하라고 청하게 하여 육진

---

238 「獨坐」(『龜峯集』)

239 이 상국(李相國): 조선 중기의 문신 이항복[李恒福, 1556~1618]을 이른다. 자는 자상(子常), 호는 동강(東岡)·백사(白沙)·필운(弼雲). 임진왜란 때 병조판서를 지내면서 많은 공적을 세웠으며, 좌의정·영의정을 지냈고, 오성부원군에 진봉되었다. 인목대비(仁穆大妃) 폐모론에 반대하다가 1618년 관직이 삭탈되고 함경도 북청에 유배되어 그곳에서 죽었다. 저서에 『사례훈몽(四禮訓蒙)』·『백사집(白沙集)』·『북천일기(北遷日記)』 등이 있다.

240 이영(李覮): 조선 중기의 문신[1561~1623]. 본관은 전주(全州), 자는 사영(士瑩), 호는 이환(泥丸). 1615년[광해군 7] 대사헌이 되어, 인목대비의 삭호를 발의하였다. 이듬해인 1616년 병조참판이 되고, 1618년 완창군(完昌君)에 봉해졌다. 그 뒤 우참찬에 이르렀다. 광해군의 총애를 받았으나, 인조반정 후에 폐모론의 원흉으로 몰려 주살되었다.

241 윤인(尹訒): 조선 중기의 문신[1555~1623]. 본관은 파평(坡平), 자는 인지(訒之). 이이첨 등의 사주를 받아 인목대비의 유폐를 주장하였으며, 1618년에 이각과 함께 다시 폐모론을 내세워 서인(庶人)으로 만들고, 서궁(西宮)에 유폐시켰다. 인조반정 후에 이이첨 등과 함께 주살되었다.

六鎭[242]에 이배移配했다가 또 삼수三水[243]로 옮겼는데, 왕이 특별히 북청北靑[244]으로 옮기게 하였다. 그가 도성을 나가던 날 절구 한 수를 읊기를

태양이 어둑어둑 대낮에도 어두컴컴하고	白日陰陰晝晦微[245]
북풍이 불어 먼 길 가는 이의 옷을 찢네	朔風吹裂遠征衣[246]
요동의 성곽은 응당 옛날 그대로이겠으나	遼東城郭應依舊
다만 정령위가 가서 돌아오지 못할까 걱정일세[247]	只恐令威去不歸[248]

라고 하니, 들은 자들이 눈물을 흘렸다. 당시 영상인 덕양德陽 기공奇公과 첨추 정홍익鄭弘翼, 정正 김덕함金德諴[249]이 함께 직언을 하다가 모두 북쪽 변경으로 유배되어 동시에 떠나가니, 나라의 명맥도 그들이 귀향을 가면서 다하였다. 당시 옥당玉堂의 장관은 정조鄭造[250]였다.

---

242 육진(六鎭): 조선 세종 때 동북 방면의 여진족에 대비해 두만강 하류 남안에 설치한 국방상의 요충지인 종성(鐘城)·온성(穩城)·회령(會寧)·경원(慶源)·경흥(慶興)·부령(富寧) 등 여섯 진.

243 삼수(三水): 함경남도 북단의 압록강 상류 이남에 위치한 군.

244 북청(北靑): 함경남도의 동남부에 위치한 군.

245 『白沙集』에는 '雲日蕭蕭晝晦微.'로 되어 있다.

246 『白沙集』에는 '北風吹裂遠征衣.'로 되어 있다.

247 다만 …… 걱정일세: 한나라 때 요동 사람 정령위(丁令威)가 고향을 떠난 지 천 년 만에 학을 타고 돌아와 보니, 성곽은 옛날과 같은데 아는 사람이 하나도 없기에, 공중을 배회하며 탄식하다 떠나갔다는 전설이 있다.

248 「到靑坡, 移配慶源, 又移三水, 正月九日, 改北靑, 延陵諸君携壺, 送于山壇道左.」(『白沙集』)

249 덕양(德陽) 기공(奇公) …… 정(正) 김덕함(金德諴): 덕양(德陽) 기공(奇公)은 조선 중기의 문신 기자헌[奇自獻, 1567~1624]을 이른다. 기자헌의 본관은 행주(幸州), 덕양(德陽)은 행주의 고지명이다. 초명은 자정(自靖), 자는 사정(士靖), 호는 만전(晩全). 부제학·대사헌·영의정을 지냈다. 1617년 인목대비 폐모론이 일자 간언하다 홍원(洪原)에 유배되었다가 다시 길주(吉州)로 이배되었다. 덕평부원군(德平府院君)에 봉해졌다.

첨추 정홍익(鄭弘翼)은 조선 중기의 문신[1571~1626]으로, 본관은 동래(東萊), 자는 익지(翼之), 호는 휴옹(休翁)·휴헌(休軒)·휴암(休菴)이며, 예조좌랑·지평·성균관사예를 지냈다. 인목대비 폐모론이 일자 이를 극력 반대, 극간하다가 진도·종성·광양 등지에 유배되었다.

정(正) 김덕함(金德諴)은 조선 중기의 문신[1562~1636]으로, 자는 경화(景和), 호는 성옹(醒翁)이며, 광해군 때 군기시정(軍器寺正)을 지냈다. 인목대비 폐모론이 일자 이항복·정홍익의 의견을 좇아 반대하다가 남해에 유배되었으며, 명천·온성·사천 등지에 이배되었다. 저서에 『성옹유고』가 있다.

250 정조(鄭造): 조선 중기의 문신[1559~1623]. 본관은 해주(海州), 자는 시지(始之). 이이첨의 주구가 되어 인목대비를 죽이려 하였으나 박승종(朴承宗)의 방해로 실패하였다. 1617년 다시 폐모론을 제기하여 인목대비를 유폐시키는 데 적극 가담하였고, 이듬해 부제학·대사성을 거쳐 1619년에는 대사간이

白沙李相國, 戊午春, 諫廢大妃, 時議將寘極典, 嗾鷹犬上疏請斬者日三四上, 大司憲李覺大司諫尹訒等, 請圍籬安置於絶島. 上令遠竄, 初配關西, 爲嗾鷹犬請置絶塞, 移配六鎭, 又移三水, 上特移北靑. 出城之日, 有詩一絶, "白日陰陰晝晦微, 朔風吹裂遠征衣. 遼東城郭應依舊, 只恐令威去不歸." 聞者泣下. 時領相德陽奇公及鄭僉樞弘翼·金正德諴, 俱直言, 皆竄北荒, 同時發去, 國脈盡於此行矣. 其時玉堂長官則鄭造也.

42. 정군 익지鄭君翼之[251]가 도중에서 지은 시에서

직언은 간영불골표諫迎佛骨表[252]에 부끄러운데 　　危言慚佛骨
나그넷길은 조양潮陽[253]의 반이라네 　　客路半潮陽

라고 하니, 그 말 역시 운치가 있어 읊을 만하다.

鄭君翼之途中作曰: "危言慙佛骨, 客路半潮陽." 其語亦有致, 可詠.

43. 왕감주王弇州[254]의 「열사閱史」[255] 시에서

책 덮고 문 닫아거니 자주 해가 지는데 　　掩卷柴門數落暉

되었다. 1621년 형조참판을 지내고, 1622년 부제학·동지의금부사로 있다가 인조반정으로 정국이 역전되면서 원흉으로 지목되어 1623년[인조 1] 사형에 처해졌다.

251 정군 익지(鄭君翼之): 정홍익을 이른다.

252 간영불골표(諫迎佛骨表): 당나라의 한유(韓愈)가 819년 독실한 불교신자였던 헌종이 불골[佛骨, 부처의 유골이나 사리]을 궁중으로 맞아들이려 하는 것을 반대하기 위해 올린 글. 이 글을 올리고 한유는 조주(潮州) 자사로 좌천당했다.

253 조양(潮陽): 광동성 동남부 산두시(汕頭市) 지역. 한유의 시 「左遷至藍關示姪孫湘」에서 "저녁에 좌천되어 조양 가는 길이 팔천.[夕貶潮陽路八千.]"이라고 하였다.

254 왕감주(王弇州): 명나라의 문인 왕세정(王世貞)을 이른다.

255 원제는 「閱史偶有所感」(『弇州續稿』)이다.

예부터 모두 성인의 위엄을 부러워했네	古來俱羨聖之威
어찌 알랴, 천지에 길이 일이 많은 이유는	那知天地長多事
모두 영웅이 기심을 그치지 못했기 때문인 줄	總爲英雄未息機
두 눈으론 인체人彘[256]가 있는 것 억지로 보고	雙眼耐他人彘在[257]
일신은 너끈히 제파帝羓[258] 되어 돌아왔지	一身贏得帝羓歸[259]
절인 생선도 조룡祖龍[260]의 악취 막지 못했고	鮑魚不救祖龍臭
구더기가 제나라 패왕[261]의 살찐 몸에서 꿈틀댔지	螻蟻翻因齊霸肥[262]
대궐에서 살다 사태가 변하면 초가로 옮겨지고	黃屋事移輸白屋
곤룡포 입다 인연이 다하면 천빈 옷 입게 되네	袞衣緣盡着靑衣
임금의 자손들이 때때로 바뀌기에	王孫子姓時時改
한식에 왕릉들이 하나하나 제삿밥 얻어먹지 못하네	寒食園陵箇箇饑
속세의 삶 망아지 틈새 지나가듯[263] 갑자기 끝나고	塵世隙駒俄自了

256 인체(人彘): 한 고조의 황후 여태후(呂太后)는 자신의 아들 혜제(惠帝)가 제위에 오르자, 혜제의 이복 동생인 조왕 여의(趙王如意)를 독살하고 그의 생모인 척부인(戚夫人)의 수족을 자르고 눈과 귀를 보고 들을 수 없게 만들어 돼지우리에 넣고 '인체(人彘)'라고 불렀다. 여태후는 혜제에게 그것을 억지로 보게 하였다.

257 『弇州續稿』에는 '衣赭詎容人彘在.'로 되어 있다.

258 제파(帝羓): 오대 때 요(遼)의 태종 야율덕광(耶律德光)이 죽자, 그 나라 사람들이 옛 풍속에 따라 야율덕광의 배를 가르고 그의 배에 소금을 채워 썩지 않게 한 후에 수레에 싣고 북쪽으로 가니, 진인(晉人)이 이것을 제파(帝羓)라고 일컬었다.

259 『弇州續稿』에는 '簪銀還見女龕歸.'로 되어 있다.

260 조룡(祖龍): 조(祖)는 시(始)의 뜻이고 용(龍)은 군왕의 상(象)이므로 진시황을 가리킨다. 진시황이 객지에서 죽자, 승상 이사(李斯)와 환관 조고(趙高)가 변이 날까 염려하여 상(喪)을 발표하지 않고 온량거(轀輬車)에 관을 싣고 오는데, 마침 더운 철이어서 시체 냄새가 풍기자, 썩은 생선을 온량거에 실어 그 냄새를 은폐하였다.

261 제나라 패왕: 춘추 시대 제 환공(桓公)을 가리킨다. 제나라의 명신 관중(管仲)이 죽은 뒤에 환공이 병이 들자 역아(易牙)와 수조(豎刁), 개방(開方) 등이 여러 공자들과 야합하여 서로 권력을 차지하고자 싸움을 벌여 환공의 패업(霸業)이 쇠해졌으며, 환공이 죽고 난 뒤에는 서로 공격하며 장사를 지내지 않았기에, 방치된 환공의 시신에서 구더기가 기어 나왔다.

262 『弇州續稿』에는 '螻蟻翻因齊霸肥.'로 되어 있다.

263 망아지 틈새 지나가듯: 『장자(莊子)』「지북유(知北遊)」에서 "사람이 천지간에 사는 것은 마치 흰 망아지가 틈을 지나가는 것과 같다.[人生天地之間, 若白駒過隙.]"라고 한 말에서 유래하여, 세월이 빨리 흐름을 비유한다.

더벅머리 유생의 붓은 쉽사리 오류를 만든다네	豎儒毫兔易成非
강남의 사슴과 돼지 함께 놀던 곳에	江南鹿豕同遊處
하늘을 찌르는 거목은 다 백 아름이나 되네	喬木連雲盡百圍

라 하였다. 만약 제왕들에게 혼이 있어 이 곡曲을 듣는다면 어찌 기가 막히지 않겠는가?

王弇州閱史詩曰: "掩卷柴門數落暉, 古來俱羨聖之威. 那知天地長多事, 總爲英雄未息機. 雙眼耐他人覺在, 一身贏得帝羓歸. 鮑魚不救祖龍臭, 螻蟻翻因齊霸肥. 黃屋事移輸白屋, 袞衣緣盡着青衣. 王孫子姓時時改, 寒食園陵箇箇饑. 塵世隙駒俄自了, 豎儒毫兔易成非. 江南鹿豕同遊處, 喬木連雲盡百圍." 使帝王有魂, 聞此曲, 寧不氣塞?

44. 이공 수광李公晬光의 자는 윤경潤卿이고 호는 지봉芝峯이니, 나와 교유한 지 지금 40년이 된다. 고상한 품덕이 속세를 벗어나 세상의 변란을 다 거치면서도 일찍이 조금도 꺾이지 않았고, 또한 기미를 보고 떠날 수 있었기에 함정에 빠지는 화를 면할 수 있었으니, 진실로 이른바 금옥군자金玉君子이다. 지금은 경卿의 직질職秩로서 외직外職에 보임되기를 원하여 지방으로 나가 순천順川 부사가 되었다. 병진년[1616, 광해군 8]에 벼슬을 그만둘 때 김포金浦 시골집으로 나를 찾아왔고 금년 여름에는 그의 조카 유생柳生이 오는 편에 자신의 시권詩卷을 부쳐 보냈는데, 그 시권 안에 칠언근체시 두 수가 있었다.

노년의 신세는 더운 고을의 수령인데　暮年身世宰炎鄉
정사엔 무능하고 앉아 길게 읊조리네　治郡無能坐嘯長
봄 제비 오지 않는 한적한 뜨락　春燕不來閑院落
맑은 날 물결 찰랑이는 작은 연못　晴波欲滿小池塘
붉은 매화나무 그림자 아래 문서가 없고　紅梅影下文書靜
푸른 귤나무 그늘 가에 자리가 향긋하네　綠橘陰邊几席香
관아 파해 문 닫자 인적이 드무니　衙罷閉門人跡少
창 너머 새 울고 또 해가 저문다　隔窓啼鳥又斜陽[264]

난간 너머 못빛은 이끼를 푸르게 물들이고　檻外池光染綠苔
발 너머 가랑비는 매실을 노랗게 만들려 하네　一簾微雨欲黃梅
출근해도 적막해 늘 문이 닫혀 있고　衙居寂寞門長掩
퇴근하면 심상히 도장을 꺼내지 않네　公退尋常印不開
노귤 향 나는 곁에서 산 사슴 잠이 들고　盧橘香邊山鹿睡
석류꽃 아래로 알 수 없는 새 날아오네　石榴花下怪禽來[265]
동헌 창밖은 종일 물처럼 깨끗하니　軒窓盡日淸如水
시인에게 보내 낮잠에서 깨게 하네　輸與騷翁晝夢回[266]

와 같은 시는 격운格韻이 맑고 고와 자체로 미칠 수가 없다. 지봉은 시를 지을 때 옛사람들을 힘써 좇아 경룡景龍과 개원開元[267] 연간의 제자諸子들

264 「卽事」(『芝峯集』, 〈昇平錄〉)
* 〈승평록(昇平錄)〉은 이수광이 순천 부사로 재임한 병진년[1616, 광해군 8] 9월부터 기미년[1619] 3월까지 지은 시를 모은 것이다. 승평은 순천의 별칭이다.
265 『芝峯集』에는 '石榴花下海禽來.'로 되어 있다.
266 「東軒」(『芝峯集』, 〈昇平錄〉)
267 경룡(景龍)과 개원(開元): 경룡[景龍, 707~710]은 당 중종(中宗)의 연호이고, 개원[開元, 713~741]은

과 동등하게 되려고 하였으며 중당中唐 이하는 논하지 않았다. 그의 문장 역시 훌륭하게 법도가 있다.

李公睟光字潤卿, 號芝峯, 與余遊, 今四十年. 雅操出塵, 歷盡世變, 未嘗少挫, 亦能見幾而作, 免於機穽, 眞所謂金玉君子也. 今以卿秩, 求補外, 出守順天府. 丙辰辭朝時, 訪余於金浦田舍, 今年夏, 因其甥柳生之行, 附送其詩卷, 卷中有七言近體二首. "暮年身世宰炎鄉, 治郡無能坐嘯長. 春燕不來閑院落, 晴波欲滿小池塘. 紅梅影下文書靜, 綠橘陰邊几席香. 衙罷閉門人跡少, 隔窓啼鳥又斜陽." "檻外池光染綠苔, 一簾微雨欲黃梅. 衙居寂寞門長掩, 公退尋常印不開. 盧橘香邊山鹿睡, 石榴花下怪禽來. 軒窓盡日淸如水, 輸與騷翁晝夢回." 格韻淸麗, 自不可及. 芝峯爲詩, 力追古人, 欲與景龍·開元諸子雁行, 中唐以下不論也. 文亦彬彬有範.

45. 조선의 작자로는 대대로 뛰어난 사람이 있어서 수백 명에 그칠 뿐만이 아니다. 근대의 사람으로 말한다면 세 부류가 있다. 화평和平하고 담아淡雅하여 일가의 말을 이룬 자는 용재容齋 이행李荇과 낙봉駱峯 신광한申光漢인데, 신광한은 비교적 맑고 이행은 비교적 원만하다. 대가를 말한다면 사가정四佳亭 서거정徐居正이 응당 제일이고 점필재佔畢齋 김종직金宗直과 허백당虛白堂 성현成俔이 그다음이다. 눌재訥齋 박상朴祥, 호음湖陰 정사룡鄭士龍, 소재蘇齋 노수신盧守愼, 지천芝川 황정욱黃廷彧, 간이簡易 최립崔岦 같은 이들은 험괴險瓌하고 기건奇健함을 능사로 삼는다. 바른 깨달음을 얻은

당 현종(玄宗)의 연호이다.

자에 이르러서는 오히려 많지 않은데, 사암思庵 박공 순朴公 淳이 근래에 당대唐代의 시파詩派를 조금 섭렵하였기에 지은 시가 매우 맑고 고상하다.

我朝作者, 代有其人, 不啻數百家. 以近代人言, 途有三焉. 和平淡雅, 成一家言者, 容齋李荇·駱峯申光漢, 而申較淸, 李較圓. 大家則徐四佳居正當爲第一, 而佔畢金宗直·虛白成俔次之. 如訥齋朴祥·湖陰鄭士龍·蘇齋盧守愼·芝川黃廷彧·簡易崔岦, 以險瓌奇健爲之能. 至於得正覺者, 猶不多, 思庵朴公淳, 近來稍涉唐派, 爲詩甚淸卲.

46. 소재蘇齋가 유배 중에 지은 작품들은 지극히 맑고 힘차지만 만년에 지은 것은 지나치게 침착하기에 후생들이 본받아서는 안 된다.

蘇齋謫中之作, 極淸健, 晩來所述, 太沈着, 後生不可爲法.

47. 호음湖陰의 장기는 근체시에 있기에, 장편과 절구는 근체시에 미치지 못한다.

湖陰所長在近體, 長篇絶句, 不逮於近體.

48. 관각체館閣體는 대부분 응제應製[268]의 창화唱和에서 나오기 때문에 비록 뛰어난 작가라도 시문의 내용과 구성에 결함이 없지 않다. 그러나 그

268 응제(應製): 신하가 왕의 명에 의해 짓는 시문을 말한다. 왕이 일정한 제목을 주어 시문을 짓게 한다.

화려한 점은 높이 살 만하다. 선조조의 문형文衡을 담당한 사람 약간 명을 아래에 기록한다.

홍섬洪暹. 자는 퇴지退之, 호는 인재忍齋. 의정議政. 나이 82세에 죽었다. 재임하였다.

박충원朴忠元. 자는 중초仲初. 판서. 나이 75세에 죽었다.

박순朴淳. 자는 화숙和叔, 호는 사암思庵. 의정. 나이 67세에 죽었다.

이황李滉. 자는 경호景浩, 호는 퇴계退溪. 찬성. 나이 70세에 죽었다.

노수신盧守愼. 자는 과회寡悔, 호는 소재蘇齋. 의정. 나이 76세에 죽었다.

정유길鄭惟吉. 자는 길원吉元, 호는 임당林塘. 의정. 나이 74세에 죽었다.

김귀영金貴榮. 자는 현경顯卿, 호는 동원東園. 의정. 나이 74세에 죽었다.

이이李珥. 자는 숙헌叔獻, 호는 율곡栗谷. 찬성. 나이 49세에 죽었다.

이산해李山海. 자는 여수汝受, 호는 아계鵝溪. 의정. 나이 71세에 죽었다.

황정욱黃廷彧. 자는 경문景文, 호는 지천芝川. 부원군. 나이 75세에 죽었다.

유성룡柳成龍. 자는 이현而見, 호는 서애西厓. 의정. 나이 66세에 죽었다.

이양원李陽元. 자는 백춘伯春, 호는 노저鷺渚. 의정. 나이 66세에 죽었다.

이덕형李德馨. 자는 명보明甫, 호는 한음漢陰. 의정. 나이 53세에 죽었다. 재임하였다.

홍성민洪聖民. 자는 시가時可, 호는 졸옹拙翁. 찬성. 나이 59세에 죽었다.

윤근수尹根壽. 자는 자고子固, 호는 월정月汀. 부원군. 나이 80세에 죽었다.

이항복李恒福. 자는 자상子常, 호는 백사白沙. 나이 63세에 죽었다.

심희수沈喜壽. 자는 백구伯懼, 호는 일송一松.

이정구李廷龜. 자는 성징聖徵, 호는 월사月沙. 재임하였다.

이호민李好閔. 자는 효언孝彦, 호는 오봉五峯.

유근柳根. 자는 회부晦父, 호는 서경西坰.

館閣之體, 多出於應製酬酢, 故雖鉅公鴻匠, 亦不無邊幅組織之疵. 然其炳煥, 足尙也. 宣祖朝典文衡者, 若干人, 書于左.

洪暹. 字退之, 號忍齋. 議政. 年八十二卒. 再任.

朴忠元. 字仲初. 判書. 年七十五卒.

朴淳. 字和叔, 號思庵. 議政. 年六十七卒.

李滉. 字景浩, 號退溪. 贊成. 年七十卒.

盧守愼. 字寡悔, 號蘇齋. 議政. 年七十六卒.

鄭惟吉. 字吉元, 號林塘. 議政. 年七十四卒.

金貴榮. 字顯卿, 號東園. 議政. 年七十四卒.

李珥. 字叔獻, 號栗谷. 贊成. 年四十九卒.

李山海. 字汝受, 號鵝溪. 議政. 年七十一卒.

黃廷彧. 字景文, 號芝川. 府院君. 年七十五卒.

柳成龍. 字而見, 號西厓. 議政. 年六十六卒.

李陽元. 字伯春, 號鷺渚. 議政. 年六十六卒.

李德馨. 字明甫, 號漢陰. 議政. 年五十三卒. 再任.

洪聖民. 字時可, 號拙翁. 贊成. 年五十九卒.

尹根壽. 字子固, 號月汀. 府院君. 年八十卒.

李恒福. 字子常, 號白沙. 年六十三卒.

沈喜壽. 字伯懼, 號一松.

李廷龜. 字聖徵, 號月沙. 再任.

李好閔. 字孝彦, 號五峯.

柳根. 字晦夫, 號西坰.

49. 포의한사布衣寒士 권필權韠이라는 자가 있었으니, 자는 여장汝章으로 참의 권벽權擘의 아들이다. 권벽은 문장을 잘했는데 권필이 어려서부터 가정의 교육을 받아 약관에 문예가 이루어졌다. 소릉少陵[269]을 법도로 삼아 작품이 매우 맑고 아름다웠기에 뒤에 시를 짓는 사람들이 그를 으뜸으로 쳤다. 그런데 시가 시휘時諱에 저촉되어 임자년[1612, 광해군 4]에 국문을 받고 북쪽 변경으로 귀양을 가게 되었는데 도성 문을 나가다 죽으니 그의 나이 43세였다.[270] 원근에서 소식을 들은 사람들 중 슬퍼하고 애도하지 않는 자가 없었다. 사람됨 역시 맑고 소탈하며 시속을 초월해 사소한 예절에 구애받지 않았으며 과거 공부를 포기하고 세상 밖에서 방랑하며 시 짓고 술 마시며 스스로 즐겼다. 임진왜란을 당해 강화江華에 유락流落해 우거寓居하고 있을 때 그를 존경해 찾아뵈러 오는 사람들이 날마다 문에 이르렀다. 심지어는 식량을 싸 들고 미투리를 삼아 신고 천리 먼 곳에서부터 와서 따르는 자도 있었다. 그가 죽자 문인들 가운데 그가 죄 없이 죽은 것을 애통해하여 과거를 포기하고 세상과 등진 자들이 많았다. 그의 저술 『석주집石洲集』이 세상에 전해진다. 아들 하나가 있었고, 그의 문인은 심척沈惕이라고 한다.

有韋布權韠者, 字汝章, 參議擘之子也. 擘能文章, 韠早得家庭之訓, 弱冠而藝成. 治少陵, 所作甚淸艶, 後來作詩者, 推爲第一. 以詩觸時諱, 壬子受廷

269 소릉(少陵): 두보를 이른다.

270 윤증이 지은 권필의 행장인 「童蒙敎官贈司憲府持平權公行狀」에 따르면, 광해군 때 승지 황혁(黃赫)이 무고를 입어 형을 받아 죽고 그 사위 조수륜(趙守倫)이 연좌되어 옥에 갇혔다. 조수륜의 집 문서를 수색하다가 어떤 책 겉장에 끼워져 있는 권필의 「궁류시(宮柳詩)」 절구 한 수를 발견하였는데, '궁류(宮柳)'가 외척을 지칭하는 것으로 의심하였기에 실토를 받기 위하여 권필을 체포하여 국문하였다. 결국 이항복의 간쟁으로 사형을 면하고 경원(慶源)에 유배되는 처벌을 받았으나, 숭인문 밖에 나가 길가의 민가에서 죽으니 임자년[1612, 광해군 4] 4월 7일의 일이다.

刑, 竄北荒, 出都門而卒, 年四十三. 遠近聞者, 莫不嗟悼. 爲人亦淸疏邁往, 不拘少節, 棄科業, 放浪物外, 詩酒自娛. 遭壬辰倭警, 流寓江華, 摳衣者, 日造門. 至有贏糧躡屩, 千里而來從者. 及其歿也, 門人痛其非辜, 多捐科擧, 與世相絶者. 所著石洲集, 行于世. 有一子, 其門人沈惕云.

50. 이춘영李春英[271]이라는 사람은 자는 실지實之이고 호는 체소體素로, 참찬 백인걸白仁傑의 외손이다. 젊을 때에 성우계成牛溪[272]의 문하에서 수업하였다. 진작부터 시사時事에 대해 말하기를 좋아하였기에 같이 말을 하는 사람들은 이 때문에 그를 경시하였다. 삼수三水로 귀양 갔다가 다시 정평定平으로 귀양 갔다. 방면된 뒤에 첨정僉正에 제수되었다가 죽으니, 나이 44세였다.

시의 됨됨이가 순탄하고 넉넉하였으며 소장공蘇長公[273]을 몹시도 좋아하여 성취된 바가 걸출하였는데 문장이 시보다 뛰어나기에, 근래 문필가들 중에서 눈이 휘둥그레져서 물러나지 않는 이가 없다. 유문遺文은 겨우 세 권이 집에 소장되어 있다.

李春英者, 字實之, 號體素, 白參贊仁傑之外孫也. 少受業成牛溪之門. 已好爲時論抵掌, 而談人以此輕賤之. 謫三水, 又謫定平. 蒙放敍, 授僉正而卒, 年

---

271 이춘영(李春英): 조선 중기의 문신·문장가[1563～1606]. 정철이 파직당할 때 연루되어 삼수(三水)로 귀양 갔다. 1592년에 풀려나 다시 검열과 호조좌랑을 거쳐 임진왜란이 격심해지자 소모관으로 충청·전라도를 순행하였고, 이어 초계제술문관이 되어 중국에 구원을 청하는 주문(奏文)을 초하였다. 1601년 예천 군수를 마지막으로 벼슬에서 물러났다. 시문에 능하였으며, 『해동사부(海東辭賦)』에 그의 작품이 실려 전한다.

272 성우계(成牛溪): 성혼(成渾)을 이른다.

273 소장공(蘇長公): 송나라의 대문호 소식(蘇軾)을 높여 부르는 말이다. 소식은 소순(蘇洵)의 장자이며 그 문장이 훌륭하여 장공이라 불렀고, 그의 아우 소철(蘇轍)은 소공(少公)이라 불렀다.

四十四. 爲詩平鋪富贍, 酷好蘇長公, 所就傑然, 文優於詩, 近來操觚者, 莫不瞠然退舍. 遺文僅三卷藏于家.[274]

51. 김현성金玄成[275]이라는 사람의 자는 여경餘慶이고 호는 남창南窓이다. 시가 전아하고 당시唐詩를 법으로 삼았다. 당시 그의 시를 무척 좋아하는 자가 있었는데, 지금 나이가 77세인데도 쇠하지 않았다. 필법은 오흥吳興[276]을 사모하여 그와 핍진하다. 한 시대의 공적·사적 금석문金石文은 모두 그의 솜씨이다. 갑자년[1564, 명종 19]에 급제하여 직질職秩이 아경亞卿[277]에 이르렀다. 출신이 한미寒微한데, 스스로 문묵文墨으로써 가문을 일으켰으니 이는 특이하다. 사람 됨됨이 역시 맑고 소탈하여 속태俗態가 없었다. 어려서 학문에 뜻을 두고 늙어서도 게으르지 않았으니 또한 높이 살만하다. 신유년[1621, 광해군 13]에 죽으니, 나이가 80세였다.

金玄成者, 字餘慶, 號南窓. 詩藻雅, 祖唐詩. 時有極可愛者, 今年七十七, 不衰. 筆法慕吳興逼眞. 一時公私金石之刻, 皆其手也. 甲子及第, 秩亞卿, 系素微, 能自以文墨起家, 斯異矣. 爲人亦淸疏無俗態. 小向學, 老而不倦, 亦可尙也. 辛酉卒, 年八十.

---

274 『한국시화총편』 영인본은 "李春英者, 字實之, 號體素, 白參贊仁傑之外孫也. 少受業成牛溪之門. 官至僉正而卒, 年四十四. 爲詩平鋪富贍, 酷好蘇長公, 所就傑然, 文優於詩, 近來操觚者, 莫不瞠然退舍. 遺文僅三卷藏于家."로 되어 있어, 한국고전번역원 영인본과 차이가 있다.

275 김현성(金玄成): 조선 중기의 학자·서화가[1542~1621]. 고조부는 김일손(金馹孫)이고, 부친은 김언겸(金彦謙), 모친은 광주 이씨(廣州李氏) 중경(重卿)의 딸이며, 부인은 이달충(李達忠)의 딸이다. 교서관정자와 봉상시주부·양주 목사 등을 거쳐, 1617년에 동지돈녕부사에 이르렀다. 시·서·화에 두루 능하였는데, 그림보다는 글씨에 뛰어났으며 특히 시에 능하였다고 한다. 저서로 『남창잡고(南窓雜稿)』가 있다.

276 오흥(吳興): 원나라의 서화가인 조맹부(趙孟頫)를 이른다. 조맹부가 오흥 출신이어서 그의 서체를 오흥체(吳興體)라고 하며 그의 호가 송설(松雪)이기에 송설체(松雪體)라고도 한다.

277 아경(亞卿): 경(卿)의 다음 벼슬이라는 뜻으로 육조의 참판, 한성부의 좌·우윤(左·右尹) 등을 일컫는 말이다.

52. 우리 조선 제왕들의 문장으로는 문종이 으뜸이고 성종과 선조의 시문도 하늘이 낸 것으로, 한 무제나 당 현종에 뒤지지 않는다. 매양 문종이 지은 「제극성문祭棘城文」[278]의 "정이 없는 것을 음양陰陽이라 하고 정이 있는 것을 귀신鬼神이라 한다."라는 말을 보면 비록 노유老儒 숙학宿學이라 할지라도 어떻게 이보다 나은 말을 하겠는가? 왕실의 재능이 뛰어난 사람 중에서 시를 잘 지은 자들도 많은데, 풍월정風月亭[279]이 으뜸이고 성광자醒狂子[280]와 서호주인西湖主人[281]이 그다음이다.

我朝列聖翰墨, 文廟爲首, 成廟·宣廟宸章出天, 無讓於漢武唐宗. 每見文廟御製祭棘城文曰: "無情之謂陰陽, 有情之謂鬼神." 雖老儒宿學, 何以道出此? 宗英之能詩者亦多, 風月亭爲冠, 醒狂子·西湖主人, 其次也.

53. 귀족 자제들 가운데 시에 능했던 자는 고원위高原尉[282]와 여성위礪城尉[283]이다. 고원위의 작품은 청조淸藻하고 여성위의 작품은 전밀典密한데,

278 제극성문(祭棘城文): 극성(棘城)은 황주(黃州) 남쪽에 있던 옛 진영이다. 고려 말부터 잦은 병화를 입어 백골이 그대로 널려 있을 정도로 피폐하였다. 궂은 날이면 귀신의 곡성이 들리고, 전염병이 창궐하여 백성들의 피해가 있자 나라에서 단을 쌓고 제사를 지냈다고 하는데, 조선 문종 때 이런 현상이 더욱 심했으므로 문종이 직접 「제극성문(祭棘城文)」을 지어 제사를 올렸다고 한다.

279 풍월정(風月亭): 추존왕 덕종(德宗)의 맏아들이며, 성종의 형인 월산대군(月山大君) 이정[李婷, 1454~1488]을 이른다. 자는 자미(子美), 호는 풍월정(風月亭). 학문을 좋아하였고 각종 서적을 섭렵했다고 한다. 부드럽고 율격이 높은 문장을 많이 지었으며, 시문 여러 편이 『속동문선』에 실릴 정도로 수준이 높았다. 저서는 『풍월정집』이 있다.

280 성광자(醒狂子): 효령대군의 증손이며 평성군(枰城君) 이위(李偉)의 아들인 이심원[李深源, 1454~1504]을 이른다. 자는 백연(伯淵), 호는 성광자(醒狂子)·묵재(默齋)·태평진일(太平眞逸). 갑자사화에 연루되어 두 아들과 함께 죽임을 당하였다.

281 서호주인(西湖主人): 태종의 증손인 이총(李摠)을 이른다. 자는 백원(百源), 호는 서호주인(西湖主人)·구로주인(鷗鷺主人)·월창(月牕). 무풍부정(茂豊副正)을 지냈으며, 1483년[연산군 4] 무오사화로 원성(遠城)에 귀양 가 있다가 1504년[연산군 10] 마곡역(磨谷驛) 벽서(壁書) 사건으로 이종준(李宗準)의 무고를 입고 7부자가 함께 사형되었다. 시를 좋아했고 필법도 뛰어나 진풍(晉風)의 체로 평을 받았다.

282 고원위(高原尉): 성종의 제1녀 혜숙옹주(惠淑翁主)와 결혼한 신항[申沆, 1477~1507]을 이른다. 본관은 고령, 자는 용이(容耳)로 신숙주(申叔舟)의 증손이다.

283 여성위(礪城尉): 중종의 셋째 서녀인 정순옹주(貞順翁主)와 결혼한 송인[宋寅, 1517~1584]을 이른

고원위가 일찍 죽어 그 재능을 다 채우지 못했으니 애석하다.

貴游中能詩者, 高原·礪城尉, 其人也. 高原之作, 淸藻, 礪城之作, 典密. 高原早卒, 未充其才, 惜也.

54. 조선에서 문장가가 성대하게 배출되지 않은 것은 아니지만 고려조와 비교해 보면 조금 뒤떨어진다. 이문순李文順[284]의 굉사宏肆함이나 이문정李文靖[285]의 호한浩汗함은 조선에서 볼 수가 없다.

我國文章, 非不蔚然輩出, 而比之麗朝則少遜焉. 李文順之宏肆, 李文靖之浩汗, 我朝未之見焉.

55. 점필재佔畢齋[286]의 시를 으뜸이라고 칭하는 것은 실로 과장이 아니다. 매양 그의 시

가랑비 오는데 중은 장삼을 깁고　　細雨僧縫衲
찬 강에 나그네는 배 저어 가네　　寒江客棹舟[287]

를 외워 보면 일찍이 그 세심함에 탄복하지 않은 적이 없고,[288]

다. 자는 명중(明仲), 호는 이암(頤菴), 시호는 문단(文端). 글과 글씨에 능하여 산릉(山陵)의 지(誌)와 궁전의 액(額)으로부터 사대부의 비갈에 이르기까지 많은 글과 글씨를 남겼다. 송인은 특히 조맹부의 필법을 본받아 해서를 잘 썼다고 한다. 저서로 『이암유고(頤菴遺稿)』가 있다.

284 이문순(李文順): 이규보(李奎報)를 이른다. 문순(文順)은 시호이다.

285 이문정(李文靖): 이색(李穡)을 이른다. 문정(文靖)은 시호이다.

286 점필재(佔畢齋): 김종직(金宗直)을 이른다.

287 「仙槎寺」(『東文選』)

288 『惺叟詩話』에서는 "甚寒澹有味."라고 평하였다.

십 년 세상사 홀로 읊조리는 시 속에 있고　十年世事孤吟裏
팔월 가을 경치 어지러운 숲 가운데 있네　八月秋容亂樹間[289]

를 외워 보면 일찍이 그 산뜻함에 탄복하지 않은 적이 없고,

바람은 신라 시대 일산을 흔들고　風飄羅代蓋
비는 불천佛天의 꽃을 찬다　雨蹴佛天花[290]

를 외워 보면 일찍이 그 방원放遠함에 탄복하지 않은 적이 없다.[291]

佔畢齋之詩, 稱爲冠冕者, 實非誇也. 每誦其 "細雨僧縫衲, 寒江客棹舟." 則未嘗不服其精細, "十年世事孤吟裏, 八月秋容亂樹間." 則未嘗不服其爽朗, "風飄羅代蓋, 雨蹴佛天花." 則未嘗不服其放遠也.

56. 읍취헌挹翠軒[292]의 시는 한결같이 소식과 황정견을 모방하였는데, 천부적 재능이 매우 뛰어나 저절로 터득하였다. 장편은 큰물이 흘러 내리는 듯하며 또 의취가 있어 인위적으로 만들어 낼 수 없으니, 참으로 기도企圖하여도 미칠 수 없다.

挹翠軒之詩, 一倣蘇·黃, 而天才甚高, 得之自然. 長篇渾渾, 且有意致, 不犯

---

289 「病後將赴善山, 舟過驪州, 登淸心樓, 不與主人遇, 徑還舟中, 悤悤次稼亭韻.」(『東文選』)
 *『惺叟詩話』에서는 점필재가 여강(驪江)에서 읊은 시라고 하였다.

290 『동문선』에는 「仙槎寺」라는 제목 아래 '鶴飜羅代蓋, 龍蹴佛天毬.'로 되어 있다.

291 신위(申緯)는 이 내용의 출전을 『성수시화』와 『오산설림』이라고 하였으며[惺叟詩話, 佔俾齋神勒寺詩, "上方鍾動驪龍舞, 萬竅風生鐵鳳翔." 之句, 沉鬱嚴重, 此眞撑宇宙句. 五山說林: 佔俾詩稱冠冕, 實非夸翊, 每誦其 "風飄羅代蓋, 雨蹴佛天花." 則未嘗不服其放遠.(『警修堂全藁』, 〈東人論詩〉)] 이유원(李裕元)의 『林下筆記』에도 동일하게 기술되어 있다.

292 읍취헌(挹翠軒): 박은(朴誾)을 이른다.

人工, 誠不可企而及也.

57. 김식우金拭疣[293]의 문장은 『장자』를 근원으로 삼았는데, 그 발원發源이 지극히 커서 비견할 것을 볼 수 없지만, 유독 그의 시는 모두 생각나는 대로 지었는지라 아름답지만 정밀하지 못하다. 비록 "대가大家에게도 장점과 단점이 모두 있다."라고 말하지만 꼭 문단의 흠이 되는 일이 아니라고 할 수가 없다.

金拭疣之文章, 源於莊, 其發源極大, 未見其比, 獨其詩, 皆率意而作, 麗而不精. 雖曰: "大家, 瑕瑜俱存." 而然未必非文壇欠事也.

58. 강사숙姜私淑[294]은 시와 문장이 모두 정치精緻하고 전아典雅하여 그대로 사가四佳[295]에 필적하지만 그 규모의 크기로는 사가에 미치지 못한다.

姜私淑之詩文, 俱精緻典雅, 自是四佳之敵, 而其規摸之大, 不及四佳.

59. 이삼탄李三灘[296]의 작품은 사숙私淑에 버금간다. 다만 깜짝 놀라게 하는 것이 부족할 따름이다.

---

293 김식우(金拭疣): 조선 전기의 학자 김수온[金守溫, 1410~1481]을 이른다. 자는 문량(文良), 호는 괴애(乖崖)·식우(拭疣). 1445년[세종 27]에 승문원교리로서 『의방유취(醫方類聚)』 편찬에 참여하였고, 공조판서·영중추부사를 지냈다. 불교에 조예가 깊어 『금강경』 등의 불경을 국역·간행하였다.

294 강사숙(姜私淑): 강희맹(姜希孟)을 이른다.

295 사가(四佳): 서거정(徐居正)을 이른다.

296 이삼탄(李三灘): 이승소(李承召)를 이른다.

李三灘之作, 私淑之亞. 但少警絶爾.

60. 사가四佳 이후로는 허백당虛白堂[297]이 몹시 대단하여 고금의 여러 체體를 짓지 않은 것이 없으니 그 풍부한 저술은 제공諸公들 가운데 비견될 사람이 없다. 『악학궤범樂學軌範』·『풍소궤범風騷軌範』·『용재총화慵齋叢話』·『상유비람桑榆備覽』·『태평통재太平通載』[298]가 모두 그의 저술이니, 한때 추존하여 '문부文府'라고 하였다. 그 가운데 『상유비람』 60여 권은 모두 국조國朝의 전고를 기록해 놓은 것으로 세도世道와 가장 관련이 있는데, 난리 중에 망실되었고 다른 간본刊本도 없어 마침내 사라지니 애석하다. 그 밖의 네 책은 모두 조정의 판각을 거쳤기 때문에 지금까지 다 전해진다.

四佳之後, 虛白極大, 古今衆體, 無不作, 其所著述之富, 諸公無與爲比. 樂學軌範·風騷軌範· 慵齋叢話·桑楡備覽·大平通載, 皆其所述, 一時推爲文府. 其中桑楡備覽六十餘卷, 皆紀國朝故實, 最關世道, 而亂中見失, 無他刊本, 遂絶, 惜也. 其他四書, 皆經朝家壽梓, 故俱傳至今.

61. 허백당虛白堂의 집안에 네 명의 문장가가 있으니 성임成任[299]은 허백

---

297 허백당(虛白堂): 성현(成俔)을 이른다.

298 태평통재(太平通載): 성임(成任)이 『태평광기(太平廣記)』를 모방하여 당시 국내외의 서적들에 실려 있던 기이한 이야기들을 선별해 편찬한 책이다. 현재 5권 2책만 전해지지만 전체 분량은 240권 80책 이상 되었을 것으로 추정된다. 이 책의 편찬은 조선조 성종 전후의 지적 분위기와 긴밀한 관계가 있다.
*『청창연담』에서 성현의 저작으로 서술한 것은 오류로 보인다.

299 성임(成任): 조선 전기의 문신[1421~1484]. 본관은 창녕(昌寧), 자는 중경(重卿), 호는 일재(逸齋)·안재(安齋), 시호는 문안(文安). 참판 성석인(成石因)의 증손으로, 할아버지는 동지중추부사 성엄(成揜)이고, 아버지는 지중추부사 성염조(成念祖)이다. 문집으로 『안재집(安齋集)』이 있다.

당의 백씨伯氏이고 성간成侃[300]은 허백당의 중씨仲氏, 성세창成世昌[301]은 허백당의 아들로, 모두 문장을 잘하였다. 그중 성간이 가장 재능이 있었는데 일찍 죽었다. 만약 오래 살았다면 허백당보다도 나았으리라.

虛白之家有四文章, 曰任, 虛白之伯也, 曰侃, 虛白之仲也, 曰世昌, 虛白之子也, 皆能文. 侃最才而早卒. 若年則優於虛白云.

62. 김모재金慕齋[302]는 허백당의 문인이다.

金慕齋, 虛白之門人也.

63. 홍귀달洪貴達[303]은 문장으로 중시될 만할 뿐만 아니라 사람됨도 뛰어난 부류인데, 연산군이 꺼려서 죽였다. 세상에 전해지는 말로는 김열경金悅卿[304]이 항상 그를 놀려 "귀달이 문장을 짓다니 세상이 웃을 일이

300 성간(成侃): 조선 전기의 문신·학자[1427~1456]. 본관은 창녕, 자는 화중(和仲), 호는 진일재(眞逸齋). 성염조의 아들이며 유방선(柳方善)의 문인이다. 1441년[세종 23] 진사시에 합격하였고 1453년[단종 1] 증광문과에 급제한 후, 전농직장(典農直長)·수찬을 거쳐 정언에 임명되었으나 부임하기 전에 병으로 죽었다. 저서로 『진일재집』이 있다.

301 성세창(成世昌): 조선 중기의 문신[1481~1548]. 본관은 창녕, 자는 번중(蕃仲), 호는 돈재(遯齋). 성엄의 증손으로, 할아버지는 판한성부사 성염조, 아버지는 예조판서 성현, 어머니는 이숙(李塾)의 딸이다. 김굉필(金宏弼)의 문인으로, 학식과 문장이 뛰어나 오랫동안 홍문관에서 재직했으며 문형을 맡아 많은 선비들의 존경을 받았다. 필법에 뛰어났고 글씨·그림·음률에 정통하여 3절(三絕)이라 불렸다. 저서로 『돈재집(遯齋集)』·『식료찬요(食療纂要)』가 있다.

302 김모재(金慕齋): 김안국(金安國)을 이른다.

303 홍귀달(洪貴達): 조선 전기의 문신[1438~1504]. 본관은 부림(缶林), 자는 겸선(兼善), 호는 허백정(虛白亭)·함허정(涵虛亭), 시호는 문광(文匡). 아버지는 증판서 홍효손(洪孝孫)이며, 어머니는 노집(盧緝)의 딸이다. 손녀를 궁중에 들이라는 연산군의 명을 거역해 장형(杖刑)을 받고 경원으로 유배 도중 교살(絞殺)되었다. 문장이 뛰어나고 글씨에도 능했으며, 성격이 강직해 부정한 권력에 굴하지 않았다. 저서로 『허백정문집』이 있다.

304 김열경(金悅卿): 조선 초기의 학자이자 문인인 김시습[金時習, 1435~1493]을 이른다. 본관은 강릉

다!"라고 하였다는데, 김열경의 이 말은 농담에서 나왔으리라. 만약 김열경이 지금 세상에 태어났다면 반드시 한번 웃을 뿐만 아니라 반드시 배를 끌어안고 갓끈이 끊어지고 나서야 웃기를 그만두리라.

洪貴達非徒文章可重, 爲人亦勝流也, 燕山主忌而殺之. 世傳金悅卿常譏之曰: "貴達爲文章, 天下可笑事!" 豈金之言, 出於戱耶. 若使悅卿生乎今之世, 則必不止一笑而已, 殆必捧腹絶纓而乃已也.

64. 열경은 조선의 백이伯夷이다.

悅卿, 我朝之伯夷也.

65. 성로成輅[305]라고 하는 사람이 있으니 자는 중임重任으로, 시가 청고

淸苦하다. 젊을 때 송강松江 정철鄭澈을 좇아 배웠다. 송강이 몰락하자 그 문하에서 노닐던 자들이 모두 얼굴을 돌리고 시속을 좇으며 스스로 익숙하게 꾸며 용납되기를 좋아하였는데 성로는 세상일을 포기하고 세상에서 자취를 끊고 양화도楊花渡 어귀에 조그만 띳집을 짓고 단사표음簞食瓢飮조차 거를 때가 있었다. 예전에 서로 알고 지내던 자들이 아무도 그를 찾아가지 못하였다. 20년간 문을 닫고 내방來訪을 철저히 거절하며

(江陵), 자는 열경(悅卿), 호는 매월당(梅月堂)·청한자(淸寒子)·동봉(東峰)·벽산청은(碧山淸隱)·췌세옹(贅世翁), 법호는 설잠(雪岑). 생육신의 한 사람. 저서로 『매월당집』이 있다.

305 성로(成輅): 조선 중기의 문인. 본관은 창녕(昌寧), 자는 중임(重任), 호는 석전(石田)·삼일당(三一堂)·잠암(潛巖). 양주 출신. 아버지는 통례원인의(通禮院引儀) 성영국(成永國)이며, 어머니는 전주 최씨로 제용감부봉사(濟用監副奉事) 최언청(崔彦淸)의 딸이다. 정철(鄭澈)의 문인이다. 저서로 『석전유고』 2권이 있다.

살다 죽으니 나이는 67세였다. 대개 옛날의 개결介潔한 선비인 듯하다.

有成輅者, 字重任, 爲詩淸苦, 少從鄭松江澈學. 松江敗, 遊其門者, 無不反面逐時, 好自媚飾以取容, 輅捐棄世故, 與世絶迹, 構小茅於楊花渡口, 簞食瓢飮不繼. 舊日相識者, 皆莫之問. 閉門却掃二十年而卒, 年六十七. 蓋古之介士也.

66. 조선 사람들이 사詞를 만들지 못하니, 이에 대해 말하는 사람이 "성음聲音이 중국과 달라 비록 억지로 만들어도 반드시 비슷하지 않다."라고 하지만 나는 그렇지 않다고 생각한다. 성음은 저절로 나오기에 중국과 외국의 경계가 있는 것이 아니다. 언사言詞는 달라도 압운押韻이라면 동일하기에 한 귀퉁이를 미루어 나가면 나머지 세 귀퉁이도 반증反證할 수 있다. 다만 우리나라의 시 짓는 사람들이 화려하게 수식하는 솜씨가 부족하여 사詞를 만들지 못할 뿐이니, 성음이 다른 것은 걱정할 바가 아니다.

我朝人不得爲詞, 言者以爲聲音與中國異, 雖強爲之, 必不似, 余則以爲不然. 聲音出於自然, 非有中國外國之限. 言詞殊而押韻則同, 推一而可反其隅. 特我國之爲詩者華藻不足, 無以爲詞, 聲音之異, 非所患也.

67. 백낙천白樂天의 「궁사宮詞」에

비와 이슬의 유래는 한 방울도 황제의 은총이니	雨露由來一點恩
어떻게 모든 궁녀의 문에 두루 미칠 수 있을까	爭能遍却及千門
삼천 궁녀의 꽃 같은 얼굴에	三千宮女如花面

봄바람 속 눈물 자국 없던 적 얼마던고　　幾箇春風無淚痕[306]

라고 하니, 나이 차도록 시집가지 못한 여인과 버려진 인재가 어찌 한정이 있겠는가? 이 시를 읊으면 사람으로 하여금 한번 탄식게 한다.[307]

樂天宮詞, "雨露由來一點恩, 爭能遍却及千門? 三千宮女如花面, 幾箇春風無淚痕?" 怨女棄才何限? 詠之令人一嘆.

68. 왕감주王弇州가 오흥吳興[308]의

뜰 언덕에는 나뭇잎이 떨어지고　　庭皐木葉下
산마루에는 가을 구름이 날아간다　　隴首秋雲飛

태액 연못에는 푸른 물결 일어나고　　太液滄波起
장양 궁전에는 높은 나무 가을이네　　長楊高樹秋

에 대하여, "위로는 강락康樂[309]을 감당할 수 있지만 부족하고, 아래로는 자안子安[310]을 능가하고도 여유가 있다."[311]라고 하니, 어찌 그렇지 않겠는가? 오흥吳興의 시는 맑고 아름다우면서 남은 자용姿容이 있고 곡절에

306 백거이(白居易)의 『白氏長慶集』에는 「後宮詞」라는 제목 아래 "雨露由來一點恩, 爭能遍布及千門. 三千宮女胭脂面, 幾箇春來無淚痕."으로 되어 있다.

307 余每誦之及樂天絶句云: "雨露由來一點恩, 爭能遍却及千門, 三千宮女如花面, 幾個春來無淚痕. 輒低回歎息, 古之怨女棄才, 何限也?(『弇州四部稿』 〈説部, 藝苑巵言 附錄 一〉, 明 王世貞 撰)

308 오흥(吳興): 남조 양나라의 시인 유운[柳惲, 465~517]을 이른다. 오흥 태수(吳興太守)를 지냈다.

309 강락(康樂): 남조 송나라의 시인 사령운(謝靈運)을 이른다. 강락(康樂)은 봉호이다.

310 자안(子安): 당나라의 문학가 왕발(王勃)을 이른다. 왕발의 자는 자안(子安). 양형(楊炯)·노조린(盧照鄰)·낙빈왕(駱賓王)과 함께 '왕양노락(王楊盧駱)'·'초당사걸(初唐四傑)'로 칭해진다.

311 吳興, "亭皐木葉下, 隴首秋雲飛." 又 "太液滄波起, 長楊高樹秋." 置之齊梁月露間, 矯矯有氣, 上可以當康樂而不足, 下可以凌子安而有餘.(『弇州四部稿』 〈説部, 藝苑巵言 三〉, 明 王世貞 撰)

운치가 있으면서 남은 자태가 있건만, 애석하게도 변발을 하고 옷깃을 좌측으로 여미는 오랑캐 사이에 끼어 있었다. 그들로 하여금 경룡景龍과 개원開元[312]의 시대에 활동하게 했다면, 반드시 〈정종正宗〉[313] 가운데 한 사람이 되지 말라는 법도 없었으리라.

王弇州以吳興庭皐木葉下, 隴首秋雲飛. 太液滄波起, 長楊高樹秋, 爲上可以當康樂而不足, 下可以凌子安而有餘, 豈不然哉? 吳興之詩, 淸姸有餘姿, 紆餘有餘態, 惜乎列于辮髮左袵之間, 使之周旋於景龍開元之際, 則未必不爲正宗中一人也.[314]

69. 지는 별은 변방 요새에 기대 있고　　落星依遠戍
기우는 달은 평원 숲에 걸렸네　　斜月半平林

는 양 원제梁元帝[315]의 시이다.

고향은 한 줄기 강물로 가로막혔건만　　故鄕一水隔
바람과 연기는 양쪽 기슭에 다 통하네　　風煙兩岸通

해와 달은 하늘의 덕을 빛내고　　日月光天德
산과 강은 도읍을 장엄케 한다　　山河壯帝居

---

312 경룡(景龍)과 개원(開元): 경룡(景龍)은 당나라 중종(中宗) 이현(李顯)의 연호로 707년부터 710년까지 총 4년이다. 개원(開元)은 당나라 현종(玄宗) 이융기(李隆基)의 연호로 713년부터 741까지 총 29년이다.
313 정종(正宗): 『당시품휘(唐詩品彙)』의 편명이다.
314 『한국시화총편』 영인본에는 누락되어 있다.
315 양 원제(梁元帝): 남조 양나라의 마지막 임금[재위 552~554]. 이름은 소역(蕭繹). 서위(西魏)의 군대가 공격해 오는데도 용광전(龍光殿)에서 『노자』를 강독하니, 백관들은 군복을 입고 들었다. 위나라 군대가 도착해도 시부(詩賦) 읊기를 그치지 않았다. 성이 함락되자 위나라 사람에게 살해당했다.

는 진 후주陳後主[316]의 시이다.

갈까마귀는 천 점 만 점인데 寒鴉千萬點
흐르는 물은 외딴 마을 두르네 流水繞孤村

는 수 양제隋煬帝[317]의 시이다.[318] 시가 어찌 아름답지 않은가마는 작가는 모두 나라를 망하게 한 임금들이었다. 옛사람이 문장을 '작은 기예'라고 한 말이 믿을 만하도다!

"落星依遠戍, 斜月半平林." 梁元帝之詩也. "故鄕一水隔, 風煙兩岸通." "日月光天德, 山河壯帝居." 陳後主之詩也. "寒鴉千萬點, 流水繞孤村." 隋煬帝之詩也. 詩豈不佳, 皆爲亡國之主. 古人謂小技者信也夫!

70. 송 휘종徽宗[319]은 문장이나 서화 등 모든 종류의 기예에 조예가 있었는데, 유독 잘하지 못한 것은 천하를 다스리는 일이었다.

宋徽宗, 文章書畫凡屬技藝, 無不至到, 獨所不能者, 治天下.

---

316 진 후주(陳後主): 남조 진(陳)나라의 마지막 임금[재위 582~589]. 이름은 진숙보(陳叔寶). 측근으로 신분이 낮은 사람들을 중용하여 국가의 초석인 무장을 억압하였다. 그 때문에 국력이 점점 쇠퇴하여 수나라에 멸망당하였다.

317 수 양제(隋煬帝): 수나라의 제2대 황제[재위 604~618]. 이름은 양광(楊廣), 연호는 대업(大業). 문제(文帝)의 둘째 아들. 만리장성을 수축하고 대운하를 완성하였다. 세 차례 고구려를 침입하였으나 대패하였고 각지에서 민란이 일어나 멸망하였다.

318 梁元帝詩有 "落星依遠戍, 斜月半平林." 陳後主有 "故鄕一水隔, 風煙兩岸通." 又 "日月光天德, 山河壯帝居." 在沈宋集中, 當爲絕唱. 隋煬帝 "寒鴉千萬點, 流水遶孤村." 是中唐佳境.(『弇州四部稿』 〈說部, 藝苑卮言 三〉, 明 王世貞 撰)

319 휘종(徽宗): 송나라의 제8대 황제[재위 1100~1125]. 이름은 조길(趙佶). 문화재를 수집·보호하고 궁정 서화가를 양성하였다. 금나라와 동맹하여 요나라를 협공하고 연운십육주(燕雲十六州)를 수복하려고 꾀하였으나, 오히려 금나라 군사의 진입을 초래해 국도 개봉(開封)이 함락되고, 북송의 멸망을 가져왔다.

색인

ㄱ

가생(賈生)=가의(賈誼) 140
가운(嘉運)=최경창(崔慶昌) 157
가정(嘉靖) 134
가지(賈至) 73
간영불골표(諫迎佛骨表) 205
간이(簡易)=최립(崔岦) 197, 201, 202, 209
간재(簡齋)=진여의(陳與義) 143, 200
감주(弇州)=왕세정(王世貞) 137, 144
감주속고(弇州續稿) 134
개보(介甫)=왕안석(王安石) 141
경덕(敬德) 184
경번당(景樊堂)=허난설헌(許蘭雪軒) 190
고경명(高敬命) 155, 158
고려사 175
고원위(高原尉)=신항(申沆) 216, 217
고의(古意) 71
고종후(高從厚) 155
고죽(孤竹)=최경창(崔慶昌) 177
공동(空同)=이몽양(李夢陽) 135, 139
관각(館閣) 99
관각체(館閣體) 210
관서별곡(關西別曲) 177
광한전(廣寒殿) 상량문 190
구양공(歐陽公)=구양수(歐陽修) 142
구양백위(歐陽伯威)=구양부(歐陽鈇) 110
구우(瞿佑) 126, 149, 150
군성조추(軍城早秋) 90
군수(君受)=서익(徐益) 157
군재독작(郡齋獨酌) 85
궁사(宮詞) 223
권벽(權擘) 213

권필(權韠) 213
기공(奇公)=기자헌(奇自獻) 204
기공(祁公)=두연(杜衍) 124
기묘사화 183
기봉(岐峯)=백광홍(白光弘) 177
기원곡(寄遠曲) 89
김모재(金慕齋)=김안국(金安國) 221
김성립(金誠立) 189
김식우(金拭疣)=김수온(金守溫) 219
김안로(金安老) 178
김종직(金宗直) 209
김질충(金質沖) 200
김현성(金玄成) 160, 215

ㄴ

낙봉(駱峯)=신광한(申光漢) 209
낙빈왕(駱賓王) 65, 78
남간(南磵) 91
남명(南冥)=조식(曺植) 186, 187, 188
남창(南窓)=김현성(金玄成) 215
남추강(南秋江)=남효온(南孝溫) 188
노수신(盧守愼) 182, 209, 211
노조린(盧照隣) 65, 78
눌재(訥齋)=박상(朴祥) 179, 209

ㄷ

당백가시(唐百家詩) 58
당시품휘(唐詩品彙) 58
당언겸(唐彦謙) 81
당음(唐音) 58
당자서문록(唐子西文錄) 103
대복(大復)=하경명(何景明) 134, 135
도잠(陶潛) 134
독록편(獨漉篇) 126
독불견체(獨不見體) 72
독좌(獨坐) 119
동문선(東文選) 160
동파(東坡)=소식(蘇軾) 114, 128, 129, 132, 195
두공부(杜工部)=두보(杜甫) 102
두보(杜甫) 78, 91, 129, 133
두사인(杜舍人)=두목(杜牧) 102
두소릉(杜少陵)=두보(杜甫) 86, 136
두심언(杜審言) 66
두자미(杜子美)=두보(杜甫) 59, 90, 128
두추랑시(杜秋娘詩) 85

ㅁ

마힐(摩詰)=왕유(王維) 120, 121
만당(晩唐) 60, 117, 124
만수당인절구(萬首唐人絶句) 58
만흥(漫興) 150
망헌(忘軒)=이주(李胄) 165, 166
명원(明遠)=포조(鮑照) 59
목은(牧隱)=이색(李穡) 170, 175, 193
무원형(武元衡) 83
문선(文選) 133, 147
문안(聞雁) 106
문여가(文與可)=문동(文同) 114
문종 216
문중자(文中子)=왕통(王通) 118
문형(文衡) 160, 211

ㅂ

박란(朴蘭) 169
박상(朴祥) 179, 209
박순(朴淳) 179, 181
박우(朴祐) 179
반고 134
반산노인(半山老人)=왕안석(王安石) 110
방주(方洲)=장녕(張寧) 151
배견와(拜鵑窩) 199
배율(排律) 87
배적(裴迪)에게 보낸 편지 120
백거이(白居易) 85, 88
백광홍(白光弘) 177
백광훈(白光勳) 165, 167, 177
백낙천(白樂天)=백거이(白居易) 223
백사(白沙)=이항복(李恒福) 153, 154, 203, 211
백소부(白少傅)=백거이(白居易) 102
백이(伯夷) 195, 201, 222
백인걸(白仁傑) 214
번남(樊南)=이상은(李商隱) 136
번천(樊川)=두목(杜牧) 85, 192
변음(變音) 85
보살만(菩薩蠻) 87, 126
봉양개부(逢楊開府) 76
북해(北海)=이옹(李邕) 59, 60

ㅅ

사가(四佳)=서거정(徐居正) 219, 220
사가정(四佳亭)=서거정(徐居正) 209
사공도(司空圖) 92, 124
사령운(謝靈運) 59, 104

사마천 134
사무일(謝無逸)=사일(謝逸) 108
사숙(私淑)=강희맹(姜希孟) 219
사시사(四時詞) 128
사암(思庵)=박순(朴淳) 181, 199, 210, 211
사조(謝朓) 83
산곡(山谷)=황정견(黃庭堅) 86, 143
살천석(薩天錫) 147
삼근재(三近齋)=왕종(王從) 116
상림춘(上林春) 168
상봉행(相逢行) 73
상운락(上雲樂) 126
상유비람(桑楡備覽) 220
서거정(徐居正) 209
서경(西坰)=유근(柳根) 160, 212
서익(徐益) 157, 158
서호야숙(西湖夜宿) 151
서호절구(西湖絶句) 147
서호주인(西湖主人) 216
서호죽지사(西湖竹枝詞) 147
서호처사(西湖處士)=임포(林逋) 185
서화담(徐花潭)=서경덕(徐敬德) 184
석주집(石洲集) 213
석천(石川)=임억령(林億齡) 194
선조 160, 161, 179, 182, 211, 216
성간(成侃) 221
성광자(醒狂子)=이심원(李深源) 216
성대곡(成大谷)=성운(成運) 185
성로(成輅) 222
성세창(成世昌) 221
성수종(成守琮) 183
성우(成遇) 185
성임(成任) 220
성종 168, 216
성현(成俔) 209
성혼(成渾) 199
소릉(少陵)=두보(杜甫) 73, 213
소미도(蘇味道) 65
소세양(蘇世讓) 178
소식(蘇軾) 134, 218
소자미(蘇子美)=소순흠(蘇舜欽) 124
소재(蘇齋)=노수신(盧守愼) 182, 209, 210, 211
소정(蘇頲) 68
손적(孫逖) 70
송강(松江)=정철(鄭澈) 163, 164, 196, 199, 222
송상현(宋象賢) 156
송익필(宋翼弼) 202
송지문(宋之問) 67
송 휘종(宋徽宗) 226
수 양제(隋煬帝) 226
수훤록(樹萱錄) 101
술회(述懷) 60
습유(拾遺)=두보(杜甫) 140

시경 133
신돈 172
신우(辛禑) 170
신의(新意) 140
신종호(申從濩) 168
심전기(沈佺期) 66, 71
심척(沈惕) 213

ㅇ

악부(樂府) 72, 87, 138
악양언회(岳陽言懷) 94
악학궤범(樂學軌範) 220
안원헌(晏元獻)=안수(晏殊) 136
양사도(楊師道) 64
양성재(楊誠齋)=양만리(楊萬里) 113
양염부(楊廉夫)=양유정(楊維禎) 147
양웅 134
양 원제(梁元帝) 225
양주시(揚州詩) 85
양주시(揚州市)를 지나며 82
양형(楊炯) 64
억진아(憶秦娥) 87
엄무(嚴武) 90
여성위(礪城尉)=송인(宋寅) 216
여향(餘響) 94
여형양(呂滎陽)=여희철(呂希哲) 108
열경(悅卿)=김시습(金時習) 221, 222
열사(閱史) 205
염여퇴(灩澦堆) 96, 179
염체(奩體) 147
오봉(五峯)=이호민(李好閔) 160, 212
오억령(吳億齡) 160
오융(吳融) 107
오흥(吳興) 215, 224
옥산초인(玉山樵人)=한악(韓偓) 92
온공(溫公)=사마광(司馬光) 114
온정균(溫庭筠) 80, 128
왕감주(王弇州)=왕세정(王世貞) 133, 134, 205, 224
왕건(王建) 82, 89
왕발(王勃) 63, 64, 78
왕세정(王世貞) 134
왕안석 142
왕유(王維) 73
왕적(王績) 118, 119
왕종(王從) 116
왕한(王翰) 70
용재(容齋)=이행(李荇) 209
용재총화(慵齋叢話) 220
우계(牛溪)=성혼(成渾) 199, 214
우세남(虞世南) 62, 63
원진(元稹) 85
원천석(元天錫) 170

위상(渭上) 80
위응물(韋應物) 73, 125, 134
위현성(魏玄成)=위징(魏徵) 60
유근(柳根) 160, 212
유동림사(遊東林寺) 107
유둔(劉遁) 143
유선사(遊仙詞) 190
유우석(劉禹錫) 95, 96, 97
유응시(劉應時) 110
유장경(劉長卿) 140
유주(柳州)=유종원(柳宗元) 91
유창(劉滄) 92, 132
유태(劉泰) 150
유후촌(劉後村)=유극장(劉克莊) 109
육검남(陸劍南)=육유(陸游) 109
윤경(潤卿)=이수광(李晬光) 207
윤근수(尹根壽) 160, 211
윤소종(尹紹宗) 175
윤인(尹訒) 203
읍취헌(挹翠軒)=박은(朴誾) 218
의루(倚樓) 97
이고(李翺) 122
이수광(李晬光) 207
이교(李嶠) 67
이달(李達) 158, 165, 167
이문순(李文順)=이규보(李奎報) 217
이문요(李文饒)=이덕유(李德裕) 84
이문정(李文靖)=이색(李穡) 217
이밀(李密) 60
이백(李白) 78
이삼탄(李三灘)=이승소(李承召) 219
이상은(李商隱) 128
이섭(李涉) 95
이영(李甇) 203
이옥봉(李玉峰) 189
이우린(李于鱗)=이반룡(李攀龍) 134
이장길(李長吉)=이하(李賀) 78
이재영(李再榮) 191
이정구(李廷龜) 160, 211
이진(李進) 151
이춘영(李春英) 214
이하(李賀) 102
이한림(李翰林)=이백(李白) 101, 140
이함용(李咸用) 105
이호민(李好閔) 160, 212
인재(忍齋)=홍섬(洪暹) 178, 211
임고대(臨高臺) 78
임억령(林億齡) 194
임제(林悌) 192

ㅈ

자미(子美)=두보(杜甫) 59, 60, 87
잠삼(岑參) 73
잡체(雜體) 74
장구령(張九齡) 69
장뢰(張耒) 108
장사업(張司業)=장적(張籍) 101
장안고의(長安古意) 78
장열(張說) 68
장자 219
장적(張籍) 89
장호(張祜) 85
장호호시(張好好詩) 85
전당시선(全唐詩選) 58
점필재(佔畢齋)=김종직(金宗直) 209, 217
정익지(鄭翼之)=정홍익(鄭弘翼) 205
정도전(鄭道傳) 175
정부(正夫)=왕종(王從) 116
정사룡(鄭士龍) 209
정시(正始) 70, 71
정위(丁謂) 143
정인지(鄭麟趾) 175
정인홍(鄭仁弘) 187
정종(正宗) 73, 225
정지상(鄭知常) 157, 193
정창군(定昌君)=공양왕(恭讓王) 172
정철(鄭澈) 163, 199, 222
정협(鄭協) 160
정홍익(鄭弘翼) 204
제경편(帝京篇) 78
제극성문(祭棘城文) 216
제중산(題仲山) 81
조보지(晁補之) 108
조송설(趙松雪)=조맹부(趙孟頫) 141
조식(曺植) 186, 187
조원(趙瑗) 189
조조시(早朝詩) 73
조하(趙嘏) 97
조헌(趙憲) 199
종군행(從軍行) 62
주역(周易) 161, 162, 184
주역고경(周易古經) 161
주익공(周益公)=주필대(周必大) 110
죽지가(竹枝歌) 95
중당(中唐) 152, 209
중봉(重峯)=조헌(趙憲) 199
지봉(芝峯)=이수광(李睟光) 207, 208
지천(芝川)=황정욱(黃廷彧) 197, 209, 211
진자앙(陳子昂) 66
진 후주(陳後主) 226

ㅊ

차식(車軾) 191

차천로(車天輅) 191

채련곡(採蓮曲) 157

채릉가(採菱歌) 157

천모음(天姥吟) 126

철애(鐵厓)=양유정(楊維禎) 147

청련(青蓮)=이백(李白) 194

청명(清明) 149

청송 선생(聽松先生)=성수침(成守琛) 183

청평조(清平調) 72

체소(體素)=이춘영(李春英) 214

최경창(崔慶昌) 157, 165, 166, 177

최로(崔魯) 94

최립(崔岦) 197, 209

최식(崔湜) 69

최영(崔瑩) 171

추야장(秋夜長) 78

춘사(春詞) 89

춘진(春盡) 93

충암(沖庵)=김정(金淨) 165, 166

ㅌ

태백(太白)=이백(李白) 59, 72, 87, 126

태평통재(太平通載) 220

태헌(苔軒)=고경명(高敬命) 155, 164

통군정(統軍亭) 163

퇴거(退居) 107

퇴지(退之)=홍섬(洪暹) 178, 211

ㅍ

파공(坡公)=소식(蘇軾) 97

패강곡(浿江曲) 192

풍소궤범(風騷軌範) 220

풍월정(風月亭) 216

피난살이[避地] 092

ㅎ

하지장(賀知章) 70

한산군(韓山君)=이색(李穡) 174

한식(寒食) 88

한악(韓偓) 92, 107

한유(韓愈) 133
한준겸(韓浚謙) 160
행락사(行樂詞) 72
허균(許筠) 190
허백당(虛白堂)=성현(成俔) 209, 220, 221
허초당(許草堂)=허엽(許曄) 189
허혼(許渾) 92, 132
현금부(玄琴賦) 188
현휘(玄暉)=사조(謝脁) 104
형수(荊帥) 83
호가(浩歌) 78
호음(湖陰)=정사룡(鄭士龍) 209, 210
홍경신(洪慶臣) 160
홍귀달(洪貴達) 221
홍섬(洪暹) 178, 179, 211
홍언필(洪彦弼) 178
화간집(花間集) 142
황노직(黃魯直)=황정견(黃庭堅) 108
황도(黃滔) 106
황정견(黃庭堅) 218
황정욱(黃廷彧) 197, 209, 211
황학루(黃鶴樓) 72
회고(懷古) 92
회암 선생(晦菴先生)=주희(朱熹) 133, 134
효릉(孝陵) 182

원문 영인

본 영인 자료의 출처는 한국고전번역원 한국고전종합DB『象村稿』 卷之五十, 漫稿 上, 晴窓軟談~『象村稿』 卷之五十二, 漫稿 下, 晴窓軟談. MO_0286A/ITKC_MO_0286A_A072_335H.JPG ~MO/ITKC_MO_0286A/ITKC_MO_0286A_A072_350H.JPG]이다.

象村稿卷之五十

晴窓軟談上　　漫稿上

文章小技也。於道無當焉。而賛文者目以貫道之器。何也。盖雖有至道。不能獨宣。假諸文而傳。然則不可謂不相須也。詩即由文而句爾。詩形而上者也。文形而下者也。形而上者屬乎天。形而下者屬乎地也。詩主乎詞。文主乎理。詩非無理也者而理則已慭。文非無詞也者而詞則已史。要在詞與理俱中爾。風者。詞而理者也。雅頌者。理而詞者也。六朝以後。詞而詞者也。趙宋以降。理而理者也。世之言唐者斥宋。治宋者亦不以尊唐。玆皆偏已。唐之衰也。豈無俚譜。宋之盛也。

豈無雅音。此正鈞金輿薪之類也。

選唐詩者。有品彙。有唐音。有全唐詩選。有萬首選。有百家詩。而品彙唐音最精。

唐詩如南宗一頓。即本來面目。宋詩如北宗。由漸而進。尙持聲聞辟支禰。此唐宋之別也。

古之論者。以子美爲出於靈運。太白爲出於明遠。子美固有依形而立者。若太白。天仙也。如優曇鉢花變現於空中。特其資偶與明遠相類爾。

子美和李北海詩。甚似北海。北海之稚。出子美上。

燕許之作。由質而文。故時有渾璞。驟看不似唐語。以

此知晚唐以下。漸遠於正音也。
魏玄成初從李密。有圖天下之志。非寂寂人也。述懷
詩曰。中原還逐鹿。投筆事戎軒。縱橫計不就。慷慨志
猶存。策杖謁天子。驅馬出關門。請纓繫南越。憑軾下
東藩。鬱紆陟高岫。出沒望平原。古木鳴寒鳥。空山啼
夜猿。既傷千里目。還驚九折魂。豈不憚艱險。深懷國
士恩。季布無二諾。侯嬴重一言。人生感意氣。功名誰
復論。此乃初謁唐祖時作。可見其志之所存。
從軍行非不多。虞世南之詩有曰。劒寒花不落。弓曉
月逾明。人不可及。
王勃山亭夜宴詩。桂宇幽襟積。山亭涼夜永。森沉野

逕寒。肅穆岩扉靜。竹晦南河色。荷翻北潭影。清興殊
未歸。林端煦初景。無世間語。五言律。如虞世南之綠
野明斜日。青山澹晩煙。鳧歸初可侶。鴈起欲分行。楊
師道之鴈聲風處斷。樹影月中寒。楊烱之劒鋒生赤
電。馬足起紅塵。離亭隱喬樹。溝水浸平沙。王勃之蘿
幌棲禪影。松門聽梵音。磵葉纔分色。山花不辨名。盧
照隣之鸎啼非選樹。魚戲不驚綸。空梁無燕雀。古壁
有丹青。駱賓王之陣去金河冷。書歸玉塞寒。林疑中
散地。人似上皇時。蘇味道之暗塵隨馬去。明月逐人
來。陳子昂之水月心方寂。煙霞思獨玄。孤松宜晩歲。
衆木獨芳春。杜審言之酒中堪累月。身外即浮雲。雲

霞出海曙。梅柳渡江春。沈佺期之月明三峽曉。潮滿九江春。鴈塔風霜古。龍池歲月深。紺園澄夕霽。碧殿下秋陰。宋之問之風來花自舞。春入鳥能言。曉雲連幙捲。夜火雜星回。函谷青山外。昆明落日邊。李嶠之帝縷升銀閣。天機罷玉梭。獨下仙人鳳。羣輕御史烏。蘇頲之岩聲中谷應。天語半岩聞。泉緩驚銀磧。花寒映玉樓。張說之竹院龍鳴笛。梧宮鳳繞林。然諾心猶在。容華歲不同。舞度花為伴。鸎来管作群。張九齡之川原三晉別。襟帶兩京同。十月回星斗。千官捧日車。孤雲愁自遠。一葉感何深。崔湜之楚山霞外斷。漢水月中平。王翰之落花吹欲盡。垂柳折還長。賀知章之

隴雲晴半雨。邊草夏先秋。孫逖之懸燈千嶂夕。捲幔
五湖秋。此乃正始之音。
七言律正始。當以沈佺期古意爲之首。盧家少婦鬱
金香。海燕雙棲玳瑁梁。九月寒砧催下葉。十年征戍
憶遼陽。白狼河北音書斷。丹鳳城南秋夜長。誰爲含
愁獨不見。更敎明月照流黃。此乃樂府獨不見體也。
太白之淸平調。行樂詞。黃鶴樓皆世間所未有之語。
如五月天山雪。無花只有寒。讀之令人飄然遐擧。
早朝詩。王維賈至岑參皆絶唱。少陵詩爲最優。後來
效而作者皆不及。
余於正宗以後。酷愛韋應物詩。不可殫記。姑以素所

吟諷者記之。相逢行曰。二十登漢朝。英聲邁今古。適
從東方來。又欲謁明主。猶酣新豐酒。尚帶灞陵雨。邂
逅兩相逢。別來問寒暑。寧知白日晩。暫向花間語。忽
聞長樂鍾。走馬東西去。雜體曰。沉沉匣中鏡。爲此塵
垢蝕。輝光何所如。月在雲間黑。南金既雕錯。鞶帶共
輝飾。空存鑑物明。坐使妍媸惑。美人竭肝膽。思照冰
玉色。自非磨瑩工。日日空嘆息。寄元校書曰。悽悽去
親愛。泛泛入煙霧。歸棹洛陽人。殘鍾廣陵樹。今朝此
爲別。何處還相遇。世事波上舟。沿洄安得住。逢揚開
府曰。少事武皇帝。無賴恃恩私。身作里中橫。家藏亾
命兒。朝持樗蒲局。暮竊東隣姬。司隷不敢捕。立在白

玉墀。驪山風雪夜。長楊羽獵時。一字都不識。飮酒肆
頑癡。武皇升仙去。憔悴被人欺。讀書事已晚。把筆學
題詩。兩府始收跡。南宮謬見推。非才果不容。出守撫
惸嫠。忽逢楊開府。論舊涕俱垂。坐客何由識。唯有故
人知。知擬古十首篇篇珊瑚柯。覺一室光也。
七言古詩。王勃之秋夜長。臨高臺。盧照隣之長安古
意。駱賓王之帝京篇。李杜之所未道。使太白爲之。足
以優爲。子美恐輸一籌也。此等作。皆齊梁調也。
李長吉之浩歌。南風吹山作平地。帝遣天吳移海水。
王母桃花千遍紅。彭祖巫咸幾回死。青毛驄馬參差
錢。嬌春楊柳含細烟。箏人勸我金屈巵。身血未凝身

問誰。不須浪飲丁都護。世上英雄本無主。買絲繡作平原君。有酒唯澆趙州土。漏催水咽玉蟾蜍。衛娘髮薄不勝梳。看見秋眉換新綠。二十男兒那刺促。暖風晴日。百花叢裏。酌金陵春。調秦青新曲。度以此歌。足使人暢幽悄也。

溫庭筠之詩。專主艷冶。而其渭上詩曰。呂公榮達子陵歸。萬古煙波繞釣磯。橋上一通名利迹。至今江鳥背人飛。煙水何曾息世機。暫時相向亦依依。所嗟白首磻溪老。一下漁舟竟不歸。有理致。意亦自高。

唐彥謙題仲山曰。千載遺蹤寄薜蘿。沛中鄉里漢山河。長陵亦是閑丘壠。異日誰知與仲多。可謂絶唱。

王建過揚州市曰。夜市千燈照碧雲。高樓紅袖客紛紛。如今不似時平日。猶自笙歌徹曉聞。余每過關西一路。輒思此詩。昔年到咸從。適有習樂者。題一絶曰。妓榭寥寥絃管塵。繁華細柳不勝春。傷心欲問昇平樂。誰是梨園第一人。亦此意也。

武元衡荊帥詩。豪放可詠。金貂再領三公府。玉帳連封萬戶侯。簫捲青山巫峽曉。烟開碧樹渚宮秋。劉琨坐嘯風淸塞。謝朓題詩月滿樓。白雪調高歌不得。美人南國翠娥愁。

李文饒謫厓山作詩曰。十年紫殿掌洪鈞。出入三朝侍從身。文帝寵深陪豹尾。武皇恩　宴龍津。黑山永

絶和親路。烏嶺全坑跋扈臣。自是功高歸盡處。禍來名滅不由人。語致英爽。凜凜逼人。

元白之詩。鄭衛之音也。

樊川之詩。固變音也。然其才横逸豪俊不可當。意者其人亦必似其詩乎。長篇中杜秋好好。郡齋獨酌等語。自是新腔別曲。

潘南之詩。纖麗藻艷極矣。然天才則不及樊川矣。如張祜者。真浪子也。每咏其楊州詩曰。人生只合楊州死。禪智山前好墓田。為之一粲。

杜少陵江上小堂巢翡翠。苑邊高塚卧麒麟。山谷富貴何曾潤髑髏。守錢奴與抱官囚。恨不揭此語以警

顛冥也。
後世作樂府者多。不能髣髴太白素娥蓬巒萬一。太
白難可及已。
律詩已病排矣。又長之爲排律。子美爲至百韻。詩之
病也。
詩貴言盡而意不盡。作排律者。意已盡而言猶多。甚
者鉤取外邊物色連綴。如飣餖餅案。苦無意味。
白居易寒食詩。烏啼鵲噪昏古木。淸明寒食誰家哭。
風吹曠野紙錢飛。古墓纍纍春草綠。棠梨花映白楊
樹。盡是死生離別處。冥漠重泉哭不聞。蕭蕭暮雨人
歸去。讀此詩。自然出涕。何待雍門周度曲。

王建春詞。紅烟滿戶日照梁。天絲軟弱虫飛揚。菱花
霍霍繞帷光。美人對鏡著衣裳。庭中并種相思樹。夜
夜還栖雙鳳凰。張籍寄遠曲。美人来去春江暖。江頭
無人湘水滿。浣紗石上水禽栖。江南路長春日短。蘭
舟桂檝常渡江。無因重寄雙瓊璫。自是一響。
杜子美和嚴武軍城早秋絕句。嚴詩勝。今並記之。以
正於具眼。嚴詩曰。昨夜秋風入漢關。朔雲邊雪滿西
山。更催飛將追驕虜。莫遣沙場匹馬還。杜詩曰。秋風
嫋嫋動高旌。玉帳分弓射虜營。已收滴博雲間戍。更
奪蓬婆雪外城。
柳州詩南磵箏作。絕倫如入道語。

許渾。劉滄懷古之作。亦一代佳作。摹擬不及。韓偓。唐季人也。從昭宗幸鳳翔。爲朱全忠所惡。貶濮州司馬。唐亡。挈家南依王審知卒。號玉山樵人。其操節當與司空圖並美。其避地曰。避地淹留已自悲。况逢寒食欲沾衣。殘春孤館人愁坐。斜日空園花亂飛。路遠漸憂知已少。時危又與賞心違。一名所繫無窮事。爭取當年便息機。春盡詩曰。惜春連日醉昏昏。醒後衣裳見酒痕。細水浮花歸別澗。斷雲含雨入孤村。人閑易得芳時恨。地迥難招自古魂。慚愧流鶯相厚意。清晨猶爲到西園。覊難旅泊之態。見於言外。亂世士夫之跡。可悲也夫。

崔曾岳陽言懷。烟花零落過清明。異國光陰老客情。雲夢夕陽愁裏色。洞庭春浪坐來聲。天涯一與舊山別。江上幾看芳草生。獨倚闌干意難寫。暮笳嗚咽起孤城。餘響中情切者也。

竹枝歌。代有作者。而劉禹錫•李涉兩人之作最佳。李涉之詩曰。荆門灘急水潺潺。兩岸猿啼煙滿山。渡頭年少應官去。日落西陵望不還。巫峽雲開神女祠。綠潭紅樹影參差。下牢戍口初相問。無義灘頭剩別離。石壁千重樹萬重。白雲斜掩碧芙蓉。昭君溪上年年月。獨自嬋娟色最濃。劉禹錫之詩曰。江上朱樓新雨晴。瀼西春水縠紋生。橋東橋西好楊柳。人來人去唱

歌行。巫峽蒼蒼煙雨時。清猿啼在最高枝。箇裏愁人腸自斷。由來不是此聲悲。城西門前灧澦堆。年年波浪不能摧。懊惱人心不如石。少時東去復西來。

劉禹錫詩才冠一時。論者言其詩為才所累者多。後來坡公少時業禹錫云。

趙嘏之詩。不徒倚樓為美。如風動衰荷寂寞香。斷煙殘月共蒼蒼。寒生晚寺波搖碧。紅墮疎林葉滿床。起鴈似驚南浦棹。陰雲欲護北樓霜。江邊松菊黃應盡。八月長安夜正長。亦自佳。

古人云乾坤有清氣。散入詩人脾。清是詩之本色。若奇若健。猶是第二義也。至於險也恠也沉着也質實

也。去詩道愈遠。淸則高。高則不可以聲色求也。詩必得無聲之聲無色之色。瀏瀏朗朗。瀹瀹澄澄。境與神會。神與筆應而發之。然後庶幾不作野狐外道。故歷觀徃匠閑居之作。勝於應卒。草野之音。優於館閣。蓋有意而爲之者。不若得之於自然也。

池塘生春草。非難道之語。空梁落燕泥。即眼中之境。而遂爲正覺上乘。此乃得之自然。無假於意造也。古人云學詩如學仙。時至骨自換。仙人無凡骨。雅音無凡曲。持是道也。其於爲詩。庶不迷他岐矣。

象村稿卷之五十

漫稿上

象村稿卷之五十 九

晴窓軟談中

樹萱錄載隱君子元撰。夜見吳王夫差與唐諸詩人吟詠事。李翰林詩曰。芙蓉露冷紅壓枝。幽禽感秋花畔啼。玉人一去未回馬。梁間燕子三見歸。張司業詩曰。綠頭鴨兒咂萍藻。採蓮女郎笑花老。杜舍人詩曰。鼓鼙夜戰北窓風。霜葉沿階貼亂紅。杜工部詩曰。紫領寬袍漉酒巾。江頭蕭散作閑人。白少傅詩曰。不因霜葉辭林去。的當山翁未覺秋。李賀詩曰。魚鱗甃空排嫩碧。露桂梢寒掛團辟。句語皆警。

唐子西語錄云。二謝之詩妙處盡在於鼻無堊月無

膜爾。鼻無堊。斤將曷運。目無膜。篦將曷施。所謂混然
天成。天球不琢者歟。靈運之詩曰。矜名道不足。適已
物可忽。清暉能娛人。游子澹忘歸。玄暉之詩曰。春草
秋更綠。公子未西歸。大江流日夜。客心悲未央等語。
皆他人所未道。

李推官咸用。唐人也。其詩甚警。如見後却無語。別來
長獨愁。危城三面水。古樹一邊春。月明千嶠雪。灘急
五更風。烟殘偏有焰。雪甚却無聲。春雨有五色。洒來
花旋成。雲藏山色晴還媚。風約溪聲靜又回。未醉已
知醒後憶。欲開先為落時愁。自不可及。
有黃滔者。亦唐季人也。其聞鴈曰。一聲初觸夢。半白

已侵頭。旅泊曰。餘燈依古壁。片月下滄洲。遊東林寺曰。寺寒三伏雨。松偃數朝枝。退居曰。青山寒帶雨。古木夜啼猿。盖韓偓吳融之流也。世不多見故記之。

山寒石髮瘦。水落溪毛凋。謝無逸之詩也。黃魯直稱為晁張之流。

呂滎陽居符離有詩曰。富貴空中花。文章木上癭。要知真實地。惟有華嚴境。呂氏家世本喜禪學。故其語如此。

客從謝事歸時散。詩到無人愛處工。外物不移方是學。俗人猶愛未爲詩。陸劒南之作也。劉後村稱曰。皮毛落盡矣。

雞犬未鳴潮半落。草虫聲在豆花村。宋末劉應時作也。蓋在半山老人之行。

宋歐伯威。廬陵人也。周益公相善。不利場屋。篤意於詩。如西風五更雨。南鴈數行書。詩成夔子國。人在仲宣樓。細雨雙飛鷺。寒蓑獨釣舡。夢回千里外。燈轉一窻深。誰知花過半。纔與酒相尋。故人驚會面。新恨說從頭。月白玄猿哭。更殘絡緯悲。語離遽如許。話舊復何時。巷南巷北人招飮。一雨一晴花耐看。有客過門湖海士。隔籬呼取咄嗟間。夢回金馬玉堂上。文在冰甌雪椀中。青山如故情非故。芳草喚愁詩遣愁。擾擾情人相顧語。蕭蕭落木不勝秋。風色似傳花信到。夕

三三五

陽微放柳梢青。千里歸來人事改。十年猶幸此身存。絶句四首曰。戀樹残紅濕不飛。揚花雪落水生衣。年来百念成灰冷。無語送春春自歸。桑麻得雨更青葱。芍藥留春結晩紅。怪得鳥聲如許好。此身如在亂山中。為憐紅杏亞枝斜。看到斜陽送亂鴉。又是一春窮不死。天教留恨看鶯花。蓬窻卧聽踈踈雨。却似芭蕉半夜聲。煙浪蔽天天倚盖。略容一點白鷗明。皆警語也。楊誠齋嘗曰。鳥啼花落。欣然會心處。酌大白嚥伯威詩。欲馭風騎氣也。

文與可名仝。蜀人。進士高第。操韻高潔。東坡謂與可有四絶。一楚辭二草書三詩四畫。温公亦稱其襟韻

瀟洒。如睛霽秋月。有秦王卷衣篇爲世膾炙。其詩曰。咸陽秦王家。宮闕明曉霞。丹文映碧鏤。光彩相鉤加。銅螭逐銀猊。壓屋鷩蟠拏。窗戶鎖日月。其中光景賖。春風動珠箔。鸞額金窠斜。美人却扇坐。羞落庭下花。閑弄玉指環。輕冰拖紅牙。君王顧之笑。爲佳七寶車。自卷金縷衣。龍蚪蔚芬葩。持以贈所愛。結歡其無涯。世罕知之。並表其人始末。

宋王從正夫號三近齋。其詩如落木森猶力。寒山淡欲無。地迥高樓目。天寒故國心。涼風回遠笛。瞑色帶歸舟。塵心依水淨。歸鬢與山青。不減晩唐。如隨蘂盡應輸燕子。懶寒猶及占梨花。一番風雨催寒食。千里

鸎花想故園。身閒更得憑陵酒。花早殊非愛惜春。秋生列岫雲猶薄。泉瀨懸崖路更慳。置之江西社中何辨。

唐王績。即文中子之弟也。爲唐初詩人之第一流。而其詩在選中者只數首。如牧人驅犢返。獵馬帶禽歸。琴曲唯留古。書名半是經。其獨坐云問君尊酒外。獨坐更何須。有客談名理。無人索地租。二男婚令族。五女嫁賢夫。百年隨分了。未羨陟方壺。績席世家之盛。師友之間。恩誼暖熱。生理不干于心。因得一意世外。不屈節求人。所謂福慧雙入者也。

嘗見王摩詰與裴迪書畧曰。夜登華子岡。輞水淪漣。

與月上下。寒山遠火。明滅林外。深巷寒犬。吠聲如豹。村墟夜舂。復與疎鍾相間。此時獨坐。僮僕靜嘿。每思曩昔携手賦詩。當待仲春。卉木蔓發。輕鯈出水。白鷗矯翼。露濕青皐。麥雉朝雊。儻能從我遊乎。讀此。未嘗不有介于懷也。輞川固名區。雖不可易得。苟有所卜。各言其居也。余廬在松楸下。地雖陋粗。有江湖之樂。家雖朴粗。有容膝之宇。藝粟足以餬口。種麻足以庇體。若使我自在。則一枝之安。何下於摩詰。而无妄之灾。纍我於澤畔。噫。摩詰之遭祿山之變。亦幸而遇寬恩爾。信乎士之遇不遇命也。

鍊得身形似鶴形。千株松下兩函經。我來欲問西來

音。雲在青天水在瓶。李翺贈僧詩也。翺集中無詩。故書以識之。

棃聲花院靜。旛影石壇高。綠樹連村暗。黃花入夢稀。人家寒食月。花影午時天。雨微吟足思。花落夢無憀。坡暖冬生筍。松涼夏健人。月明虹照雨。樹密鳥衝人。夜短猿悲減。風和鵲喜靈。馬色經寒慘。鵰聲帶晚飢。客來當意愜。花發遇歌成。孤嶼池痕春漲雨。小欄花韻午晴初。五更惆悵迴孤枕。猶自殘燈照落花。司空圖表聖作也。可見晚唐遺響。

蘇子美。宋之詩人之冠。名舜欽。杜祁公衍之壻也。為集賢校理監進奏院。坐用故紙錢會客。除名。及廢居

蘇州。買水石作滄浪亭。益力於文辭。年四十一卒。其
詩如別院深深夏簟清。石榴開遍透簾明。樹陰滿地
日卓午。夢覺流鶯時一聲。春陰垂野草青青。時有幽
花一樹明。晚泊孤舟古祠下。滿川風雨看潮生。即韋
家還魂爾。有此才而為人所誣。終廢不收。惜哉。世道
無古今之殊。柰何乎哉。

太白。仙人也。集中所載。無一可疵。雖有後之善摘瑕
者。亦難容其三尺喙矣。如上雲樂·菩薩蠻·獨漉篇·天
姥吟等作。俱是鈞天帝律。豈世間咿嚶者所彷彿耶。

明初有瞿佑宗吉者。其詩雖過於嫩媚。亦自艷麗可
愛。如無句蹭蹬在京華。又見東風御柳斜。客裏不堪

佳節過。借人亭館看梨花。牽牛花碧豆花香。血色蜻蜓點水忙。人在漁村斜照裏。數聲蘆笛隔垂楊。蕉葉陰陰交葉香。菖蒲苗短菊苗長。夜來知有蝸牛過。一道銀光在粉墻。出巢新燕傍簾帷。乳鴨浮沉水滿陂。葉底青虫時節近。化為胡蝶上花枝。豈不佳甚。

東坡詩文俱神境也。世之學唐者常訾之。若簡摘其艷麗。略為數卷書行于世。何遽不若唐家時世粧耶。只以家數甚大。埳井之見。有望洋之歎爾。如四時詞。置之唐集則溫·李未必為前茅。每咏其絕句梨花淡白柳深青。柳絮飛時花滿城。惆悵東欄一株雪。人生看得幾清明。其俛仰遷逝之意。寓於風花烟柳之間。

可謂十分地位。其過巫山用杜子美韻曰。巴俗深留客。吳儂但憶歸。直知難共語。不是故相違。東縣聞銅臭。江陵換裌衣。丁寧巫峽雨。愼莫暗朝暉。太逼杜家。苟非易牙之口。難辨其爲淄爲澠。

病東坡者。以其用古事太多。比之飣餖。此論亦宜矣。東坡之用古事。只患才之太多。出語天成而不自覺爾。奚可以此而尤之耶。如草滿池塘霜送梅。疎林野色近樓臺。天圍故越侵雲盡。潮上孤城帶月廻。客夢冷隨楓葉斷。愁心低逐鴈聲來。流年又喜經重九。可意黃花是處開。漏聲透入碧窓紗。人靜秋千影半斜。沉麝不燒金鴨冷。淡雲籠月照梨花。淡月踈星繞建章。

仙風吹下御罏香。侍臣鵠立通明殿。一朶紅雲捧玉皇。釣艇歸時菖葉雨。繰車鳴處楝花風。長江昔日經遊地。盡在如今夢寐中。楸樹高花欲插天。暖風遲日共茫然。落英滿地君方見。惆悵春光又一年。春宵一刻直千金。花有清香月有陰。歌管樓臺聲細細。秋千院落夜沉沉。塘上鵁鶄對晚香。不知斜日已侵床。江妃自借凌波襪。長在高荷扇影凉。此等何可盡記。可令許渾劉滄輩不作衙官也耶。

麗朝及我朝。皆尚東坡。故麗朝大比。至有三十三東坡之語。近年以來。稍稍不喜。爲詩者皆學唐人。而揆其造詣則不過壽陵步爾。豈不聞詩到無人愛處工

之語耶。
杜詩。古人比之周公制作。誠的論也。後之學杜者。不
善則陷於俗流於拙。甚則木強不可讀。韓文亦然。
晦菴先生之詩極好。間遍選詩。讀之有餘味。實有得
於三百之正音爾。近世王弇州者至加嘲誚。何也。其
效陶•韋之作。使王爲之。十駕不及矣。具眼者自知之。
嘉靖年間。王世貞稱爲一世雄才。其自視蓋楊•馬•班
也。而晩境主蘇詩。時有絶相類者。若見弇州續稿可
知也。
不雜者。其惟李于鱗乎。若大復之詩。幾乎唐操。于鱗
之樽前病起逢寒食。客裏花開別故人。大復之章華

日暮春遊盡。雲夢天寒夜獵多者。雖唐人豈易及也。
空同之十年放逐同梁苑。中夜悲歌泣孝宗。激昂頓
挫。詠之淚下。後少陵也。
晏元獻長於歌詞。詩亦嫵媚。毎詠油壁車輕不再逢。
峽雲無跡任西東。梨花院落溶溶月。柳絮池塘淡淡
風。幾日寂寥中酒後。一番蕭索禁烟中。魚書欲寄何
由達。水遠山長處處同之詩。不覺樊南再見於宋世
也。
弇州之詩甚大。其可詠者不可盡記。如細娘家在大
江頭。揔為工欵字莫愁。月明低按關山譜。何處行人
不淚流。留君無計恨忽忽。盡酒停杯曲未終。舩到西

興潮已落。明朝還起石尤風。越女紅粧隱畫橈。驚波無際雪山搖。貪趁破鏡西陵約。不怕風江八月潮。江上檀郎来往頻。婆娑妙舞賽江神。來時風水隨船尾。欲往驚濤好涉旬。十五女兒好容顏。恰似楊花太劇顛。貪過吳橋新水發。濕着羅襦不解怜。青樓少婦罷琵箏。飛雪敲窓萬玉聲。三十六簧寒不起。自歌金縷到天明。皆是樂府遺響。而自令人不可及。

空同之詩。黃鶴樓前日欲低。漢陽城樹亂鴉啼。孤舟夜泊東遊客。恨殺長江不向西。二月扁舟過浙西。楚雲何日渡浯溪。滇南小郭青山遶。花發澗鶯一樣啼。置之翰林·拾遺之間。何讓焉。

劉長卿之詠賈生曰漢文有道恩猶薄。湘水無情弔豈知。可謂婉而不迫。詠漢陵曰。一種毀原秋草裏。路人猶拜漢文陵。可謂新意。

宋之絶句介甫當為之首。其夜直詩曰。金爐香盡漏聲殘。剪剪輕風陣陣寒。春色惱人眠不得。月移花影上闌干。精絶無比。

趙松雪之詩。春寒惻惻掩重門。金屋無人火尚温。燕子不來花又落。一庭風雨自黃昏。可與介甫夜直之作並駕。

歐陽公世知其為通儒而已。不知其有豪氣如許也。嘗觀其歌詞。是以淩雲。如勸君滿滿酌金甌。縱使花

時常病酒。也是風流。雖使花間諸子爲之。未必及之。山谷簡齋歌詞亦好。玆數子輩。其文章格韻。皆有餘。推而爲之。無不佳也。

宋丁謂有一方外交劉道者。嘗贈謂詩一句有曰。他時駕鶴遊滄海。同看蓬萊島上春。謂莫曉其意。及南遷。道見於厓州。謂方悟其詩意與韓湘事畧同。信乎人生榮落。自有前定。不可以人爲移易也。

弇州之詩。昏星送儂去。晨星送儂歸。窓前百種鳥。誰爲不安棲。宮中小女髻。如鴉。連臂蹋足唱楊花。唱得楊花渾似雪。不知飄向阿誰家。塞北江南望何極。銜道蔵鴉白門色。沙深日冷不得青。獨把長條三歎息。

小院熨瑤箏。紅粧按隊呈。都將蘭麝口。吹作鳳凰鳴。曲終仍教舞。垂手故盈盈。詎是長持復。臨風嬌怨聲。秋水剪明眸。亭亭出畫樓。邀他大垂手。不惜錦纏頭。舞罷香無迹。歌殘翠未收。留髡燭盡滅。更與按伊州。吳中女兒白紵衣。日暮橫塘蕩槳歸。荷花深裡無人見。鷺起鸕鶿隊隊飛。陳隋間音也。

楊鐵厓廉夫西湖竹枝詞。詞似嫩弱而亦倩婉可愛。然衰世之音也。豈元之將亡歟。

薩天錫西湖絕句。藻麗無比。蓋奩體之選也。湧金門外上湖船。狂客風流憶往年。十八女兒搖艇子。隔船笑擲買花錢。少年豪飲醉忘歸。隔岸湖船旋旋移。水

面夜涼銀燭小。越娘低唱月生眉。紫騮驕踏落花泥。二月江城雨過時。拂曉市河春水滿。小舡多半載吳姬。惜春曾向湖邊宿。酒渴吳姬夜破橙。驀聽郎君呼小字。轉頭含笑背銀燈。待得郎君半醉時。笑將紈扇索題詩。小紅簾捲春波急。渡水楊花落硯池。垂柳陰陰蘇小家。蒲湖飛燕趂楊花。繁華一去風流歇。今日横堤幾樹鴉。

瞿佑清明詩曰。風落梨花雪滿庭。今年又是一清明。遊絲倒地終無意。芳草連天若有情。半院曉煙聞燕語。小窗晴日聽蠶生。秋千架在名園裏。人隔垂楊聽笑聲。眞才子之作也。

劉泰漫興詩曰。單羅初試怯春風。金鴨香銷翠被空。江燕低翻三寸黑。海棠微褪一分紅。酒因賖淺醒難解。詩為愁多句未工。晴日漸長兒女懶。秋千閑在曲欄東。此亦佑之流也。

姚允言看梅詩曰。蹇騎衝雪岸烏紗。夜醉西湖賣酒家。十六吳姬吹鳳管。捲簾燒燭看梅花。艶冶可愛而惜其脂粉之氣太多。

張芳洲寧詩極逼唐。如半村半郭吳山路。輕暖輕寒上巳天。梅影過城湖曲寺。櫓聲歸浦浙東船。舊遊詩酒添新客。今日風光似去年。清賞未闌幽思發。亂峯斜日起蒼煙。可置之中唐諸子之列。

象村稿卷之五十一

漫稿中

象村稿卷之五十二

晴窻軟談下　　　　　　　　　　漫稿下

辛卯夏。余以夏官郎入直內省。時李相國白沙公以知申事亦直銀臺。寄一絶曰。深室鏖炎氣欝紆。夢爲鳥鶩浴晴湖。縱然外體從他幻。烟雨閑情却是吾。氣象甚好。

辛丑春。白沙公以疾辭相位。余勉出之則寫近體一首以荅曰。中興作者足謀謨。老子何堪聖世需。自識孔君元齷齪。誰言呂相不糊塗。時名短拙關心少。身計差池入手殊。却怪晉家王太傅。白頭猶道宦情無。盖言時勢之不可爲也。

高苔軒敬命樹義於壬辰之亂。苔軒之子從厚以復讎起兵。又死於晉陽城陥之日。父子同節。媲美於晋之卞門。從厚亦能文章。倚馬草檄。華藻驚人。其募馬於濟州也。有曰投袂而起者。吾知海外有人。執策而臨之。莫曰天下無馬。語意警絶。對偶天成。一時傳誦。惜乎。有此人才而終於落拓也。辛卯春。被製誥之選。而旋被臺評。噫。進退予奪如此。如之何其不召寇也。壬辰之亂。宋東萊象賢守城死。將死貽書其家親曰。孤城月暈。列鎭高枕。君臣義重。父子恩輕。辭語凜然。雖古之烈丈夫何以加焉。

我國西京。有江湖樓觀之勝。士女絃管之娛。使華冠

蓋之到此者。必留連忘返。幾至於沉溺荒亂者有之。麗朝學士鄭知常詩曰。雨歇長堤草色多。送君南浦動悲歌。大同江水何時盡。別淚年年添綠波。一世爭傳。至今推為絕唱。萬曆庚辰年間。崔慶昌嘉運為大同察訪。徐益君受為平壤庶尹。皆詩人也。步其韻為採蓮曲。崔詩曰。水岸悠悠楊柳多。小船遙唱採菱歌。紅衣落盡西風起。日暮空江生夕波。徐詩曰。南湖士女採蓮多。曉日靚粧相應歌。不到盈裳不回棹。有時遙渚阻風波。其後高敬命而順李達益之追和之。高詩曰。桃花晴浪席邊多。搖蕩蓮舟送棹歌。醉倚紅粧應不忘。小風輕颭慢生波。李詩曰。蓮葉參差蓮子多。

蓮花相聞女郎歌。來時約伴橫塘浦。辛苦移舟逆上波。俱是一代佳作。而論者以李爲最優。

萬曆辛丑冬。余爲玉堂。 宣祖大王命抄東方人詩賦以進。余旣彙集。未脫稿。因事丙閑家居。遂歸之文衡。文衡乃五峯李公(好閔)也。亦久而遷延未就。乙巳春。五峯已遞文衡。而西垧柳公(根)代之。余又拜納言入銀臺。 宣祖大王復申命開局鼇選。使五峯西垧及余掌其事。而海平尹公(根壽)月沙李公(廷龜)柳川韓公(浚謙)晩翠吳公(億齡)洪副學(慶臣)鄭僉樞(協)金正(玄成)與焉。秩凡四簡。西垧序之。自東文選以後至今廹八十年餘。其間巨擘鴻匠。指不勝屈。其所著述

且充棟矣。宜其上媲古人風雅。而音響格力。終有所不逮。豈局於偏方風氣而然歟。其所裒輯。亦出於各人所見。選者未必皆可選。棄者未必皆可棄。信乎作詩非難。而選詩爲難也。

宣祖大王命玉堂校周易古經。彙集春秋左氏程氏胡氏。倣四傳春秋之例。繕寫以進。余以副學。實掌其事。二經既完。又命諸儒臣譯解周易。一時名官。不問能通不能通。或有不識八卦方位者。皆與焉。各持見解。黨伐同異。不勝其紛挐。終無以啓發肯綮。閱數年始成書投進。既成見之。則其不必改而改。當改而不改者。難以縷擧。易是何等書。而乃令摘埴冥行者。擅

定於立談耶。白虎石渠之所論著諸經。猶不得為後世則。況偏方後學耶。局將輟。特賜一等宣醞。極歡而罷。諸與筵者。上謝箋。且圖繪為軸。以記盛事。余偶占一絶。曰未見聖人心。焉知聖人事。安得洗心人。與之論時義。非敢輕一世。聊識余所存也。

義州統軍亭。臨三國之界。山川奇壯。求之天下。亦鮮其儷。自古韻人題詠非不多。無能道其形容氣象者。鄭松江澈少年時為遠接使從事官。有一絶曰。我欲過江去。直登松鶻山。西招華表鶴。相與戲雲間。雖非大作。亦自奇拔可傳。其後詞客之來詠者。未見有及之者。

松江公萬曆壬辰。授三道體察之命。自西路浮海南下。路經長淵。駐劄於金沙寺。有詩曰。十日金沙寺。三秋故國心。夜潮分爽氣。歸鴈有哀音。虜在頻看劒。人亡欲斷琴。（時苔軒戰死故云）平生出師表。臨難更長吟。其詩清惋激昂。

我朝文章巨公。非不蔚然輩出。務為專家。至於取法李唐者絕少。冲菴•志軒之後崔慶昌•白光勳•李達數人最著。冲菴詩所傳誦人口者固多。如江南殘夢晝厭厭。愁逐年芳日日添。鶯燕不來春又暮。杏花微雨下重簾。西風木落錦江秋。烟霧蘋洲一望愁。日暮酒醒人去遠。不堪離思滿江樓。尤為膾炙者也。置之唐

人集中。辨之不易。忘軒詩曰。通州天下勝。樓觀出雲霄。市積金陵貨。江通揚子潮。飢鴉秋落渚。獨鳥暮歸遼。鞍馬身千里。登臨故國遙。亦可謂亞於沖菴矣。崔之詩。去歲維舟蕭寺岸。折花臨水送行人。山僧不管傷離別。閉戶無端又一春。白之詩。紅藕一池風滿院。亂蟬千樹雨歸村。李之詩。病客孤舟明月在。老僧深院落花多之語。一臠可知其味。

申叅判從濩。成廟朝詞臣也。嘗眄妓上林春。過其家有詩曰。紫陌東風細雨過。輕塵不動柳絲斜。緗簾十二人如玉。青瑣詞臣信馬過。一時傳誦。由是上林春之名。亦高一倍價矣。叅判公早卒。上林春者淪落閭

巷。年既老。以公詩作貼。持詣貴游倩題詠。名公巨卿。莫不乞贈。而金慕齋安國詩爲冠。其詩曰。容謝尚存傾國手。哀絃彈出夜深詞。聲聲似怨年華暮。奈爾浮生與老期。哀怨激切。慕齋方在田間。豈亦有自寓之情故然耶。深味之。可見其所托也。

春夢亂於秦二世。羈愁強似魯三家。未知誰氏作。而語意俱新。句亦峭勁。非等閑觚墨者之作。或言文官朴蘭詩云。

元天錫者。高麗人。恭愍時不仕。居原州。與牧隱諸老相往來。其遺稿中有直載當時事迹。後世所不能知者。以辛禑爲恭愍子者。此其直筆之尤者。其詩以伏

聞主上殿下遷于江華元子卽位有感。爲題者二首
曰。聖賢相遇適當時。天運循環自此知。田畝豈無憂
國意。更殫忠懇念安危。新主臨朝舊主還。蕭條海郡
但風煙。天關正路誰開閉。要見明明鑑在前。以都統
使崔瑩被刑爲題者三首曰。水鏡埋光柱石頹。四方
民俗盡悲哀。赫然功業終歸朽。確爾忠誠死不灰。紀
事靑編曾滿秩。可憐黃壤已成堆。想應杳杳重泉下。
掛眼東門憤未開。獨立朝端無敢干。直將忠義試諸
難。爲從六道黔黎望。能致三韓社稷安。同列英雄顔
更厚。未亾邪佞骨猶寒。更逢亂日誰爲計。可笑時人
用事奸。我今聞訃作哀詩。不爲公悲爲國悲。天運誰

能知否泰。邦基未了定安危。銛鋒已折嗟何及。忠膽常孤恨不支。獨對山河歌此曲。白雲流水揔噫噫。以聞今月十五日。國家以定昌君立王位。前王父子以為辛旽子孫。廢為庶人。為題者二首曰。前王父子各分離。萬里東西天一涯。可使一身為庶類。寸心千古不遷移。祖王信誓應于天。餘澤流傳數百年。分揀假真何不早。彼蒼之鑑照明然。以國有令前王父子賜死為題者一首曰。位高鐘鼎是君恩。叉目含讐已滅門。一國豈能流景祚。九原難可雪幽冤。古風淪喪時還泰。新法清平道益尊。且向王墀呼萬歲。願施優渥及山村。以韓山君被讒謫長湍為題者二首曰。天寶

鵞先政令苛。有誰如琢復如磨。邇來夢謁連三夜。記
取魂遊作一歌。邦國經綸歸火澤。江河舟楫困風波。
天如未喪斯文也。縱有匡人奈我何。王自無瑕事已
訛。荊人兩刖定非佗。海東風月應含憤。天下英雄所
共嗟。萬姓同瞻新日月。三韓自固舊山河。明知枉正
蒼蒼在。寤寐祈傾體氣和。詩語雖質朴多不成語。而
事則直書無隱。比之麟趾之麗史。不啻日星蝃蝀之
相懸。讀之淚數行下。大抵麗之亡。由於戊辰之廢主。
廢主之後。如牧隱儕流尚存。一脈公議未泯。故其時
道傳・紹宗等輩倡爲非王氏者爲忠。謂王氏者爲逆
之論。簧鼓朝廷。眩惑人心。遂得以魚肉士流。箝制口

三四三

舌。僅五年而國亡矣。生乎其時而正直自樹者。其為生辛苦顚沛當如何也。然而人心未盡眩。人口未盡箝。草野之間。有此董狐之筆。豈非石壓笋斜出者耶。

白評事光弘號岐峯。光勳兄也。在西關。溺於花酒。竟以此死。所作關西曲。行于世。其後崔孤竹慶昌宦遊西路。贈白所眄妓詩曰。浿水烟花依舊色。綾羅芳草至今春。仙郎去後無消息。一曲關西淚滿巾。一時傳誦。

洪相國暹字退之。號忍齋。議政彥弼之子也。少時為金安老所陷。受廷刑竄興陽。安老敗。遂光顯。其刑也。有人言於蘇贊成世讓曰。惜夫退之之止於斯也。贊

成曰。此人必有前程。豈遽死耶。其人曰。何以知之。贇成曰。曩日課製灔澦堆詩結句曰。清猿啼不盡。送我上危灘。如此詩句。可知人休咎云。竟入相黃閣二十年。年八十二卒。詩亦可以占人窮達如是哉。

朴相國淳字和叔。祐之子。訥齋祥之姪也。清修苦節。人莫能及。作相十年。無闕失。癸未。為醜正者所擠。數十罪請斥之。賴　宣祖大王洞燭其無他。免於禍。竟引疾退居于永平地。有水石之勝。優游自適。無疾而終。其被斥在西湖也。有詩曰。琴書顚倒下龍山。一棹飄然倚木蘭。霞帶夕暉紅片片。雨增秋浪碧漫漫。江蘺葉悴騷人怨。水蓼花殘宿鷺寒。頭白又為江漢客。

滿衣霜露泝危灘。一時傳誦。其題僧軸詩曰。小齋朝退偶乘閑。隱几蕭然看遠山。終古世紛無盡了。秖今人事轉多艱。長空過鳥元超忽。落日孤雲自往還。送想舊遊天外寺。木蓮花發水潺潺。亦稱警絕。號思庵。思庵在永平。有一小絕曰。谷鳥時時聞一箇。匡床寂寂散羣書。每憐白鶴臺前水。纔出山門便帶淤。其閑適自在之意。孤高拔俗之標。可謂兩備。

盧相國守愼字寡悔。號蘇齋。乙巳名流也。謫珍島二十年。 明廟末年量移。 宣祖踐位。即徵入館閣。未十年。置之端揆。眷遇極盛。為文章奇健。為一時領袖。其在海島所作詩多警絕。膾炙人口。如別其弟詩一

句曰。日暮林烏啼有血。天寒哀鴈影無隣。謁孝陵詩一句曰。有實陵名孝。無私謚曰仁。詠事一句曰。物議當年定。人心後世公等作。可見其全體矣。

成守琮。卽聽松先生之弟也。己卯名人。早擢巍科。被削閑居。有一小絶曰。數疊青山落市邊。層城日暮散風烟。幽居近壑人來少。獨採黃花坐石田。詠之可想其人。

徐花潭名敬德。字可久。生質近於上知。起自草萊。自知爲學。於邵易尤邃。其推出經世之數。無一謬誤。奇哉。使生於中國。薰染大儒函丈之間。則其高明透徹。不啻其所造而已。知義易蹊逕者。我朝一人。有詩曰。

讀書當日志經綸。歲暮還甘顏氏貧。富貴有爭難下手。林泉無禁可安身。採山釣水堪充腹。咏月吟風足暢神。學到不疑真快活。免教虛作百年人。其志之所存。可想見矣。

成大谷名運。生有美質。早脫世網。其兄遇遭乙巳之難。死於非命。自此益無意於時名。遯居報恩俗離山下。年八十餘卒。詩如其人。冲澹閑雅。有西湖處士之遺韻。其詩句之佳者。如春服稱身雙袖短。古琴便手七絃長。十年嘗盡山中樂。客到時聞口齒香。其送曾南冥植詩曰。冥鴻獨向海南飛。正值秋風落木時。滿地稻粱雞鶩啄。碧雲天外自忘機。如此者甚多。

曹南冥名植。字楗中。尚節義。有壁立千仞之氣。隱遯不仕。為文章。亦奇偉不凡。如請看千石鍾。非大叩無聲。萬古天王峯。天鳴猶不鳴。不徒其詩韻豪壯。亦自負不淺也。獨怪其一傳而仁弘做得許多刑殺。壞了百年倫紀爾。然龜山之於陸棠。奈何乎哉。

南冥詩曰。人之好正士。好虎皮相似。生則欲殺之。死後稱其美。可謂慣涉世間情態而善形容之矣。

南秋江玄琴賦。足為國朝詞賦之冠。不特文藻為然。其終論五音。極有微意。豈有所感而發耶。余讀之。未嘗不潸然。

近來閨秀之作。如趙承旨瑗之妾李氏為第一。其即

景詩一句曰。江涵鷗夢闊。天入鴈愁長。古今詩人。未有及此者。

許草堂之女金正字誠立之妻。自號景樊堂。詩集刊行于世。篇篇警絶。所傳廣寒殿上樑文。瑰麗淸健。有似四傑之作。而但集中所載如游仙詩。太半古人全篇。嘗見其近體二句。新粧滿面猶看鏡。殘夢關心懶下樓。此乃古人詩。或言其男弟筠剽竊世間未見詩篇竄入。以揚其名云。近之矣。

有車天輅者。自其父軾。世有文才。天輅尤絶倫。長篇大作。袞袞不渴。足為詞壇之雄。如風外怒聲聞渤海。雪中愁色見陰山之句。膾炙人口。而為人輕佻無賴。

受擧子賄物。借述場屋。得第者甚多。晩與李再榮亂附權奸。代其子製作。且上疏傅會時議。人皆憤之。未幾病死。才之不足論如此。古人所謂文章一小技者。其信哉。

林悌子順。有豪氣能詩。嘗著浿江曲十首。其一曰。浿江兒女踏春陽。何處春陽不斷腸。無限烟絲若可織。爲君裁作舞衣裳。語甚艶麗。蓋學樊川者也。

高麗鄭知常之桃花紅雨鳥喃喃。繞屋青山間翠嵐。一頂烏紗慵不整。醉眠花塢夢江南。警拔藻麗。我東之詩。鮮有其匹。

牧隱之一點君山夕照紅。濶呑吳楚勢無窮。長風吹

上黃昏月。銀燭紗籠暗淡中。氣像闊遠。可呑餘子。

林石川億齡。詩人也。且有奇偉氣。落落不隨時俯仰。詩學靑蓮。而家數甚大。嘗詠其一少絶曰。人方憑水檻。鷺亦立沙灘。白髮雖相似。吾閑鷺未閑。其睥睨豪橫之意可見。

東坡有詩曰。周公與管蔡。恨不茅三間。余每詠之。輒長嘆。使姬旦復生。當作何如懷也。昔年余嘗拜夷齊廟有詩曰。君臣義廢商周際。兄弟恩壞管蔡時。却笑巢由何事者。一生淸潁避堯爲。見者或言其過高。而實非過高之論也。

鄭松江解職在南中時。有詩曰。掩垣南畔樹蒼蒼。歸

夢迢迢上玉堂。杜宇一聲山竹裂。孤臣白髮此時長。
語甚警策。
又有贈人詩末句曰。何當化爲石。屹立暮江頭。亦秀
拔。意致自好。
黃芝川廷彧深於文章。其詩句曰。平生漫說歸田好。
半世猶歌行路難。意甚激烈。
崔簡易岦爲文。力追古作者。餘事於詩。詩亦有奇健
出人之句。余同赴京師。沿路唱酬甚多。嘗喜其詩句。
曰。劒能射斗誰看氣。衣未朝天已有香。曰。統烏上林
無樹著。鴈遵南浦故洲非。曰。終南渭水如常見。武德
開元得再攀。詞語精切矯健。

成牛溪渾哭思庵詩曰。世外雲山深復深。溪邊草屋已難尋。拜鵑窩上三更月。曾照先生一片心。可謂善哭思庵矣。拜鵑窩。即思庵齋名也。

鄭松江澈哭趙重峯憲曰。吁嗟乎汝式。學孔顏而慕誼原。欲死於直而竟死於節。吁嗟乎汝式。世以爲知言。

陳簡齋有詩曰。客子光陰詩卷裏。杏花消息雨聲中。我國金博士質冲有詩曰。三年藥裹人猶病。一夜雨聲花盡開。蓋詩語相似。博士之作。亦爲時人傳誦。

崔簡易詠夷齊廟曰。只爲三綱當日重。非期五等後時榮。青雲作傳馳文字。一味論名見即輕。前人所未

發也。七言近體而此其下二句也。
簡易公以全州府尹。徵入為西樞。專任事大文書。而
槐院提調甚多。各持所見。每出一文書。點綴者太半。
簡易心苦之。贈人詩一聯曰。亂世用文方釋馬。從人
安字轉成驢。語近善謔。而侶律天成。
宋翼弼雲長。雖繫寒微。天稟甚高。文章亦高。如柳深
煙欲滴。池凈鷺忘飛之句。度越諸人。非徒詩葩可貴。
理亦自到。
白沙李相國。戊午春。諫發 大妃。時議將寘極典。欸
鷹犬上疏請斬者日三四上。大司憲李覺大司諫尹
訒等請圍籬安置於絕島。上令遠竄。初配關西。為唉

鷹犬請置絶塞。移配六鎭。又移三水。 上特移北青。出城之日。有詩一絶。白日陰陰晝晦微。朔風吹裂遠征衣。遼東城郭應依舊。只恐令威去不歸。聞者泣下。時領相德陽奇公及鄭僉樞弘翼。金正德誠。俱直言皆竄北荒。同時發去。國脉盡於此行矣。其時玉堂長官則鄭造也。

鄭君竄之途中作曰。危言慚佛骨。客路半潮陽。其語亦有致可詠。

王弇州閱史詩曰。掩卷柴門數落暉。古來俱羡聖之威。那知天地長多事。總爲英雄未息機。雙眼耐他人氣在。一身贏得帝羓歸。鮑魚不救祖龍臭。螻蟻翻因

齊霸肥。黃屋事移輸白屋。袞衣緣盡着青衣。王孫子姓時時改。寒食園陵箇箇饑。塵世隙駒俄自了。豎儒毫兔易成非。江南鹿豕同遊處。喬木連雲盡百圍。使帝王有魂聞此曲。寧不氣塞。

李公睟光字潤卿。號芝峯。與余遊今四十年。雅操出塵。歷盡世變。未嘗少挫。亦能見幾而作。免於機穽。真所謂金玉君子也。今以卿秩求補外。出守順天府。丙辰辭朝時。訪余於金浦田舍。今年夏。因其甥柳生之行。附送其詩卷。卷中有七言近體二首。暮年身世寄炎鄉。治郡無能坐嘯長。春燕不來閑院落。晴波欲滿小池塘。紅梅影下文書靜。綠橘陰邊几席香。衙罷閑

門人跡少。隔窓啼鳥又斜陽。檻外池光染綠苔。一簾微雨欲黃梅。衙居寂寞門長掩。公退尋常印不開。盧橘香邊山鹿睡。石榴花下恠禽來。軒窓盡日清如水。輸與騷翁晝夢回。格韻清麗。自不可及。芝峯為詩。力追古人。欲與景龍開元諸子鴈行。中唐以下不論也。文亦彬彬有範。

我朝作者。代有其人。不啻數百家。以近代人言。迷有三焉。和平淡雅成一家言者。容齋李荇駱峯申光漢。而申較清。李較圓。大家則徐四佳居正當為第一。而佔畢金宗直虛白成俔次之。如訥齋朴祥湖陰鄭士龍蘇齋盧守慎芝川黃廷彧簡易崔岦。以險瓌奇健

爲之能。至於得正覺者。猶不多。思庵朴公淳。近來稍
涉唐派。爲詩甚清邵。
蘇齋讁中之作。極清健。晩來所述。太沉着。後生不可
爲法。
湖陰所長在近體。長篇絶句。不逮於近體。
館閣之體。多出於應製酬酢。故雖鉅公鴻匠。亦不無
邊幅組織之疵。然其炳煥足尙也。　宣祖朝典文衡
者若干人。書于左。
洪暹字退之號忍齋。議政。年八十二卒。再任。
朴忠元字仲初。判書。年七十五卒。
朴淳字和叔號思庵。議政。年六十七卒。

三四七

李滉字景浩號退溪。贊成。年七十卒。
盧守愼字寡悔號蘇齋。議政。年七十六卒。
鄭惟吉字吉元號林塘。議政。年七十四卒。
金貴榮字顯卿號東園。議政。年七十四卒。
李珥字叔獻號栗谷。贊成。年四十九卒。
李山海字汝受號鵝溪。議政。年七十一卒。
黃廷彧字景文號芝川。府院君。年七十五卒。
柳成龍字而見號西厓。議政。年六十六卒。
李陽元字伯春號鷺渚。議政。年六十六卒。
李德馨字明甫號漢陰。議政。年五十三卒。再任。
洪聖民字時可號拙翁。贊成。年五十九卒。

尹根壽字子固號月汀。府院君。年八十卒。
李恒福字子常號白沙。年六十三卒。
沈喜壽字伯懼號一松。
李廷龜字聖徵號月沙。再住。
李好閔字孝彦號五峯。
柳根字晦夫號西坰。
有韋布權韠者。字汝章。參議擘之子也。擘能文章。韠
早得家庭之訓。弱冠而藝成。治少陵。所作甚清艷。後
來作詩者。推為第一。以詩觸時諱。壬子受廷刑。竄北
荒。出都門而卒。年四十三。遠近聞者。莫不嗟悼。為人
亦清疎邁往。不拘少節。棄科業。放浪物外。詩酒自娛。

遭壬辰倭警。流寓江華。摳衣者日造門。至有羸糧躡蹻。千里而來從者。及其歿也。門人痛其非辜。多捐科擧。與世相絶者。所著石洲集。行于世。有一子。其門人沈惕云。

李春英者。字實之。號體素。白叅賛仁傑之外孫也。少受業成牛溪之門。已好爲時論抵掌。而談人以此輕賤之。謫三水。又謫定平。蒙放敍。授僉正而卒。年四十四。爲詩平鋪富贍。酷好蘇長公。所就傑然。文優於詩。近來操觚者。莫不瞠然退舍。遺文僅三卷。藏于家。

金玄成者。字餘慶。號南窻。詩藻雅。祖唐詩。時有極可愛者。今年七十七。不衰。筆法慕吳興。逼眞。一時公私

僉石之刻。皆其手也。甲子及第。秩亞卿。系素微。能自
以文墨起家。斯異矣。爲人亦淸疎無俗態。少向學。老
而不倦。亦可尙也。辛酉卒。年八十。
我朝列聖翰墨。文廟爲首。成廟・宣廟宸章出天。
無讓於漢武唐宗。每見 文廟御製祭棘城文曰。無情
之謂陰陽。有情之謂鬼神。雖老儒宿學。何以道此。
宗英之能詩者亦多。風月亭爲冠。醒狂子・西湖主人
其次也。
貴游中能詩者。高原・礪城尉其人也。高原之作淸藻。
礪城之作典密。高原早卒。未充其才。惜也。
我國文章。非不蔚然輩出。而比之麗朝則少遜焉。李

文順之宏肆。李文靖之浩汗。我朝未之見焉。

佔畢齋之詩稱爲冠冕者。實非誇也。每誦其細雨僧縫衲。寒江客棹舟。則未嘗不服其精細。十年世事孤吟裏。八月秋容亂樹間。則未嘗不服其爽朗。風飄羅代蓋。雨蹴佛天花。則未嘗不服其放遠也。

挹翠軒之詩。一倣蘇黃。而天才甚高。得之自然。長篇渾渾。且有意致。不犯人工。誠不可企而及也。

金拭疵之文章。源於莊。其發源極大。未見其比。獨其詩皆率意而作。麗而不精。雖曰大家。瑕瑜俱存。而然未必非文壇欠事也。

姜私淑之詩文。俱精緻典雅。自是四佳之敵。而其規

模之大。不及四佳。
李三灘之作。私淑之亞。但少警絶爾。
四佳之後。虛白極大。古今衆體。無不作。其所著述之富。諸公無與為比。樂學軌範。風騷軌範。慵齋叢話。桑楡備覽。大平通載。皆其所述。一時推為文府。其中桑楡備覽六十餘卷。皆紀國朝故實。最關世道。而亂中見失。無他刊本。遂絶。惜也。其他四書。皆經朝家壽梓。故俱傳至今。
虛白之家有四文章。曰任。虛白之伯也。曰俔。虛白之仲也。曰世昌。虛白之子也。皆能文。俔最才而早卒。若年則優於虛白云。

象村稿　卷五十二

金慕齋。虛白之門人也。

洪貴達非徒文章可重。為人亦勝流也。燕山主惡而殺之。世傳金悅卿常譏之曰。貴達為文章。天下可笑事。豈金之言。出於戲耶。若使悅卿生乎今之世。則必不止一笑而已。殆必捧腹絕纓而乃已也。

悅卿。我朝之伯夷也。

有成輅者。字重任。為詩清苦。少從鄭松江澈學。松江敗。遊其門者無不反面逐時好。自媢歸以取容。輅指棄世故。與世絕迹。構小茅於楊花渡口。簞食瓢飲。不繼。舊日相識者。皆莫之問。閉門却掃二十年而卒。年六十七。盖古之介士也。

我朝人不得為詞。言者以為聲音與中國異。雖強為之。必不似。余則以為不然。聲音出於自然。非有中國外國之限。言詞殊而押韻則同。推一而可反其隅。特我國之為詩者華藻不足。無以為詞。聲音之異。非所患也。

樂天宮詞。雨露由來一點恩。爭能遍却及千門。三千宮女如花面。幾箇春風無淚痕。怨女棄才何限。咏之令人一嘆。

王弇州以吳興庭皐木葉下。隴首秋雲飛。太液滄波起。長楊高樹秋。為上可以當康樂而不足。下可以凌子安而有餘。豈不然哉。吳興之詩。清姸有餘姿。紆餘

有餘態。惜乎。列于辮髮左衽之間。使之周旋於景龍開元之際。則未必不為正宗中一人也。

落星依遠戍。斜月半平林。梁元帝之詩也。故鄉一水隔。風烟兩岸通。日月光天德。山河壯帝居。陳後主之詩也。寒鴉千萬點。流水繞孤村。隋煬帝之詩也。詩豈不佳。皆為亾國之主。古人謂小技者信也夫。

宋徽宗文章書畫凡屬技藝。無不至到。獨所不能者。治天下。

象村稿卷之五十二　漫稿下